更好或更坏的未来：

80后批评家年选(2015年)

●金 理 周明全 主编

云南出版集团
云南人民出版社

图书在版编目（CIP）数据

更好或更坏的未来：80后批评家年选. 2015年 / 金理, 周明全主编. -- 昆明：云南人民出版社, 2016.8
ISBN 978-7-222-14943-4

Ⅰ. ①更… Ⅱ. ①金… ②周… Ⅲ. ①中国文学－当代文学－文学评论－文集 Ⅳ. ①I206.7-53

中国版本图书馆CIP数据核字(2016)第168083号

出 品 人：胡　平
项目策划：周明全
责任编辑：刘　焰　苏映华
装帧设计：胡元青
责任校对：雷安平
责任印制：洪中丽

更好或更坏的未来：80后批评家年选（2015年）
金　理　周明全　主编

出版　云南出版集团　云南人民出版社
发行　云南人民出版社
社址　昆明市环城西路609号
邮编　650034
网址　www.ynpph.com.cn
E-mail　ynrms@sina.com
开本　787mm×1092mm　1/16
印张　19.5
字数　240千
版次　2016年8月第1版第1次印刷
印刷　中国石化集团滇黔桂石油勘探局昆明印刷厂
书号　ISBN 978-7-222-14943-4
定价　35.00元

如有图书质量及相关问题请与我社联系
审校部电话：0871-64164626　印制科电话：0871-64191534

云南人民出版社公众微信号

视　　野

问　题

现　场

我　们

心　路

视　　野

一代人的历史出场

——纪念《大话西游》二十年

黄 平

2000年6月，我的母校中国人民大学的毕业生，集体看了一场《大话西游》，以此作为最后的毕业仪式，在又哭又笑中告别青春。大致能想象到当时的场景，在中关村大街59号那幽暗温暖的夏夜里，这批师兄师姐从录像厅散场回来，半是酒精，半是对于未来的迷茫，跌跌撞撞地绕过刻着“实事求是”的校训石，消失在树影掩映下的宿舍楼中。

1996年入学的大学生，是《大话西游》的第一代。1994年七八月间《大话西游》在宁夏张贤亮影视基地开拍，12月21日在香港首映，1995年8月、1996年2月先后在上海、北京上映，票房一路惨淡。然而1996年结束放映后，先是电影拷贝在北京电影学院大受欢迎，之后在清华BBS“水木清华”上热议如潮，盗版光盘开始风靡京城。在当年入学的大学生，遭遇的不仅仅是“大话西游热”，而是一个历史事件。

回望20世纪90年代末期以来的“大话西游热”，这部在社会层面遭受冷遇的电影，在VCD、BBS、大学校园所构筑的青年社区中，得到了近乎宗教式的疯狂膜拜。这一代青年莫可名状的情感结构，在《大话西游》中找到了对应的形式。如果联系着1997年的“王小波热”，这不仅是电影的断裂与文学的断裂，而是一种新的历史能量，需求自身的文化形式。一代人的历史出场，需要找到属于自己的“故事”。

以往对于《大话西游》的理解，往往局限在拼贴、反讽、戏仿、狂欢等概念与定义，局限在教材中的作为名词解释的“后现代”，这种分析过于匠气，无法穿透《大话西游》复杂精妙的叙述形式，难以洞悉电影的文本结构与一代新人情感结构的互动。二十年过去了，当年热泪盈眶的观者已然娶妻生子，站在不惑之年的门槛前。且让我们重返《大话西游》，理解一代人的青春之路，理解这部经典的历史之谜。

让我们从一个最基本的问题开始，《大话西游》一共讲了几遍《西游记》的故事？

第一层故事：反叛的孙悟空

《大话西游》电影开场，第一次讲起《西游记》的故事，但不是我们所熟悉的孙悟空与唐僧：因孙悟空受不了唐僧的“唠叨”，勾结牛魔王吃唐僧肉。事情败露后，孙悟空打伤了紫霞仙子抢到月光宝盒（可以穿梭时光），以此逃避观音的追责。通过后继的第二层、第三层故事，可以补充得知：孙悟空拒绝了和白晶晶（白骨精）的婚约，要娶牛魔王的妹妹香香，但同时与牛魔王的妻子铁扇公主有私情。第一层故事的结局，观音要杀孙悟空，唐僧代为求情，以自己的死，换来孙悟空转世的机会。这层故事在电影片头出现，约为四分钟，构成了全片的“楔子”。在这个故事中，孙悟空是一个反叛者，憎恶唐僧的说教，也憎恶着神的世界与取经的宿命。

第二层故事：犬儒而逍遥的孙悟空

这层故事对应着《大话西游》上部《月光宝盒》，在时间的脉络上，发生在第一层故事的“五百年后”，孙悟空转世为山大王至尊宝，一个犬儒而逍遥的青年。在革命的溃败后，此时的至尊宝生活在历史时间（传统上所谓“有意义”的时间）之外，不再对抗命运，而是以“精神胜利法”消解困境。比如对于“斗鸡眼”，至尊宝是这么安慰自己的，“我只是把视线集中在一点，以改变我以往对事物的看法”。对于至尊宝这样的青年，20世纪90年代的青年会感到很熟悉：大家是一类人，都是在反抗失败后，变成戏谑人生的局外人。

然而，历史在继续，取经之路再一次开启。女妖精春三十娘（蜘蛛精）与白晶晶（白骨精）来到至尊宝的山寨，要找一个脚上有三颗痣的人。春三十娘与白晶晶从菩提老祖那里得知天机，这个脚上有三颗痣的人就是孙悟空的转世，找到他即可找到唐僧。第一层故事（“五百年前”）的人物，逐渐来到第二层故事中：白晶晶曾经和孙悟空订立婚约，尽管孙悟空毁约，但一直痴情难忘；白晶晶和春三十娘是盘丝大仙的座下弟子，而盘丝大仙是紫霞仙子的法号，第一层故事中的孙悟空和紫霞仙子还没有情缘，相反为抢夺月光宝盒将紫霞仙子打成重伤；牛魔王在第一层故事中没有吃到唐僧肉，夫人还与孙悟空有了私情，这五百年来他带着对于孙悟空的怨气，等待着唐僧再次出现。

为了弥补自己的错误，菩提老祖来到山寨帮助至尊宝降妖，至尊宝借助他的“照妖镜”见识了白晶晶的真身。“照妖镜”暴露了平凡生活表象下的本质，至尊宝的生活由此被纳入历史时间，参与到神魔斗法之中。对于历史时间，以及附着其上的宏大意义，至尊宝一直是抗拒的，在第二层故事中他先后三次来到水帘洞，前两次是梦中，后一次是通过盘丝洞的秘密通道，盘丝洞和水帘洞本就是同一个洞。在水帘洞中观音的声音响起，训导他“负起取西经的重任”，而至尊宝不断地拒绝，“你搞错啦，你听到没有？”“跟我说话吗？不是跟我说的吧，认错人啦。”

但是至尊宝的抗拒终究是失败的，和下文会讲到的第三层故事类似：基于爱。脱历史的个体最终还是要与他者发生关系，还是要被卷入历史进程中；正是因为救白晶晶/紫霞仙子，至尊宝必须成为孙悟空，他要获得力量，就必须进入给定的历史位置。在第二层故事中，为了救白晶晶，至尊宝使用了月光宝盒，借助月光宝盒穿越时空。

对于《大话西游》，月光宝盒既是重要的道具，也是重要的意象：月光宝盒正面刻着“时光倒流回到未来”，侧面刻着“摩诃般若波罗蜜”。在《大话西游》中，月光宝盒的意义，首先是叙述功能上的，支撑起电影时光穿越的情节架构与多层叙述，《大话西游》可以依照月光宝盒的三次出现，区分为以下四段“五百年前/五百年后/五百年前/五百年后”，分别对应第一层/第二层/第三层/第四层故事；其次是意义指向，二十年来的《大话西游》研究都忽视了一点：月光宝盒暗含着对于《般若波罗蜜多心经》的互文关系，而这构成了电影的深层线索，在第三层故事中，笔者将详细分析这一点，此处不赘。

借助月光宝盒，至尊宝使得“时光倒流”，在白晶晶因误会他负心而自杀前赶到。但当白晶晶、春三十娘与牛魔王鏖战时，至尊宝再次使用月光宝盒，却没有“时光倒流”，而是“回到未来”。他穿越回了五百年前，也即第一层故事发生的时间。

为什么月光宝盒刻着一句“时光倒流”还不够，还刻着“回到未来”这样明显悖论的表达？“未来”岂能“回到”？这里涉及理解月光宝盒乃至于理解《大话西游》的一个关键点：“五百年前”与“五百年后”不能以线性的时间观来理解。《大话西游》的四层故事，“五百年前/五百年后/五百年前/五百年后”，统一于神的意志，是神意试炼孙悟空的四个阶段。在《大话西游》的第一层故事里，倘若从观音的视角出发，整部电影可以被读成孙悟空的规训，时间的前后轮转，不过是试炼的不同阶段。不要忘了，神不是生存在线性时间中的，神在时间之外。故而，第三层故事的“五百年前”，是第二层故事“五百年后”的下一个阶段。

第三层故事：爱与命运撕裂的孙悟空

第三层故事对应着《大话西游》下部《仙履奇缘》，是《大话西游》全片的精华所在。在《大话西游》中，其实埋伏着两条规训叛逆者的线索：一条线索是孙悟空，另一条是紫霞。第三层故事开场，是以紫霞仙子的视点展开的，她拒绝在如来佛祖的神灯里做灯芯，逃到了人间世界。电影开场，就是神界的二郎神与南天门四大天将对于紫霞的追杀，结果以紫霞大胜告终。也是在这个段落里，我们发现神界道貌岸然的表面下，隐藏着种种不堪，电影特意以仰拍视角（凡人视角）表现二郎神与四大天将的对话，反讽性地（视角与内容的差异）表现神界同样陷在“食/色”的基本欲望里：哮天犬勾搭母狗，四大天将则琢磨着拿哮天犬打牙祭。

两条叛徒的线索，交叉在五百年前的水帘洞前。在第二层故事结尾，至尊宝最后一次穿梭时间，回到未来，来到五百年前，遇见过路的紫霞。在这个场景中，要注意到伴随着时间的颠倒，附着于时间之上的因果律也在崩塌：至尊宝带着五百年后的知识，告诉紫霞“盘丝洞不要乱闯”，这反而启发紫霞将水帘洞命名为盘丝洞，自命为盘丝大仙。因果律是我们把握世界的基本认知框架。然而伴随着线性时间的崩塌，因果律随之瓦解，随着时间的颠倒，“因”与“果”同样发生颠倒。这不再是一个必然的世界，而是充满着偶然性。这种偶然性又是人所无法把握的，一种令人感到渺小的荒诞感开始弥散，种种偶然之上，是人所无法触及的神的意志。紫霞“自由”地在至尊宝脚底烧出三颗痣，但这偶然的举动，却是基于紫霞所无法觉察的神的意志；至尊宝拔出了紫霞的紫青宝剑，紫霞惊喜地发现他就是自己冥冥中等待的爱人，但这一段姻缘，又焉知不是神的冷酷安排。

随即，至尊宝与孙悟空遭遇，这是全片中唯一的一次并置，至尊宝作为旁观者，目睹了第一层故事。这四分钟的故事，第二次在电影中出现。然而，这次“重播”发生了改动：观音同样无法忍受唐僧的唠叨，和孙悟空同时掐住了唐僧的脖子。在第一层故事里，由于从神的视点出发，这个细节是不可见的；在第三层故事里，从至尊宝的视点出发，我们再一次确证了神的世界的伪饰。电影刻意以一组对切镜头来表现孙悟空的痛苦与至尊宝的惊讶，无疑，那“未来”的成为孙悟空的命运惊骇了至尊宝。

至尊宝在第一层故事中的出现也结束了这层故事，唐僧的九环锡杖从空中落下，不再是第一层故事里的成全唐僧舍生取义，而是砸在了至尊宝头上。至尊宝晕倒在地，手中的月光宝盒开启，将唐僧卷入时空深处。以这个情节为切割线，之后的“五百年前”，和第一层故事中的“五百年前”全然不同，历史被至尊宝改变。合乎逻辑，至尊宝苏醒后，遭遇到时空错乱中的唐僧：唐僧先后穿梭为古罗马人、古印度人与古埃及人。而时空混乱的终结，或者说时间的重新历史化，在于五百年前的牛魔王出现，将至尊宝与唐僧一并带走，“取经”的故事原型再一次启动。

至尊宝与紫霞在牛魔王的府邸相遇，牛魔王在沙漠中救起了被孙悟空打成重伤的紫霞，爱恋紫霞的美貌，要和她成亲；同时催促着至尊宝尽快与妹妹香香完婚。在这样一个时刻，至尊宝挂念的依然是月光宝盒。在这一层故事里，月光宝盒先后经历了至尊宝—紫霞—孙悟空—至尊宝—唐僧的传递，落到了牛魔王手中。月光宝盒对于至尊宝之所以重要，在于可以让他回到五百年后，去救自己的爱人白晶晶。故而，当一往情深的紫霞拔剑怒指至尊宝时，至尊宝那段经典独白第一次响起，但却不过是欺骗紫霞的：

> 如果上天能够给我一个再来一次的机会，我会对那个女孩子说三个字：我爱你！如果非要在这份爱上加一个期限，我希望是……一万年！

然而，当这段独白第二次响起的时候，至尊宝已经真正爱上了紫霞，同时意识到作为孙悟空命运的承担者，他的爱之不可能，他必须在命运与爱之间做一次决断。在此之前，至尊宝的一切努力都失败了，他联合紫霞去偷月光宝盒，但紫霞被嫉妒的香香刺伤，至尊宝自己则被八戒与沙僧拐去牢里见唐僧。至尊宝一行带着受伤的紫霞逃跑，牛魔王现身，将紫霞、唐僧、八戒等抓了回去，至尊宝自己则落下悬崖，被五百年前的菩提老祖转世“强盗大哥”所救。恍惚之中，至尊宝带着强盗大哥回到了水帘洞/盘丝洞，遇见了五百年前的白晶晶。

至尊宝陷入爱的抉择之中，他不清楚自己是更爱白晶晶，还是更爱紫霞。对于至尊宝，对于白晶晶与紫霞，都必须穿越色相，认识自己的“心”。当至尊宝初遇白晶晶时，他还不懂得这个道理，执迷于各种打扮来吸引白晶晶。而紫霞与白晶晶在这层故事中先后施用法术钻进至尊宝的心里，紫霞面对至尊宝的“心”，发现至尊宝爱的是白晶晶，她留下了一滴眼泪；白晶晶面对至尊宝的“心”，发现至尊宝此时最爱的已经是紫霞，她发现了紫霞的眼泪，选择悄然离开。迷茫中的至尊宝，决意请五百年前的春三十娘，一剑挖出自己的心，他要确认自己的爱。

这无疑是《大话西游》的关节点之一，被春三十娘所杀后，至尊宝豁然顿悟。在选择戴上紧箍咒成为孙悟空之前，他与观音有一段对话：

至尊宝：观音大士，我开始明白你说的话了，以前我看事物，是用肉眼去看，但是在我死去的那一刹那，我开始用心眼去看这个世界。所有的事物，真的可以看得前所未有的那么清楚。原来那个女孩子，在我的心里面留下了一滴眼泪，我完全可以感受到她当时是多么的伤心。

观音：尘世间的事，你不再留恋了吗？

至尊宝：没关系啦，生亦何哀，死亦何苦。

细读这段对话，至尊宝因“死”而破“色”，抛弃皮囊，进入“心”的世界。他大概还记得月光宝盒的咒语：般若波罗蜜。“般若”意味智慧，“波罗蜜”意味“到彼岸”。月光宝盒在某种程度上其实空无一物（月光宝盒作为物件是一个无始无终的轮回，至尊宝从五百年前的紫霞那里得到的月光宝盒，却是五百年后的自己带给紫霞的），所谓时光穿梭，所谓“五百年前/五百年后”的分别，不过是种种色相，迷乱本心。至尊宝只有觉悟了“空”，才能真正成为“孙悟空”，照见五蕴皆空，度一切苦厄。和《西游记》相似，《大话西游》也以《般若波罗蜜多心经》为潜文本。历代学者都发现《西游记》作者尽管不擅佛理，尽管将《心经》误写为《多心经》（这个简称在佛理上不通），但唯独偏爱《心经》，将《心经》视为“修真之总经，作佛之会门”。有学者称赞《西游记》“始终不外一心字，是一部《西游》，即是一部《心经》”。有意思的是，《心经》的译者，正是唐僧（玄奘法师）。

不过，同样从《心经》中吸取智慧，《西游记》重在收拾“心猿”的修心，孙悟空在很多时候比唐僧还“啰唆”，多次提醒着唐僧勿忘《心经》（第八十五回、九十三回等）；《大话西游》则更为虚空，生死、神魔、前世今生，以心观之，心无挂碍。色即是空，成为或不成为孙悟空，又有什么分别？

然而，对于顿悟后的“空空如也”，至尊宝与观音都不自觉地要注入意义。至尊宝齐生死，以“心眼”看世界，但第一眼看到的，依然是紫霞在心里留下的眼泪。由“色”入“受”，体验到紫霞的伤心。《心经》五蕴皆空的奥秘，所谓色（表象）、受（对表象的感受）、想（概念或想象）、行（潜意识中的记忆）、识（把握色、受、想、行的意识本身），即将戴上紧箍咒的至尊宝/孙悟空能否诸层勘破？故而，观音在“一滴泪”的时候打断了至尊宝的话，提醒也是警示他不要再留恋尘世。电影在这一段比较生硬地切进至尊宝与枉死的强盗大哥的对话，为了引出观音主题思想式的概括：“取经”就是为了化解人世间的仇恨。

回到上文，正是在这样的时刻，至尊宝选择成为孙悟空，也再一次念出那一段经典独白，向尘世告别。至尊宝与紫霞，作为神的世界的两个叛徒，一度幻想脱历史的爱，将人生的意义落实在个体的偶在呢喃。然而无论怎样，至尊宝逃避不了命运的捕捉，他只能是孙悟空，他的自由只能是紧箍内的自由。至尊宝由“色”入“空”，但这份“空”不是指向生命的静寂，而是生命的虚无。他将曾经的谎言转为无法实现的誓言，以“一万年”这无限的时间对抗“五百年前/五百年后”，对抗神的意志对于个人存在的不断涂抹，这是个人主义一次悲情的失败。承担宿命的孙悟空与叛逆的孙悟空相比，更让人肃然动容。这个段落成为全片的经典段落，确实并非偶然。

至尊宝成为孙悟空之后，也即所谓的觉悟之后，诞生的不是一个正剧的英雄，而是一个虚无的反讽者。“取经”是一个空洞的能指，唐僧的喋喋不休，实则废话连篇。经书的意义也是可疑的，神佛固然修成了“正道”，但观音依然克制不住心头的嗔怒，二郎神等等更是欲望横流。孙悟空认识到世界的虚空，又不能不活着承担虚空的重任，只能与虚空做无限的游戏，这正是反讽的核心所在。至尊宝变身为孙悟空，在牛魔王的婚庆大典上以反讽者的方式登场，戏谑而不无痛苦地表示：“我再说一次，我的名字叫作……齐天大……圣。”之后用一声响屁崩飞小妖，夺过牛魔王的叉子烤鸡翅膀，皆是反讽的逻辑在运行。

以反讽的方式搁置意义的重负，这是20世纪90年代的中国式个体的美学与人生主张；同时，《大话西游》的反讽不同于毫无执着，而是带着个人主义范围内的理想主义，穿越时间、死亡、命运执着于“爱”。孙悟空无论怎样戏谑，怎么不断推却紫霞的爱，他依然是爱着紫霞的。这种个体生命的秘密，在紫霞为孙悟空死去的时候彻底显豁，也得到紧箍咒冷酷无情的惩罚。在我们固定的命运中，爱是绝望的徒劳，孙悟空可以撕裂牛魔王以发泄，但无法撕裂命运，而是被命运所撕裂。紫霞死去了，一直在紫霞灵魂深处与其缠斗的青霞，选择重回佛祖那里做回灯芯；至尊宝死去了，孙悟空像孙悟空所应该做的，在神的注视下消灭了牛魔王救回唐僧。命运平静地湮没了一切，湮没了反叛的种子，也湮没了任何欲念。

第四层故事：承担了荒诞的孙悟空

由此我们来到第四层故事，我觉得这是电影史上最卓越的结尾。孙悟空开启月光宝盒，再一次回到五百年后，在水帘洞/盘丝洞中醒来。除了他之外，所有人都已经被抹去了相关的记忆，八戒表示昨晚一场大风沙，悟空带师徒一行在此躲避。唐僧也不再唠叨，而是惜墨如金。不是唐僧变了，八戒说“师父说话一向简单明了”，而是孙悟空（叛逆/虚空）变了，曾经无法忍受的唠叨，变得并不重要。同时，也要注意到唠叨并非转化为经纶大义，作为神佛意义世界的中介，唐僧不再唠叨，也没有语言，一切归于虚空。

作为电影的隐形线索，当孙悟空走出洞穴时，无论是本真状态的水帘洞，还是情丝纠葛的盘丝洞，都被悄然抹去了，这一层故事中的名字是菩提洞，“菩提”意味着大彻大悟。虚空的彻悟者走出菩提洞，迎面而来的是日常世界。孙悟空首先遇见了转世的菩提老祖/强盗大哥，此刻的身份是带队参观西游遗迹的导游。如果说这种转世还基于宿命（因为在第三层故事中，强盗大哥与至尊宝约定下辈子要还他三刀），还依托着摇摇欲坠的轮回的因果，那么孙悟空随后遇见的二当家与瞎子这群山寨兄弟的转世，白晶晶与春三十娘的转世，则充满着荒诞。在新的五百年后，二当家不再是土匪，而是及第的状元，蟒袍玉带，衣锦还乡。白晶晶与春三十娘，在这层故事中变成了状元的大小夫人，作为豆腐西施，等待着夫君金榜题名。这个场景，无疑是日常生活的极致想象，标志着最高的幸福状态，但在虚空的孙悟空眼中，这个场景充满着荒诞。新科状元以戏曲腔感叹“辛苦娘子磨豆腐”，而在俚语里，“磨豆腐”暗指女同性恋。

在这里，《大话西游》解构了后革命时代的日常生活逻辑，日常生活无法彻底麻醉反叛的失败者，以及大失败后的虚无。在轮回的不断清空与重启中，一切既充满着无法把握的不确定性，又确定地走向着神佛规定的终点。至尊宝/孙悟空身边所有人——二当家、瞎子、白晶晶、春三十娘、八戒、沙僧、菩提老祖等等——都浑浑噩噩地生活在时间的循环往复中，至尊宝也已经无法逃避地成为孙悟空，他会成为时间洪流中的一员吗?

一个十分重要的不同，在于孙悟空保有至尊宝的记忆，这是《大话西游》穿越了虚无的关键所在，悟到了“空”，但“空”并不是“无”。在日常世界与西天征途的边界，在出城的时刻，孙悟空遭遇了至尊宝与紫霞仙子的轮回转世：城墙上骄傲的武士，以及痴迷他的恋人。孙悟空钻进了转世至尊宝的体内，亲吻了转世紫霞，既帮助武士与恋人和好，又完成了不可能的爱：已经带着紧箍的孙悟空，亲吻了紫霞。日常世界中的武士与他的恋人，无法理解与无从察觉孙悟空，在“他好像一条狗啊”的调侃中，孙悟空走出了日常世界，带着坚韧的记忆，走向真实界的大荒漠。

《大话西游》的结尾，首先是上天的胜利：神的世界抹去了所有的反叛（紫霞死亡，青霞皈依；至尊宝死亡，孙悟空皈依），“取经”在继续，尽管已无意义，但在神的世界欣然欢庆中，孙悟空以坚韧的主体意志，抗拒着遗忘，抗拒着日常生活的麻醉，铭刻着爱的记忆踏上征途。承担着荒诞命运的孙悟空，在戏谑的表象下，有一种高贵的尊严，他是带着紧箍咒的西西弗斯，是我们这个喜剧时代的悲剧英雄。

一代人的历史出场

《大话西游》貌似架空了历史，但却是属于我们这个时代的真正历史性的作品，在荒诞不经的表象下，《大话西游》忠实于自己的时代。而要准确地传达我们的时代，有赖叙述技法的重新发明。在形式强度上，《大话西游》以复杂的四层架构，在三个小时内浓缩了20世纪90年代青年的精神历程，构建了一个高度丰富的寓言结构。四层故事背后，是永恒的神的意志，以及永恒的荒诞。然而个体绝非毫无作为，以偶在的爱，人对抗着神意，在洪荒般的时间绵延中标识出自己的存在。最终，在时间的空洞化中，个体将历史意义从神的意志中收回自身，《大话西游》是个人在大历史中不得不屈从的故事，同时——尤其重要——更是神话般的个人诞生的故事。至尊宝成为抵抗孙悟空的孙悟空，成为神的桎梏中不屈服的自由意志的化身。

为什么《大话西游》打动了一代人？20世纪90年代的我们，正是至尊宝与孙悟空的合体，跌跌撞撞地从叛逆到犬儒，从犬儒到虚无，承担着爱与命运的撕裂，承担着世界的荒诞。同时，一代人绝非随波逐流，在无法遗忘的记忆深处，有坚韧的执着；在反讽的面具下，“无”可以生“有”，“虚”然而不“空”。《大话西游》的出现，将一代人的情感结构形式化，这是一代人的历史出场时刻，必然要随之出现的作品。

延伸历史的视野，在当代中国的历史进程中，由于触及个体与秩序的紧张，孙悟空作为原型一直被不同时期的主流价值所征用。一生挚爱孙悟空的毛泽东，在1961年写下著名的诗句“今日欢呼孙大圣，只缘妖雾又重来”。同一年，上海美术电影制片厂《大闹天宫》上映，中国动画片创始人万籁鸣先生出任该片编剧、导演，在《大闹天宫》“反映了压迫者与被压迫者的尖锐的冲突与斗争”的指导精神下，孙悟空在这一版中充满着造反精神，将毛泽东认为代表官僚主义的玉皇大帝与天庭砸得稀烂。

如果以1989—1992年的巨变为历史基点，巨变前后，《西游记》被讲了两次。1989年前三年上映的《西游记》，是杨洁执导、六小龄童主演的电视剧版《西游记》。尽管和《大话西游》相比，86版的《西游记》显得忠于原著，但依然内化着时代的情感结构。正如主题曲《敢问路在何方》唱到，“踏平坎坷成大道，斗罢艰险又出发”，这是我们熟悉的“80年代”的味道。相反，1992年后三年上映的《大话西游》，全然没有“路在脚下”式的坚信，“现代性”的线性时间观与因果律，以及依附其上的意义生产，在《大话西游》中遭遇到深刻的嘲弄与质疑。对于20世纪80年代的情感结构而言，“西天取经”是一种伟大的象征，从异域求取真经，解脱众生疾苦，岂不正是改革者的使命？而在《大话西游》中，“取经”的意义被无限延宕，最终沦为虚空的彻悟。对于20世纪80年代的《西游记》而言，这个故事是起始明确、正邪分离的正剧；而对于我这一代人的《大话西游》而言，《西游记》的故事变得可疑，人生的意义不是一条线，而是一个谜团，“取经”的故事被反复地讲述，无限地延宕……

最后一次征用，是离我们最近的2014年。在年末没有泛起太多波澜的《大话西游》二十年后重映之前，年初春节档期周润发、甄子丹、郭富城众多明星出演的3D电影版《大闹天宫》上映。在《西游记》的改编历史上，第一次，玉皇大帝成为《西游记》的主角，秩序的意义凌驾于一切之上。孙悟空无知的反叛，是由于野心家牛魔王的煽动，玉皇大帝作为秩序的主宰，承担着委屈，支撑着世界。这是对于《大话西游》一代可耻的侮辱与败坏，然而这样的电影票房惊人，狂卷十亿票房。天庭闭合，叛逆瓦解，观众沉浸在孙悟空与小白狐的狗血爱情中，沉浸在3D的技术迷幻中，浑然不知被安排好了的命运。

如《大话西游》的主题曲《一生所爱》，“在世间，难逃避命运”，至尊宝是否总要成为孙悟空？《大话西游》上映几年之后，一个笔名今何在的青年在其启悟下写出了《悟空传》（2000），宣告着真正有质量的中国网络文学的诞生，“我要这天，再遮不住我眼；要这地，再埋不了我心；要这众生，都明白我意；要那诸佛，都烟消云散！”一代新人在铁铸的摇篮中长大成人，他们注定要跋涉漫长的征途，再一次造访远方的神祇。

（载《天涯》2015年第5期）

失败者的飞翔

——浅谈"小清新"

行　超

2014年是玛格丽特·杜拉斯诞生100周年，这个十几岁就开始写作，70岁才真正被人们所熟知的法国女作家应该不会想到，在遥远的中国，因为一本《情人》和几句颇具个性的话，她的名字竟如此广泛地在年轻人中反复传颂。20世纪80年代以来，杜拉斯的作品被大量译介到国内，一时间，阅读杜拉斯由一种文学风潮逐渐变成了年轻人的生活风尚。就算你没有读过杜拉斯的书，至少你曾看到过这些句子："爱之于我，不是肌肤之亲，不是一蔬一饭，它是一种不死的欲望，是疲惫生活中的英雄梦想。""与你年轻的时候相比，我更爱你现在备受摧残的容颜。"……

如今，近30年过去，杜拉斯依旧是中国读者最熟悉的几个外国作家之一。对于许多读者来说，杜拉斯不仅是一个作家，还是一种文化符号，甚至是一种消费符号。20世纪末，我们把这些喜欢谈论杜拉斯，喜欢将杜拉斯的名言用作个人签名的年轻人称为文艺青年或小资。之后，这位极具个性的法国女作家又被另一个更年轻的团体所认领，他们就是——小清新。

大概是从21世纪初期开始，一批有一定文化和教育背景的"80后""90后"在日常生活的各个方面逐渐显示出与众不同的特点，他们气质内敛低调，性格安静沉稳，喜欢陈绮贞、安妮宝贝或岩井俊二，业余爱好是音乐、文学、摄影、旅行，他们的照片总是以侧脸示人，喜欢穿着棉质长裙、白色帆布鞋，有时会戴黑框眼镜或草帽。他们强调个性，同时却又异常相似，孤独、忧伤、逃离是他们常常挂在嘴边的词语，"岁月静好”“现世安稳”是他们共同的心愿。而这些年轻人，便是我们口中的小清新。

成为一个小清新

小清新脱胎于小资，他们与小资一样追求特立独行、品味不凡的生活。20世纪末，随着商品经济的发展和外国商品的大量涌入，“小资”这个在特殊年代曾让所有人闻之色变、避之不及的政治标签，在一夕之间变成了年轻人趋之若鹜的生活方式。这时的“小资”更多代表着一种令当时年轻人无比欣羡的生活状态——几乎所有大城市的年轻人都迷上了在星巴克喝下午茶、吃哈根达斯冰激凌、穿CK内裤、喷古龙香水、谈论杜拉斯和村上春树的生活模式。然而，经过十余年的资本发展，人们逐渐洞察到小资光鲜亮丽的外表之下不堪一击的虚伪和空洞，开始反感他们蹩脚的英文、盲目的拜金和开口闭口的名牌。于是，小清新便这样应运而生了。

小清新之核心是“清新”，区别于小资的拜金主义和品牌崇拜，小清新强调自我和独特，对于“大众”和“流行”有着强烈的反抗。所谓“清新”，即是描述他们那种不谙世事，那种“任凭外面的世界如何复杂，我只愿保持自己内心平静”的生活态度。当然，小清新并非看不到这世界的复杂，只是他们宁愿以一种视而不见的态度去面对这种复杂，从而逃避这其中可能带给自己的伤害。小清新有着现实主义的冷静节制和浪漫主义的奇思妙想，他们对现实不满却对未来充满希望，喜欢沉迷在自己想象的甜美、平和、无忧的世界中。在这一点上，他们有点像顾城笔下那个“被幻想妈妈宠坏的”“任性的孩子”——虽然生理年龄早已成人，但却一厢情愿地要做心理年龄上的婴孩，永远在精神领域撒娇、任性，怀念永无烦恼的童年，不愿面对成人世界的风风雨雨。

小清新的“小”则用于进一步强调他们“以小为美”的审美追求和生活态度。这种“小”在此前的小资身上已经有过充分体现——世界对于他们来说无限地小，小到可以只有自己以及自己内心那些无穷的幻想。小清新自恋而自闭，他们的生活从来都以自我为中心，只关心自己生活中的柴米油盐、小情小调而极少在社会公共事件中发言；他们会被安妮宝贝笔下虚拟的爱情感动得泪流满面，却往往对真实上演着的分分合合处之泰然；他们会在岩井俊二的镜头中找到幸福与温暖，却很少真的付诸实践去关怀体贴身边的人。

然而，小清新与小资在生活方式、审美主张等方面确实有着明显的分歧。其中最大的不同便是，小清新不满于小资简单肤浅的物质追求和品牌崇拜，反对拜金主义是他们的信条，也是他们反对小资、超越小资的核心诉求。小清新不问世事、不捧名牌，他们追求的是一种与物质、金钱甚至与现实生活无关的，被称作“感觉”的东西。这既是他们的审美准则，也是他们的行事方式——他们所钟爱的一切都是去物质的、去欲望的，永远“仙”气腾腾地注视着这个世界。在小清新所构造的那个远离世俗的乌托邦中，他们可以很容易地通过着装打扮、说话语气和性格爱好等隐秘的线索寻找到自己的同类。他们之间也许素昧平生、也许只是萍水相逢，却常常能比日常生活中的同学、同事、朋友更能让彼此感到安心，也更容易在心底里惺惺相惜。

面对现实社会的多重压力，小清新们选择在都市的水泥森林中做一个精神流浪者，他们标榜自由、崇尚自然。同时，他们总是疏远人群，刻意避免让自己成为焦点，他们甘愿在竞争激烈的现实社会中做一个最平凡的人，甚至乐于成为一个边缘人、失败者——是的，他们从不以“失败”为耻，他们在意的，恰恰是这种与世无争、远离尘嚣所带来的内心的宁静。在险象环生的现代都市中，小清新的这种主张引起了大量年轻人的共鸣。随着小清新队伍的逐渐扩大，这个小众的社会群体也逐渐变成了一种普遍的生活态度、一种现代都市中特有的青年亚文化。这个以反大众、反流行为出发点的小众团体，也随之变成了一个拥有大量拥趸的流行文化。

讽刺的是，虽然小清新极力反对拜金，强调一种更为形而上的精神追求，然而他们却在不知不觉中走上了拜物的道路。LOMO相机、帆布鞋、陈绮贞的唱片、安妮宝贝的小说、岩井俊二的电影等代表“清新”气质的具体物品，是进入小清新队伍的通行证，也是他们彼此心照不宣的身份标志。这些具有极强象征意义的物质符号，既是小清新的外在特征和标签，又体现着他们的审美取向和精神追求。

小清新，文艺如斯

号称热爱文学、音乐、电影的小清新，其实喜欢的只是被“清新化”的艺术作品。他们不喜欢沉重的鲁迅、粗暴的海明威或冷峻的陀思妥耶夫斯基，他们喜欢的是“悲伤逆流成河”的安妮宝贝和郭敬明；他们不喜欢强悍愤怒的涅槃、大众流行的五月天或高调夸张的Lady Gaga，他们喜欢的是低吟浅唱的陈绮贞、苏打绿；他们也不喜欢黑色幽默的北野武、专制霸道的黑泽明或血腥暴力的昆汀·塔伦蒂诺，他们喜欢的是娓娓道来的岩井俊二和永远阳光明媚的台湾文艺片。小清新的文艺作品几乎都在讲述着一个个似有似无的暗恋或失恋故事，充满了感伤主义的气氛和唯美主义的美学追求。这些作品的内容通常不问世事，而退守最私密的个人情感领域，充分体现了创作者“躲避崇高”的艺术追求。而热爱这些作品的小清新们，也常常以其中人物的形象作为自己着装的标杆或者行为的指南。

最典型的例证来自安妮宝贝的文字。如果说杜拉斯的小说是小清新的圣经，那么安妮宝贝便是小清新的教母。安妮宝贝的文字具有极强的符号特征和可复制性。在她笔下，女人永远不叫“女人”，而称“女子”，男人也永远被称为“男子”。安妮宝贝的御用女主角有着千篇一律的外在形象，她们永远留着一头“海藻式的长发”，“不施脂粉，一点点化妆也无”，“面目邋遢，神情懒散”；而男主角则喜欢“穿白色纯棉衬衣，粗布裤子”，“手指修长干净”，“沉默而神情高贵”。不管是早年描写现代都市边缘人的《告别薇安》《彼岸花》，还是近年来号称“以文字探索呈现自我与外在环境及内心世界的关系”的《莲花》《月》《春宴》等，安妮宝贝的小说内容从未脱离青年男女的情爱故事，之中夹杂着流浪、自杀、性等吸引读者眼球的元素。在她笔下，不论是收入优渥的男子，还是向往自由的女子，都多少带有些颓废的气质，他们“决绝”“勇敢”，随时准备放下一切“出走”“私奔”。这种不顾一切和了无牵挂的精神，极大地契合了想要逃离现实的小清新的精神追求。程式化的语言和模式化的人物形象，在安妮宝贝的笔下不断地变装上演。而这样机械复制式的作品却能够一次次打动小清新脆弱的内心，他们崇拜这样的“女子”，迷恋这样的“男子”，在这样的故事中一次又一次沉沦。

此外，安妮宝贝及效仿其写作特征的小清新还特别偏爱使用无主句和连篇累牍的句号。主语的消失，打破了既有的阅读期待和阅读习惯，为文本本身提供了极大的不确定性和陌生化效果。作者用简单的词组代替完整的句子，接着蛮横地画上一个句号，语义便在此戛然而止。反常规使用的句号，将小说文字生硬地切割成破碎的部分，加强了叙事的暧昧感与模糊性。不同于传统叙事追求为读者提供阅读理解的快感，无主句和不规则使用的句号，为读者提供的是一种阅读不畅的快感。利用这种不规则的语法形式，安妮宝贝去除了小说叙事的完整性和思维的逻辑性。与传统文学强调自我，凸显作者的主体性不同，安妮宝贝的小说尽可能地将叙事者隐藏在文本之后，表明了作者对小说故事性追求的放弃，转而致力于营造一种暧昧不明、模棱两可的叙事氛围。洁尘曾说过，有些作家是“提笔就老”的，在小清新的笔下，人人都有着道路以目的冷漠与看透世情的决绝。他们笔下的生活不仅失掉了蓬勃的生机，而且被笼罩上一层抑郁、颓废的色彩。从这个层面来看，安妮宝贝及类似的小清新文学似乎大有“为艺术而艺术”的唯美主义倾向。

与文学作品类似，小清新的音乐和电影也呈现出感伤、唯美的精神追求。陈绮贞、苏打绿、张悬、王若琳等是国内小清新音乐的代表人物，他们的歌曲热衷于述说小情小爱，善于营造唯美主义的整体意境，情感忧伤却不失温暖。在影视剧方面，从早期岩井俊二的《情书》《关于莉莉周的一切》，到近年来以《那些年，我们一起追的女孩》为代表的台湾文艺片，小清新迷恋的影片具有极高的相似性，它们或是对校园生活、青春年代的怀念，或是娓娓道来一段只有在自己心中生根发芽的暗恋故事。比如《那些年，我们一起追的女孩》，在这个“暗恋女神—与女神失之交臂—祝福女神”的老套爱情故事中，导演九把刀牢牢抓住了“得不到的才是最美好的”这一人类社会的永恒定律，用永恒的错位贯穿一段无疾而终的爱情。在这个青春期的爱情故事中，爱情的意义并不在于相守，而恰恰在于错过，在于男女主人公永远在彼此心中成为一个触不可及的想象，而这段爱情也永远只能是独属于自己的一个说不清道不明的秘密。

不管是安妮宝贝的文字、陈绮贞的歌曲，还是台湾文艺片，都着力表现现代都市中被人群冷落的个体及其内心的忧伤与孤独。其中含蓄的伤感、节制的抒情、浪漫的情怀，委实令人动容。为赋新词强说愁也好，无病呻吟也罢，这种脱离现实的唯美主义对于在现实泥淖中无法抽身的小清新来说，颇有自我“疗伤”与“治愈”的功效，因而常常能引起他们的共鸣。

“小清新可能是一种精神药膏”

台湾音乐才子陈升在2013年推出了一张名为《我的小清新》的专辑。在这张专辑的同名歌曲《我的小清新》中，有这样几句歌词：“小清新可能是一种精神药膏/一定要装无知不然就会贴不牢/小清新可能是一种不长大的药膏/一定要装可爱心虚了就贴不牢。”陈升当然不是什么小清新，他可能是个“老嬉皮”。在这首有些颇具戏谑意味的歌曲中，陈升唱出了他对于小清新这个群体的理解——小清新是一种精神药膏。

这里面应该有两层意思。首先，作为一种精神“药膏”，小清新的审美主张或者生活方式所要疗救的应该是这些年轻人在精神方面出现的某种困境。同时，既是“药膏”，就一定是人为地“贴”到身体上的，它不是你身体的一部分，是随时可以附加，也随时可以丢弃的。自称是“老清新”的内地民谣歌手邵夷贝的《大龄文艺女青年之歌》，颇带自嘲地表达了小清新们所面对的这种尴尬处境：

> 大龄文艺女青年/该嫁一个什么样的人呢/是不是也该找个搞艺术的/这样就比较合适呢/可是搞艺术的男青年/有一部分只爱他的艺术/还有极少部分搞艺术的男青年/搞艺术是为了搞姑娘/搞姑娘又不只搞她一个/嫁给他干什么呢/搞姑娘又不只搞她一个/奶奶奶奶奶奶的

朋友们介绍了好几个/有车子房子和孩子的/他们说你该找个有钱的/让他赞助你搞创作/可是大款都不喜欢她/他们只想娶会做饭的/不会做饭的女青年/只能去当第三者/不会做饭的文艺女青年/只能被他们潜规则

热爱艺术的“大龄文艺女青年”面临着与常人一样的现实问题，她们曾经自视甚高，而在大众眼里，她们却因为种种现实原因而惨遭淘汰。在自我的精神世界中，她们是与众不同、高高在上的公主，而在现实面前，她们却只是脆弱渺小、不堪一击的芸芸众生。最终，她们当中的大部分人必须选择对世俗生活妥协。于是你不难发现，在每个华灯初上的夜晚，总有无数续着长发、背挎吉他、眼神迷离的歌者出现在北京的各个酒吧里，他们在台上用自己沙哑的烟熏嗓伤感哀叹、自我解嘲，演出结束后他们与酒吧老板结算自己当晚的薪酬，然后点一支烟，沉默地在夜色中去赶末班地铁。对现实社会及自我处境的不满和对现实生活的妥协，在他们身上得到了惊人的统一。

台湾女诗人夏宇曾经在某次酒后发问“小清新有什么不好？轻轻松松做自己有什么不好？”曾经写出“把你的影子加点盐/腌起来/风干/老的时候/下酒”这样“重口味”诗句的她对小清新有着极大的宽容，这大概与台湾这座岛屿的某些特质有关。

台湾对于小清新来说，确实有着特殊的意义。最不遗余力推荐小清新的杂志《城市画报》很早便推荐过陈绮贞、张悬、陈珊妮等台湾歌手，彼时她们在内地都尚属新鲜的面孔。不仅如此，《城市画报》甚至多次大篇幅介绍过台湾的吃住行等日常生活的各个方面。可见，在小清新眼中，台湾简直就像是精神上的故乡。不管是音乐、电影还是文学，具有“小清新”气质的作品几乎占据了台湾文艺作品的主流。这些作品兜兜转转，其核心始终绕不开一个“情”字。从白先勇到朱天文、朱天心，再到如今的钟文音、郝誉翔等，台湾作家似乎始终保有一以贯之的精神气质——不吵不闹、不急不躁、不慌不忙。除此之外，他们作品中的颓靡气息俯拾皆是，像极了曾被胡兰成亲口赞为“小张爱玲”的朱天文笔下的“老灵魂”——他们对死亡知之甚详、心生恐惧，对怀旧事物有股莫名强烈的爱好。我私心揣测，这也许与台湾地区特殊的历史有着某种关系：在漫长而复杂的历史变迁中，“外省人”及其祖先不得不背井离乡，在这个陌生的岛屿开始了自己“反认他乡做故乡”的寂寞生活。时间之手如此残酷，偏安于热带岛屿的他们，终于逐渐失掉了膨胀的野心，对你争我夺的利益纠纷没了兴趣，转而对自己身边的人事变迁与过往记忆念念不忘。那些诚品书店里坐在地上一心一意读书的年轻人，那些柔声细语的女孩和举手投足尽是谦和的男孩，他们无处不在地阐释着独属于这个岛屿的从容与淡定。

而彼岸的大陆却是另一种现实：剧烈的社会变化使人们内心的安全感和彼此的信赖度极度匮乏，进而产生了强烈的自我保护的需要。在文学中，以“70后”“80后”为主体的小清新文学打破了“50后”“60后”所建造的历史共同体，开始着意于建造一个属于同代人的情感共同体。他们或如安妮宝贝，在千篇一律的爱情故事中不断沉溺；或如早年的张悦然、周嘉宁，以青春的名义讲述成长的疼痛；或如安意如，干脆跳回古代，与故去的先贤对话，以期得到现实的回应。

在这个海峡两岸共同营造的“小清新”大潮中，如果说小清新是台湾社会与生俱来的精神气质，那么对于彼岸的大陆而言，小清新更像是一种精神补偿。小清新对台湾充满好奇、充满向往，也许正是他们对于那种安稳生活的一种企望吧？

从独立到流行

“小清新”一词最早用于指称欧美、日本等地盛行的独立流行乐（Indie Pop）。独立流行乐属于地下音乐的一种，与风格强硬的独立摇滚乐（Indie Rock）不同的是，独立流行乐虽然承袭了独立摇滚主张个性、坚持己见的特色，但它更多折射的是地下音乐柔和、甜美的一面，曲风清新自然，更少焦虑和嘈杂。此后，由于这种曲风的盛行，“小清新”的概念被不断借用并逐渐泛化，人们将那些风格清新自然、平缓温柔，整体气氛安静而不张扬的艺术作品，统称为“小清新”。

2013年11月2日，备受小清新推崇的台湾歌手张悬在英国曼彻斯特大学举行了小型演唱会。在现场，张悬看到第一排的台湾学生手持青天白日旗，于是把旗子接过来介绍说："是从我的家乡来的'国旗'（National flag）。"张悬的这一举动引起了现场大陆留学生的不满，有人高呼"Nopolitics today（今天不谈政治）"。当时张悬回应"这不是政治，这只是一面旗子"。此后，演唱会的视频被发到网上，引起了轩然大波，原定于不久之后举行的张悬北京演唱会因此被取消了。事后，在对这个被媒体称为"张悬事件"的反思中，舆论的焦点大多集中于对张悬是否"台独"的猜想，而我更关心的却是现场大陆歌迷的那句"今天不谈政治"。当自己的知识体系、信仰体系，甚至是国家民族身份被挑战的时候，小清新的第一反应竟然并非反抗，而是"不谈"。小清新从不想卷入任何政治或社会事件的旋涡之中，对他们来说，音乐就是音乐，也只能是音乐——他们要的是搁置一切立场、一切判断，单纯回到艺术欣赏本身。

如果我们回到Indie Pop这个名称来看，很容易就可以发现小清新最深处的矛盾——Indie：独立，Pop：流行。这两个完全相反诉求的词语被如此荒谬地并置在一起，而正是这种深刻的矛盾构成了小清新的"原罪"：小清新因为反对大众流行、反感崇高叙事而追求"独立"，主张退守到自己狭小的小世界中去。然而，当维护这种独立的人越来越多时，小清新所追求的"独立"就无疑会被无限地消费，独立就变成了流行。小清新也因此成了瞬息万变的大众文化中的一员。

在当今社会中，流行文化缔造者的变节和背叛早已不是一个新鲜的话题。鲍勃·迪伦第一次改用电吉他时遭受了台下观众一片"犹大"的叫骂声，孟京辉的商业化转型在为其赢得更多观众的同时也引来专业评论者的一致斥责。如今，小清新的鼻祖陈绮贞早已从地下转向台上，俨然变成了比一般流行歌手更稳固的票房保证；向来号称孑然一身的安妮宝贝也已经怀孕生子，过起了与一般女人无异的生活。两位被小清新奉为"教母"的精神领袖，最终放弃了孤独、流浪的生活，挤上了世俗生活的末班车。

理想主义的信仰在残酷的现实面前显得一文不值，而"人生导师"的倒掉也使得小清新产生了一种被欺骗的愤怒。他们开始逐渐从之前虚幻的个人梦境中挣脱出来，发现早年作为小清新的自己原来是那么脆弱、虚假、自欺欺人。随着小清新队伍的逐渐壮大，小清新的反对者也越来越多，不知从什么时候开始，反对小清新的人数似乎变得比小清新本身更多。有趣的是，在这些来势汹汹的反对者中，很大一部分都曾经是小清新队伍中的坚实成员。他们或多或少都曾期盼过平静安稳的现实生活，希望能真正做到超凡脱俗、不问尘世，不以物喜、不以己悲。然而在复杂多变的现实面前，这种虚幻的理想主义却显得那么遥不可及。也许正是这种不切实际，使得小清新遭受到越来越多人的反感，在反对者的围攻下，以个性、独立、不俗为标签的小清新逐渐变成了软弱、虚伪、媚俗的代名词。

现实生活的铜墙铁壁已经让小清新无处藏身，而自我催眠式的独立幻想又受到了人们蛮横的否定，小清新以身试法地验证了现代都市的冷漠无情。流行文化总是反反复复，你永远都不知道，这一刻你站在舞台的中心，下一刻也许就成了被批判的对象。小清新和反小清新两个阵营的形成和对立，充分表现了大众文化的短命和无常。陈绮贞有首歌叫作《失败者的飞翔》，甘于平庸的小清新常常以失败者自居，然而正像陈绮贞唱的那样："你承认吧，你也想要体验英雄般的夸张悲壮。"如果不是现实生活如此沉重，小清新也许不必永远躲在自己构筑的安乐窝里；也许正是现实的沉重，让在幻想世界中飞翔的小清新不断下坠，最后坠落成一个自甘平凡的失败者。也许你说这是矫情和虚伪，我却觉得，他们偏偏有点像那"夸张悲壮"的精神英雄。

（载《名作欣赏》2015年第5期）

从网络文学到新媒体文学

——以“一个”和“果仁小说”为例

霍 艳

曼纽尔·卡斯特说：“不管我们度量时间的方式如何，这的确是一个变动的时刻。在20世纪后四分之一期间，一场以信息为中心的技术革命，改变了我们思考、生产、消费、贸易、管理、沟通、生活、死亡、战争以及做爱的方式。”互联网便是这一以信息为中心的技术革命的核心。而自20世纪90年代起，互联网的迅速普及，也改变了中国人的生活方式。落实到文学上，互联网也悄然改变了中国文学的生产方式，一批网络作品诞生，作家的身份被“非职业化”，一批“写手”站起来了。

十几年前，年轻作者不直接拥有发表的机会。此时，传统文学期刊并不倾向对青年作者敞开大门，儿童文学杂志也已不能满足他们对于情感的抒发。网络文化的普及则恰好给他们提供了一个新的平台。在网络时代，互联网几乎给予了每个人平等的展示创作才能的机会，很多年轻作家都是先拥有网络创作经验，并积累了最初的读者。

2000年2月，南人等创办了“诗江湖”网站，其对新一代诗歌写作产生巨大影响，同年春树发表《80后诗人联合起来》的宣言帖，引起较大反响，登上了《南方周末》的“板砖排行榜”。根据赵卫峰《偏见：中国80后诗歌进行时（或十年脉象）》的梳理：2001年开始，新一代诗人开始自己创办阵地，如“春树下”（春树）、“野草”（玉生）、“门中文论坛”（熊焱、田荞）、“弧线”（刘脏）、“秦”（土豆、木桦、鬼鬼、小宽等）、“小乳房”（巫女琴丝）、“原诗歌”、“80后放肆地”、“零空间”等。他们在网络上引发的反响逐渐受到了传统诗歌期刊的关注，辽宁《诗潮》开设“80后诗歌大展”栏目，《星星》《诗刊》《诗选刊》《诗林》《诗歌月刊》等刊物先后频登新生代诗作。2002年，《星星》诗歌网建立，成为第一个具有官方意味的新一代诗歌论坛。

榕树下由美籍华人朱威廉在1997年创办，是国内最早、最具品牌的文学网站，也是20世纪末网络文学的发祥地之一。郭敬明、颜歌都是从那里走出来，安妮宝贝、宁财神、李寻欢、慕容雪村等网络作家均在此走向大众。榕树下最初遵循稿件机制，网友自由投稿，编辑筛选发表，不少传统媒体也在上面挑选稿件发表。2003年起引入文学社团机制，把编辑权交给了热爱写作的优秀作者。郭敬明从2000年起以“第四维”的网名在榕树下发表作品，由于他创作精力旺盛，几天就能发表新的作品，再加上对文字感觉独特，基本每篇作品都能得到编辑推荐，拥有上万的点击率。他依靠音乐评论《六个梦》被推荐到首页，以第一名的点击率进入每周精选，从上万篇文章里脱颖而出，积累了最初的忠实读者，同时也结交了一批在文学上志同道合的朋友。他们在文章下面回复，在网络社区上交流对文学的看法，使得榕树下已不仅仅是一个发表平台，更是一个交流平台。他们以不同板块或者社团的形式，将文学趣味相投的人聚集在一起。

还有另一批年轻作家，如张悦然、苏德、周嘉宁、小饭等。他们混迹在一些文艺气息浓郁的网站，如晶体论坛、暗地病孩子和黑锅论坛。这些论坛是以文艺作品的题材分类：小说、诗歌、散文、电影、音乐、绘画等。他们从一开始就担当斑竹的职位，负责发帖、删帖、加精华、引导讨论，为了使得讨论更深入，他们努力提高自身的文艺修养，也在线下组织聚会。很多志同道合的文学写作者因为这些论坛聚合在一起，按周嘉宁在小说中的说法，论坛“通过隐秘的渠道在青年中流传，几乎成为一个时代的暗号”。

2000年，博客进入中国。博客是blog的音译，正式名称为网络日志，是以网络作为载体，简易迅速便捷地发布自己的心得，及时有效轻松地与他人进行交流，再集丰富多彩的个性化展示于一体的综合性平台。博客一般是按照年份和日期以倒序排列，它不同于“网络日记”的是，它不强调私密性，而是将私人性与公众性结合在了一起，绝不仅仅是纯粹个人思想的表达和日常琐事的记录，它所提供的内容可以用来进行交流和为他人提供帮助，是可以包容整个互联网的，具有极高的共享精神和价值。

最初，博客只是年轻人的一个私人空间，用来代替论坛，自在抒发心情、记录生活，渐渐有人观看，形成了互动，也积累了一批忠实的读者。他们不光喜欢在博客上贴文字，还配以图片，以图文搭配的效果呈现心情。他们对博客的模板、排版仔细研究，将博客变成了自己制作的一本“杂志”，从内容到设计均参与，他们享受到了掌握媒体平台的便捷，也使得后来一些年轻作家转而主编杂志。

韩寒从2005年下半年起在新浪开设博客，迄今点击量已经突破6亿次。韩寒出道以来以杂文著称，文笔老练，文风辛辣，幽默、讽刺地评论某一社会现象。但开设新浪博客初期，韩寒是以评点文化人物引得关注，从2008年起，韩寒开始涉足社会时事，话题既有通过人物透视现象的，也有直斥地域发展的，还有直面国家政策的等。

阅读韩寒的博客，已成为广大网民的一次敞开的精神体验，他们在第一时间“抢沙发”“搬板凳”，还没阅读内容就一片叫好。面对公共话题，他们在留言里广泛参与意见，表达着对韩寒“说真话”的赞许。当韩寒遭遇了删帖、杂志停刊的委屈后，他们比当事人还要愤怒。韩寒的博客已经影响到了受众的情绪，当他攻击白烨以及其背后所代表的传统文坛时，韩寒的粉丝纷纷跑到白烨博客上进行谩骂，把自己摆到了“臣属”的地位。他们的身先士卒只是捍卫韩寒“说真话”的权利，韩寒也因此成为年轻一代意见表达的一个出口。甚至有人曾说：“如果不是韩寒开始讨论民主自由话题，中国都没法讨论这些话题。”

不难看出，网络平台给予年轻人的不仅是一个作品发表的平台，还是一个交流的平台。这个交流，可以分为横向交流和纵向交流。

横向是指，以网络为媒介，志同道合的年轻写作者凑在一起，共同讨论文学。夜X回忆说：“那时博客还是新兴事物，更莫提Facebook，要找个机会和朋友交流，论坛是最自然的选择。从在西祠社区借个场地，到自己上传论坛程序，黑锅基本每天都有看头。我相信有不少小说的首发地都是黑锅，理由是这里能直接听到朋友们的反馈，其中有些意见属于最好能在出版之前听到的，另一些意见则在出版之后绝不会听到。而除了直接的赞扬和批评之外，作品也是一种常见的反馈，甚至回礼——年轻人总有回避不了的竞争意识。虽然没有针对个人的较劲，但能天天看到他人的进步，自己总不好意思掉队。”他提到的黑锅论坛，不仅是发表的阵地，还是得到其他写作者反馈的区域，大家更用写出新的好的作品相互激励、竞争。一篇文章的评审权，最初是掌握在版主手里，但随着发表出来，评判权则掌握在网友手里，大家众说纷纭，对文章直接发表意见，相互交流。这些交流平台，甚至成为支撑一些青年写作者的精神家园，身在异乡求学的张悦然多次回忆大家一起混迹论坛的日子，而这也是促使她创办《鲤》杂志的缘由。

纵向是指，网络平台帮助年轻作家积累了最初的读者群。过去作家与读者之间的交流是通过信件完成的，但文学的黄金时代过去以后，这个渠道就被读者见面会所取代，失去了其即时性、畅通性。是网络媒介重又打开了写作者和读者之间的通道，无论是博客还是论坛，读者都享有即时表达自己意见的权利，真正做到了信息传播的双向互动。

互联网的兴起一方面为写作者提供了比以往纸质媒体更为简易的发表渠道，也因为网络的民主功能而让趣味相投者更容易聚集在一起，形成文学上的固定群体。而网络阅读的便利性，也让横向和纵向的交流变得更容易，作者收到的反馈也更及时。这些便利让互联网成为很多年轻写作者文学的发轫地，也让他们累积了最初的读者，并在以后的发展中演变为铁杆粉丝。但与此同时，网络的民主和即时性，也让交流在更广泛的意义上是自上而下，也即自作者而下及于读者的，传统媒体那种由作者—编辑—读者造成的循环系统失去了一个环节，在写作方式更为自由的同时，也造成了写作方式的放纵：用夸张的笔触写作大胆的题材，然后起一个吸引眼球的题目。而在互联网基础上形成的粉丝群体，更是变成了一股奇怪的力量。他们不但维护着偶像的地位，更为严重的是，他们的期待和要求以及这期待和要求背后的利益，会改变偶像的写作走向，写作不再是一种走向灵魂深处的探险，而是变成了对粉丝的迎合——这个现象，也从某种意义上削弱了写作的探索性。网络文学，实质是旧式章回小说的变形，篇幅长、情节复杂、枝节丛生。无论是从阅读习惯还是从写作习惯来看，它都没有明显创新，甚至因为不知节制的叙述与离奇的情节，导致了从章回小说倒退到凌乱的叙事。这类小说用离奇万变的故事牵引着人，使人沉溺其中。

另外，年轻作者通过参加作文大赛或者在网络发表，获得了图书出版的机会，由于领军人物的畅销，以及文学市场的火爆，出版商对年轻作者采取追逐姿态，约稿、签约、出版、举办签售活动。年轻作者还没来得及长大就被推向市场。2001年开始出版作品的周嘉宁就认为，他们这一批人被过早地出道了，很多不成熟的东西在不该拿出来的时候，被拿出来了。要不是很多媒体的炒作和不良书商的介入，之前很多书都是不应该被出版的。

十几年后，周嘉宁以一副反省的姿态面对当时的出版状况，她也放慢了出版速度。但同时会把自己的单篇作品放在豆瓣阅读、KINDLE等新兴媒体平台上，进行付费阅读的尝试。我们还刚刚习惯把网络文学称为“新媒体文学”，但现在，网络文学几乎是已陈刍狗，更新的“新媒体”出现了。移动互联网这个更新的载体的出现，带来了文学写作的新契机。在这个更新的载体上出现的文学作品，我们不妨篡夺网络文学曾经的称呼，将其称为“新媒体文学”。它可分为出版机构、书店、个人的公共账号，文学精选类公共账号和内容文学APP，电子阅读器APP，文学精选类APP，语音文学APP等。

更新一代写作者在发表平台上的选择更加多元，这是由他们的受众群所决定的。过去他们的受众群以学生为主，学生被要求严格控制上网时间，但课外书却成为素质教育的一部分进行推广。于是纸质出版物成为他们接触文学的主要渠道。如今智能手机、平板电脑的普及，阅读时间被打成碎片，已经工作的读者需要更便捷的阅读方式，新媒体阅读逐渐成为主流。

“ONE · 一个”创刊于2012年，由作家韩寒主编，上线不到24小时就成为苹果免费APP排行榜的冠军。迄今为止装机量已经超过了2600万，活跃用户200余万，每篇文章都能保持近百万的点击率和上万的点赞数。这是一个异常庞大的数据，要知道最好的文学选刊类杂志销量不过三十来万。ONE以约稿为主，由编辑把稿件推荐给庞大的读者群。而选刊类杂志是从当月发表的所有小说里，精选出来，再推荐给读者的双选机制。这中间涉及一个问题，选稿的标准在哪里，如何保障这个标准的实现。选刊类杂志的标准是经过几十年的总结实践，有着背后的文学史标准作为支撑。而新媒体文学在运作伊始，脑子里可能是有一个标准的，但由于要应对每天内容的更新，这个标准会慢慢变得模糊，一些标准线以下的作品也不免会受到推荐。新媒体文学人为地加快了作品的传播速度，却省略了读者反馈、评论等步骤，取舍只凭借编辑的个人趣味。这个趣味有两种趋向，一种是曲高和寡，最后吸引到的只是一个小圈子的人。另一种是迎合大众，少数会变成名利的加速器。警惕这种情况的发生，要求编辑个人眼界的扩展或提升。

ONE走大众阅读路线，主打“文艺”而非“文学”，文艺是一个宽泛的概念，但在ONE这里，被置换为一种生活态度。这就不难理解为何韩寒不主打文学，过“文学生活”的20世纪80年代早就活在我们的记忆中，而“文艺生活”却成为主流。衣服上印着文艺图案，看一场团购来的文艺电影，用网络电台听小清新的文艺情歌，连拍一张照片，仰望天空的角度都可以是“文艺范儿”。作为一种生活方式，文艺无处不在。相较而言，坚持走文学路线的果仁小说，就显得难能可贵，它每周推送两次，每次一篇短篇小说，不限制国别、题材、作者，作为一个原创平台，它强调首发性，以千字500元的稿费吸引最一流的小说家，对于翻译小说，同样寄予译者高报酬。它是希望通过一个良好的收益模式，重塑小说家的尊严，推出更好的作品。这个初衷值得尊重，但它面临的问题却是盈利模式的单一。文学期刊尽管只有几家盈利，但大部分可以依赖政府的补贴，而果仁小说只能不停地寻找投资方，以维持它高额的稿费支出，相对应它的付费订阅量微乎其微。不管编辑如何把一月8元，一年96元形象地与一杯咖啡做对比，但用户就是喜欢喝一杯24元的文艺咖啡而非看8篇小说。

ONE则很好地解决了这个问题，它的文字内容是免费的，而它的文艺生活，是要收费的。文艺生活里你需要接受适量的广告，你需要购买T恤和杯子来装点自己的生活，需要参加一些读书沙龙和读者见面会，来证明自己真的够文艺。这些配套服务，ONE都替你想到了。如果你不愿花钱，那你对于“文艺”的贡献在于传播。你通过把文字内容分享在社交平台上，通过按赞表达对文章的态度，这些文艺生活方式的辐射背后，是ONE这个文艺品牌得到了推广，品牌价值的提升，则会带来源源不断的广告收益。迄今，ONE已经投放了NIKE、雅诗兰黛、迪奥、康师傅、九阳豆浆机、中国好歌曲等商业广告。这些广告的特点是，他们与年轻人的生活密切相关。当人们已经厌烦了电视广告的狂轰滥炸和网络广告的夸大其词以后，如何精准投放在对应人群，是商家所要考虑的重点。ONE所聚集的是一个强大的未来中产阶级消费人群，他们生来就伴随广告，对广告并不反感，甚至有时还会主动观看广告，寻找适合自己的产品。而商家正是看中了他们的消费能力，精准投放，并且这个投放不是生硬的，而是夹在翻页面，这就减少了读者的抵触心理。并且广告页面是经过精心设计的，都拍出了艺术海报的感觉，因为这批读者更注重产品的视觉呈现形式。

所以商家会投放给ONE，是因为ONE基于移动终端的阅读形式。首先就提高了一个门槛，那就是有智能手机、平板电脑的消费人群，这已经在普通使用电脑人群基础上拔高了一个层次。尽管ONE也有网页版，但是点击量远少于移动终端。并且ONE的主要读者，对于还在从事网络阅读，甚至纸质媒体阅读的人，是自动保持距离的，把他们看作是无法与科技发展频率保持一致的out人群。而果仁小说却一直在人群定位上模糊不清，“爱好小说”的人群越来越变得面目不清，小说这门传统的文学记忆，在中国的确拥有广大的受众群，但这些人甘心做一个out的人，甘心通过传统阅读的方式欣赏作品，甚至还会去孔夫子网站专门淘书，他与新媒体阅读人群的重合并不大到可以支撑起一个电子杂志的运转。并且这些在文学品味上出众，在精神上却近于洁癖，一旦看见商业广告的出现，就会下意识地反感。

从内容层面来讲，ONE却存在着一些问题。韩寒在ONE发刊词写道：“身边的碎片越来越多，新闻越来越杂，话题越来越爆，什么又都是来得快去得快，多睡几个小时就感觉和世界脱节了，关机一天就以为被人类抛弃了……于是就有了你所看见的《一个》。每天都只有一张照片，一篇文字，一个问题和他的答案。但也只是一枚碎片。”聪明的韩寒明白，我们对于碎片的依恋和无能为力，是一种不想被时代抛弃，却对时代变化无从掌握的矛盾心理。碎片是时间刻在我们身上的一道道记忆，但碎片也有高下之分，钻石、水晶、玻璃，各不相同。ONE提供的碎片并非个个出色，它固定的板块是：一幅画，一句话，一篇文章，一个问题，一个东西。其中较为出众的有“一幅画”和“一个东西”，它鼓励原创，禁止剽窃和复制，对插图也支付较高的稿酬。插图富有个性，符合年轻人的审美观念，绘制者也因为广泛的传播，而积累了受众。“一个东西”则由编辑搜罗各地的新奇物件，多是可以为生活增添情趣的装饰品，配以购买链接，将好奇心直接转换为购买欲。最受欢迎的应该是“一句话”，由编辑照抄自一本书或者一部电影。这符合了一代人格言体创作的风潮，经常从一个大的面向切入，如人间、人生、岁月、时光，然后代入“我”的细腻感受。这种格言体多是短句，并且对仗，有一种语言的节奏感，易于记录和传播。格言的本质是对世界的洞见，如今被变形为“我”的生存法则。只是复述常识，不过是一种文字游戏。ONE选取的格言其实传递了一种刻意营造出来的文艺气息，如2014年12月4日，选取的是李海鹏的一句：“你知道，一个人配不上你的世界的最简单标志就是一些配不上你的人总想跟你共饮一杯啤酒。”还有：“生活总是让我们遍体鳞伤，但到后来，那些受伤的地方一定会变成我们最强壮的地方。”这两条都充满了文艺心灵鸡汤的味道，不光具有广泛的传播性，而且“你”“我们”这些代入词语，会让读者感同身受。这源于网络签名档的诞生，更远则可追溯到那些贴在小学墙上的名人名言。我们活在这些格言里，好像懂得了很多道理，但是在现实生活里，这些道理并没有发挥作用，反过来又寻找新的格言自我安慰。“一篇文章”应该算作ONE的主打栏目，但文章质量参差不齐，只是一个简单的、有一点情趣的生活片段，大多以“我”的视角切入，回忆或是经历，语言缺乏锤炼，追求突然到达的高潮点，缺乏铺垫。这也可能是因为字数和读者耐心的要求，必须迅速抵达主题，在高潮点给人撞击，但久而久之，对于文字锤炼和文学技巧的钻研，则被作者放弃。“一个问题”涉及生活的方方面面，但也只停留于此，他对于一代人的思想层面缺乏启迪，或许我们不应该要求太高，但总归觉得只谈论“遇见不良少女怎么办”“怎么看待朋友圈发吃的人”“追女生的注意事项”这些话题，更像是登徒子或饕餮客的起居注。

而果仁小说打出口号“这就是小说”具化为三条标准：一是故事性，二是文学性，三是可读性。三者之间不是此消彼长的关系，而必须和谐统一。这就将晦涩难读的作品拒之门外，没有人愿意花时间跟精力去看一篇“不知所云”的东西，他们需要快速地获取一个好看的故事，给千篇一律的生活增添点情趣。并且，这个故事的讲述方式要有技巧，层层推进，这就要求写作者技艺的娴熟。同时，果仁小说取消了写作的门槛，并非只有专业作家可以发表，各行各业的人都能投稿，每篇小说的预览，都标记着作者的身份：青年作家、在校生、报社记者、公司职员、酒店服务员、药厂检验员等等。而这也是吸引作者的一种手段，号召更多潜在写作者的关注。还将传统杂志冗长的发表周期缩短为一周，从而改变了刊发周期远低于创作周期的弊端。这是一种新媒体在文学层面可能富有革命性意义的尝试，但是如何能吸引更广大的阅读数，和传统文学期刊相互打通，是新媒体文学从业者所要面临的问题，否则依然沦为小圈子的自娱自乐。

果仁小说的局限也在于此，它貌似包容，实则聚集的人群趣味相对狭窄。主编阿丁是一名近两年受到关注的小说家，他也和果仁作者一样不断强调着自己曾经的身份“麻醉医生”“体育记者”。他对于身份的强调其实是一种对传统文坛的反叛，他并非通过文学期刊、文学评论、文学奖项三位一体的方式登场，而是因为喜爱小说，自发甚至带有冒险精神的转行专职写作，这就标志文学在他这里从精英又回到了大众。但他的文学趣味并不大众，他在微信公众号里发布过一份阿丁书单，里面的书目有：胡安·鲁尔福、布鲁诺·舒尔茨、海明威、福克纳、奥康纳、卡佛、波拉尼奥等。通过这份书单加之他自己写作的风格——持续探索人性黑洞和挖掘自我救赎的可能性，可以看出，他持有一种20世纪现代主义的文学观。他强调：“阅读不仅仅是阅读，而是与阅读同步的思考，锻炼大脑的消化能力。”他把这种理念加入果仁小说的编辑理念中，所选取的文章都是简洁、冷峻、富有意味的小说。这自然而然会将读者限定在一个狭窄的圈子里，使得果仁小说无法发展壮大，同时他的选稿标准也屏蔽掉了一些现实主义题材的小说，而这些作品在中国更有根基。

人们仿佛乐于宣扬“已死”的概念，例如“文学已死”“期刊已死”。在缺乏文学生活的今天，我们乐于做一个看客，而对自己知识的贫瘠不自知、不惶恐。新媒体文学的出现并不代表它们要和旧媒体进行一场决斗，一切持有着决斗思维的人必将两败俱伤。新旧两种载体的竞争，不应是互相消灭，而是共同参与文学样式和传统的变革，维持文学进步的张力。

这世界本不该有纯文学的概念，“纯”是一个无法界定的范畴，有的只该是“文学”。真正有野心的文学从业者，并不是要战胜陈腐的旧文学，而是要将自己的作品放在历史长河里对照。那时发表平台的优势荡然无存，它接受的不仅是当下读者的确认，更是未来读者的检验。在这个新媒体文学的推送时代，或者不管是任何什么时代，对一个有追求的写作者来说，她/他需要的品质，仍然是跟古老的写作技艺相同——诚恳地写出自己的卓越。

陈思和、王德威主编：《文学·2015年春夏卷》

上海文艺出版社2015年版

“小时代”的终结与“最世”的浮现

刘 杨

今夏，电影《小时代4.0》的上映标志着郭敬明“小时代”系列的终结。从小说到电影，郭敬明称为“十年之约”，而其中重要的转折是《小时代》从被搬上大银幕开始，主流学者和主流媒体都曾经有过批判之音。与此同时，学术界对于“80后”“90后”文学的关注也渐渐随着另一批作家逐渐“成熟”而有所转向。然而在《小时代》终结的时候，我们似乎应该回头看一看这十年间，郭敬明改变了什么，又留给我们怎样的问题。

一、郭敬明与文学阅读格局的改变

十余年前那种将“80后”文学与“新概念”简单联系在一起的观念如今早已成为历史，而“80后”作家三分天下的格局日益明显。在严肃文学与网络文学之外，最为值得注意的就是郭敬明。无论是他自身创作的作品，还是他创办的最世文化公司（前身为“艾柯”，本文简称“最世”）中那些签约作家的作品，都在所谓“文学边缘化”的年代有着不小的销量。然而学界对此的关注和探讨则远远不够。

“最世”旗下作家的创作并不像以往的“通俗”文学一样有着跨年龄段的阅读群体，他们也非一味迎合读者的阅读趣味。对于现在的郭敬明来说，无论是自己写作，还是发表或出版其他作家的作品，绝非仅为在市场上吸引那些稚气未脱的学生，并使之与他笔下的人物一起“四十五度角仰望天空”，任“悲伤逆流成河”。郭敬明的创作能力当然有其限度，但他极力推出了一批“80后”和“90后”的作家，而这些人的作品并不仅限于流行文化与青春文学。可以说，“最世”旗下的作家在郭敬明的推动下“集体登场”，他们凭借着颇高的市场占有率已经形成一种集合效应，这种效应正在改变着一代人的阅读格局。

如今，我们不得不承认，笛安、安东尼、落落、王小立、自由鸟、林培源、吴忠全、陈晨、李枫、黄伟康、毛植平等等五十多位已经成为“作家”的人，在郭敬明统一“经营”之下，问世的作品涵盖了城市与乡村、校园与社会、现实与科幻及玄幻、历史与当下、中国与异域等等诸多内容。正是在这个意义上，郭敬明通过打造“最世”这样一个平台，也将一批风格、题材、文体各异且他无力去写的作品推向市场。

这其实是郭敬明必然的选择。如果说十年前他拥有大量的粉丝，那么这十年间那批“粉丝”在文学阅读中渐渐“抛弃”他。尽管在郭敬明的作品中，《悲伤逆流成河》《小时代》等所形成的情节模式已经在《爵迹》中有所改变，但他仍然面临着失去“同代”读者的局面。他固然有新的一批做着青春梦的小粉丝，但他并不满足于这样。作为“商人”，培养一代年轻读者的阅读习惯和视野相比于出版几本一时畅销的书会有更多收益，因此他也不断发掘和吸纳“90后”的作家进入“最世”。可以这样说，他通过“最世”的平台和影响，用商业化的手段打造出了标准化的运作流程和出版模式，从而能顺利推出各类作家、作品。因此，“最世”一家的书系在改变这批年轻读者阅读格局的同时，也使“最世”更多、更长久地占有文学市场。

其次，阅读格局的改变意味着一代人的审美趣味和审美能力的形成。郭敬明坚持通过正常的期刊和图书出版渠道培植作家，不仅为作家提供了相对宽松和从容的写作环境，也是先于市场选择而从“文学”层面的筛选和打磨。从这种“传统”的发表和出版渠道所“生产”的作品中我们可以看出，大部分作者对相应题材的驾驭能力，对小说结构的掌控能力，对人物心理的刻画能力，对人物关系的处理能力，对语言文字的运用能力都达到了一定的水平。因而，这也使得一代读者在阅读中得到的文学审美经验更为多样化。读者群不再仅仅读那些少不更事的年轻人在一段青春恋情中寻死觅活的故事，他们可以在奇幻的世界中触摸人性，或在平凡的故事中感悟生活；他们会发现情节的展开可以是单人RPG式，也可以是多线索复合式的；他们能明白情感的力量既可以依赖充满修辞的语言，也可以借助冷静、质朴的文字。

此外，还要特别提到科幻文学。陈楸帆、宝树等一批科幻作家加入“最世”固然有他们“借船出海”以扩大影响的考虑，但更主要的是郭敬明主动选择了他们。可以说，就目前国内的当代文学界而言，除了《三体》，科幻文学还局限在爱好者的“圈子”中，而在美国本土文学、文化研究者那里，科幻文学早已不再仅被置于“流行文学”来看待，其创作可能性之丰富、现实关怀之强烈已经引起了相应的学术关注。正是在这个意义上，郭敬明对科幻文学主动“示好”，固然有他扩展市场空间的考虑，但客观上说，他依托“最世”的平台也在培养更多的科幻读者。

因为有市场的支持，所以“最世”（包括从这里发迹的七堇年、苏小懒等）的作家，他们将并不仅仅像某些“80后”作家凭借内容上的奇观“炸裂”文坛之水而惊起一朵浪花，而是努力实现写作的持续性，并把一时才气逐渐变成持续写作的内在动力。从理论上说，如果这些作家的写作在“成长”过程中能受到一定的学术关注，得到充分的、有建设性的文学批评的帮助，以他们现有的写作基础和才情禀赋而言，在文学创作上会有更大的发展空间。

二、“最世”的问题与批评的“缺位”

“最世”既依托传统规范发表、出版渠道，又借助新兴媒介宣传推广，“集团化”地推出一批作家占领文学市场，培育一大批“同代”的读者，这对于中国文学的现状和未来都未尝没有意义。但从文学，尤其是审美的角度来看，“最世”也存在着值得注意的问题。

除了“骑誓”和“下一站”系列这样由不同作家共同完成的文学之外，个人创作的作品存在着在编辑团队和作家之间的影响下“趋同化”的一面。这与“最世”面向年轻人的市场战略是不可分的，而这种“趋同化”用一个非专业的词概括更为恰切，即青春气息。如《北京人在北京》

（琉玄）、《浮士德》（陈晨）、《南方旅店》（林培源），这几部小说的题材、内容完全不同，但在审美感觉上又有相同之处。如不急不缓的叙事语言；作者进入人物内心，但又不做更深度的心理描写；有一种介乎温柔与软弱之间的柔软能打动人，等等。但我们也要承认这种“趋同化”不同于网络小说类型化的特征。相当一部分作者在小说情节的展开中能寄放和传达自己的声音，将自己的问题意识和生命经验融入文本中。然而，郭敬明及其编辑团队对数量越来越多的签约作家的“培养”始终是有限的，比如消失宾妮、李枫、琉玄等等作家已经通过作品显示出他们有着多种创作上的可能性。因此，“最世”的编辑思路和对作家的影响方式，在如何进一步挖掘作家自身的写作潜力，使他们突破写作“瓶颈”而达到新的高度等方面显得不足。

正因如此，如果批评界能够跟进，以“最世”的读者群体和作家队伍而言，将会形成创作、批评与文学阅读互动的良性格局，这对作家和读者乃至同代批评家的成长都是有意义的。遗憾的是，迄今为止学院内部薪尽火传的审美趣味使得一批研究者依然在致力于寻找和培养符合其“文学”标准的“接班人”。这一努力当然必要，但在当前文学阅读格局已经悄然发生改变之时，“学术”却成为一种执念。批评家总有一种作为学者的精英意识，要和“大众”的审美趣味拉开差距，甚至对于文学阅读格局和接受现状的变化视而不见，这难道不是以学术为名的执念吗？学院派的诗学眼光和标准越来越专业化，同时，“即物”的可能也越来越小。

实际上，存在于有一定审美层次的读者中这些与“主流”观念异质的文本，原本应“召唤”出一种与之相应的标准。然而，因为学院内批评者的话语结构、知识结构和实际上读者的阅读结构和文本结构之间的裂隙越来越大，批评界总是认可与以往“主流”文学呈现出“家族相似性”的“作家”，而放逐了那些同样在写作并得到读者认可的作家。治当代文学的学者在反对“市场化”文学的同时，实际上建构起一个自娱自乐的“文坛秩序”。在这一秩序中，尽管有些作家的小说销路惨淡，但在批评家的鼎力支持下，还是在高校不断召开相关研讨会，在学术期刊上不断被追捧。时至今日，我们是不是应该也对此有所反思？因为，不承认媒介、市场已经成为参与艺术生产的一种力量，不仅表现出对“媒介即是讯息”（麦克卢汉语）的时代特质不适应，还表现出一种独断的学术姿态。

但这种反思绝不是要唯市场论、唯媒介论、唯销量论，而是在开放但又不失文学基本审美立场的前提下，适度调整而非彻底放弃文学批评的审美标准。不同于大量“机械复制”的网络文学，这些作家的创作需要也值得细致地分析。这考验的是习惯于学院派技术分析和理论阐释的批评家，是不是能回归对语言的敏感，对文学审美层面的感知，尤其是同代批评家是否能摒除成见，以自己的生命经验与作家在作品中对话。他们的作品尽管都有不足之处，却也有他们在中和最通俗的文学和最严肃的文学的过程中所表现出来的文学价值。

首先，是他们写作的“诚意”。这种“诚意”源于他们希望有读者，而没有过度炫耀繁复的技巧，也是一种对“文学”的尊重，他们仍在调动着自己的文学储备以提高作品的质量。如冬筱的《流放七月》所体现出的走出封闭的精神空间与历史、长辈对话的努力，如吴忠全在《有声默片》中把笔触伸向民间而在日常生活的琐细中写出人性的矛盾与复杂。其次，在故事之外他们在结构情节和展开叙事上体现出不俗的能力。他们不止于讲好听的故事，而是能通过有效的结构和刻画人物进而形成合艺术逻辑的情节。如笛安在《西决》中压住叙事的节奏和故事的进展，而留出空间给对话场景，以使人物形象更为丰满的写作方式，或如李枫的《燃烧的男孩》把彻骨的悲哀在情节有序的展开中化开而不仅仅依赖语言修辞。再次，就是他们小说中情感的力量，这种力量源于他们对同代人情感的表现方式和具体内涵的深度体认。既可以像消失宾妮写的《孤独书》，字斟句酌之后将情感准确而不矫情地流泻在叙事之中，也能如王小立的《任凭这空虚沸腾》需要读者在耐心的阅读中体会到漫不经心的语言背后那种沸腾的情感。

在文学转折的时代，批评家要有勇气调整自身的文学观念和文化观念，侧目而视的傲慢与一味批判的偏见只会暴露出批评者与真切存在于社会中的文学不断脱节。若学术界能打开“80后”“90后”文学的另一片天空，不仅是对当下文学发展态势及时有效的学术应对，也使文学批评能介入那些已经占有相当数量读者市场的创作中，更将为未来文学发展和文学史书写提供一个多元共生的鲜活现场。

（载《文学报》2015年8月27日）

这是一片茂密的文学森林

——“80后”文学纵观

周明全

2014年，第十二届华语文学传媒大奖，将“最具潜力新人奖”颁给了一位名不见经传的网络写手赵志明，让圈内圈外的文学同行大跌眼镜。据圈内朋友私下说，本来这届“最具潜力新人奖”前两轮，票数最多的，是一位在纸质刊物发表过很多小说，出版过数本小说集，并且屡获各种奖项的颇有实力的青年作家。但最后一轮却发生了逆转，评委们最终将“最具潜力新人奖”颁给了赵志明。本届评委、作家苏童看过赵志明小说后，同样为其作品的精美和奇特所震惊，于是不顾以往习惯性做法，毅然决然，将宝贵的一票投给了他。这是面上的报道，据朋友说，之所以发生逆转，是因为赵志明一直在豆瓣等网站上发小说，在网络上影响巨大，作为国内很重要的文学奖，评委们不可能忽视网络的影响，当然，赵志明的小说也确实优秀。

也就是说，一位依靠纸质刊物、备受主流呵护的青年作家，最终被一位在传统纸质刊物中名不见经传，主要依靠网络发表文章的人干掉了。赵志明此次意外获奖，也说明了当下的写作，已然从“显性”扩张到“潜在”和“隐性”，逐渐呈现出多元化、立体化的发展态势。

过去，文学主要是在体制的力量下，在传统纸媒的推动下，通过发表、评奖等诸多手段，来强化和推介一个作家。而能享受到体制力量的作家，毕竟还不是绝大多数，所以我们的文学，逐步形成了现今这样的，由莫言、陈忠实、余华、阎连科、刘震云、贾平凹、格非、王安忆等这些为数不多的“大树”孤独支撑着的文学生态。这种生态从20世纪90年代至今，已持续了将近二十年，太老了，也太旧了，表面看上去似乎已有些死气沉沉了。很长一段时间，我们都很悲观地看待当代文学的态势，作为刚刚入门不久的批评者，很长一段时间，已然也被这种表面的现象所迷惑，对当前文学持一种悲观观望的态度。但是时隔数月之后，我的判断发生了变化。我新近的判断是，当今，不是文学衰落了，更不是耸人听闻的文学已死了，而是文学在写作和传播上呈现出更为广阔和深邃的空间。现在确实不一样了，在“80后”这一批年轻作家的写作中，尽管还看不到文学的“大树”，但却形成了一片茂密的文学森林。进一步说，如今“80后”，不是文学有没有、好不好的问题，而是你看没看到的问题。尤其是网络的兴起，恰逢其时地让这一批“80后”的写作者赶上了，他们自觉不自觉地通过网络或新兴的传播媒介，如微信等平台，参与了我们当代文学的建构。这些“80后”写作者，在网络上已经得到堪称满足的写作快感，他们再也不像上几代作家那样在乎你什么杂志不杂志，发表不发表，纸媒在他们眼里，重要性已经衰退或者说丧失了。可以说，是网络改变了当代文学写作的大气候。

“80后”作家的写作目的发生了质变

“80后”生于中国社会从传统向现代转型的时期，成长于中国社会资本高速积累的20世纪90年代，无论是生活环境还是接受的教育，都比上几代人好了许多。这使得“80后”们在价值观、生活方式、行为准则上，都与前几代人形成了巨大的差异。虽然物质生活很优越了，但“80后”这一代人在成年后，社会进入了固态，大变革的可能性较小，平稳改革的可能性较大，年轻人依靠努力向上攀爬的道路并不通畅。青春的迷茫和躁动，一度困扰着“80后”一代人。社会上广为流传的“恨爸不李刚，怨爹非双江”,像病毒一样，在社会广为扩散，让年轻一代悲伤不已。这也成为这个时代箍在年轻一代头上的无法祛除的乌云。一大批年轻人有无处宣泄的情绪，于是，他们提起笔，开始抒写自己青春的苦闷和快乐。这是“80后”文学和上几代文学有本质区别的源头所在——写作的目的发生了根本性的逆转。即写作对他们，完全是自发性的，是心性排解的需要。

所以说，“80后”的写作，是更自我，更个性化，甚至更放纵的写作。他们是为个人的写作，为生命本身的写作，是生命抒发的需求，就像吃饭、睡觉和做爱一样，是生命的必须。这样的写作，和生命是黏血带肉式的关系，彼此联系紧密，贴得很近。这使得一些长期依靠主流媒体的批评家、作家、学者，起初也大为不爽，他们批评网络写作、青春写作给写作本身带来了伤害，认为网络写作败坏了读者的胃口，这显然是夸大其词的说辞。更有甚者，是担心自己的“老大”地位被削弱，生造概念，强词夺理，打压年轻人。

坦率地说，“80后”的写作最初大多是没有目的的写作。比如，“80后”诗人、评论家杨庆祥就说，“诗歌我会觉得它更是一个私人化的东西，好像就是我的一个后花园，我通常会把自己最隐秘的情感通过那种方式来表达。”青年散文家、评论家江飞将写作之于个人需要表达得更清晰，他说，“时光不断篡改着我的容貌、性格乃至心境，唯一没有改变的，是我至今仍然依靠文字来表达自己的喜怒哀乐，温暖自己的生活内心。”再比如，豆瓣网上的评论，写得入木三分，比专业评论家更加专业，但这些以各种花里胡哨的网名写评论、发文章的年轻人，又有谁在乎现实利益的呢？他们完全是基于热爱，基于表达的需要而写。

但我们随便翻看上几代作家的创作谈、回忆录之类的文字，就不难发现他们的写作，目的性是极强的。上几代作家写作的目的性，可笼统地分为为意识形态和为个人。从为意识形态来说，这样的伏笔其实早在梁启超时代就埋下。在《论小说与群治的关系》中，梁启超夸张地说：欲新一国之民，不可不先新一国之小说。其后，陈独秀、鲁迅、沈雁冰、蒋光慈等人以及后来兴起的左翼文学等等，都倡导文学要为政治服务。1942年毛泽东在延安文艺座谈会上的讲话，更是从意识形态的最高层，直接动员作家要服务于政治。

可以说，近一百年来，中国始终处于危难状态，似乎每个时刻都是历史的节点，在现实政治中，自觉或不自觉地就要求作家承载“道统”，积极地对社会发声。如不按照这一思路，消极避世，肯定会遭受激烈的批评。比如鸳鸯蝴蝶派，就遭到了包括当时诸多知识分子的批判，鲁迅批判鸳鸯蝴蝶派小说是“人民开始觉醒的道路上的麻醉药和迷惑汤”。所以说，近百年的近代中国文学史，也可以说成是文学人自觉参与政治、服务政治的历史。

20世纪三四十年代的作家就不用说了，国难当头，理应如此。五六十年代的作家，也无一不受到时代的牵连，不自觉地扮演着现实所需要的写作角色。

从为个人来讲，作家的写作目的也是千奇百怪的。有为吃饱饭写作，有为调动工作写作，有为个人尊严写作，等等，不一而足。阎连科在不少讲座中，都谈到家乡的贫困以及自己从小经受的苦难。他说，“就是为了吃饱肚子，为了实现一个人有一天可以独自吃一盘炒鸡蛋的梦想，才决定开始写作。因为写作有可能改变一个农村孩子的命运，可能让他逃离土地到城里去，成为光鲜傲慢的城里人”。连同如今誉满神州的获诺贝尔文学奖的莫言，年少时当知道作家每天三顿都吃饺子时，羡慕得不行，立志当作家。他说，“我当时就想，原来作家生活是如此之幸福啊，所以当年想当作家的原因很简单，就是一天三顿都能吃到饺子”。在那个物资匮乏的年代，吃饱肚子，活下去，也是极其艰难的事，所以，我无意站在道德制高点来批判作家为吃饱肚子的写作的优劣，我意只是将之与“80后”作家的写作目的形成对比。但其实，在那个知识和物质同样匮乏的年代，依靠写作，不仅能吃饱肚子，改变自身命运，甚至升官发财的大有人在。

在“80后”写作的年代，一切都无可奈何花落去了，依靠写作获得物质利益，依靠几篇文章和出版几本书，就能轻而易举地获得升迁，改变命运，同样是天方夜谭的事。“80后”作家王威廉就认为，在已经过去的那个时代，将写作作为谋生的手段不但风险重重，而且效率低下。连莫言、阎连科这样的作家，当初从事写作都充满了目的性，何况那个年代的其他作家？尤其是“50后”作家、“60后”作家，在当时受意识形态管制较多的年代，写作难免受到自我确立的目的和来自权力体制的双重干扰，进而影响文学的品质。以我的观察，可以预见的是，如今的“80后”，他们的文学，将在这种没有强制目标的干预下发展生成。他们未来的创作成就和作品质量，绝不会低于他们的前辈，这亦是时代发展的必然。

“80后”作家的视野更加开阔了

中国现代小说不是继承中国的古典小说传统而诞生的，而是建立在模仿西方小说的基础上的。晚清以来，面对曾经不可一世的大清帝国被蹂躏的惨状，仁人志士开始向西方取经，逐渐形成了“西学东渐”的浪潮，尤其是1895年中日甲午海战的惨败，向西方学习的热情更是高涨，被引进的西学开始扩散、渗透到各个领域，包括小说。西方小说的大量翻译引进，最终促成了“小说界革命”，自此，国人开启了将西方小说的样式作为自己写作的模板。思想家、评论家摩罗曾撰文对此做了入木三分的批判——在20世纪初年，急于谋求民族振兴、国家富强的文化精英和政治精英对中国文化已经忍无可忍，完全没有耐心从中国古代小说传统中寻找文学的生机。他们按照自己理解的西方小说模式，大声呼吁一种能够帮助国人启蒙祛昧、济世救国的类似文体，以求一扫古老中国的沉疴。梁启超、陈独秀、鲁迅、周作人、胡适等人不但是积极的呼吁者、提倡者，有的还是身体力行的实践者。周氏兄弟早在留学日本期间就已经认真研习和翻译西方小说，企图借小说讽喻世事，激发国人觉醒与自救。这也是中国作家写作的目的性很强的根源所在。

此后至20世纪80年代之前的很长一段时间，由于中国所处的大环境和革命的需要，中国社会处于一种被孤立和自我孤立的状态之中，和西方世界几乎是割断的。改革开放后，西方文学逐渐被翻译引进，对“50后”“60后”，甚至“70后”作家的影响和冲击是巨大的。这里似乎可以武断地说，绝大多数如今当红的作家，目前所取得的文学成就，几乎都是依靠模仿西方文学而逐渐建构起自己的文学版图的。

只要稍微留心一下当下这帮文坛大佬，就能发现，他们又几乎毕业于名校。比如刘震云，1978年就读于北京大学中文系，格非1981年考入华东师范大学中文系，莫言1984年考入解放军艺术学院文学系，等等。他们的文学滋养，喝的第一口奶，与破门而入的西方文学难脱干系。20世纪 80年代是西方各种文学思潮汹涌进入中国的时期，而当时诸如北大、华东师大、军艺这样处于政治、文化、经济中心的著名高校，自然能得风气之先，在阅读西方文学上，这批早起的鸟儿，自然是有虫吃的。这批作家，作为最早接触、大量阅读西方文学的一代，只要不是傻子，只要通过精致的模仿，就有可能轻而易举地获得认可。

比如，在写作技法上，阎连科较多地接受、借鉴了欧洲文学、俄罗斯文学和拉美文学，甚至日本文学。他就直言不讳地说，每每提到拉美文学，提到俄罗斯文学，提到欧洲文学，我们很多作家不屑一顾，而我，说心里话，总是充满敬仰和感激之情。他觉得卡夫卡、福克纳、胡安·鲁尔福、马尔克斯等，他们的写作，都在探索写作个性和底层人的现实生活的结合上，开出了成功的范例。他认为荒诞、魔幻、夸张、幽默、后现代、超现实、新小说、存在主义、魔幻现实主义这些现代小说的因子和旗帜，其实都是最先从外国文学作品中获得的。直到“70后”作家，对西方文学的模仿都还很明显，比如阿乙，就深受卡夫卡、加缪的影响，阿乙自己也表示，要以卡夫卡、加缪为标杆，希望自己的作品被刷进文学史。“80后”批评家刘涛近两年来，对数十位当红的“70后”作家进行了个案分析。根据他的分析，绝大多数“70后”作家，都在写作之初受到了先锋文学的影响，而先锋文学又是在模仿西方文学的基础之上形成的，不少“70后”作家至多也就是“二传手”而已。

除了西方文学的影响，因国家政治的关系，苏联文学对上几代作家，尤其是“50后”作家的影响也是很大的。如张承志早年的创作，受艾特玛托夫的影响较大。张承志自己也说，“苏联吉尔吉斯作家艾特玛托夫的作品给我关键的影响和启示”。张承志的早期代表作《黑骏马》就是在模仿艾特玛托夫的作品上创作的。

所以，中国有一波被称为“中国的卡夫卡”“中国的博尔赫斯”“中国的某某斯基”的作家，也有一批作家写作的志向是成为西方的某某，看似滑稽可笑，却将中国“50后”“60后”“70后”这波模仿西方小说而成功的事实，惟妙惟肖地刻画出来了。

“80后”作家不一样，“80后”作家成长的时代，早已改革开放，西方的译著已经很泛滥地被翻译引进，别说那些知名度很高的作家，即便在西方只能算三流的作家的作品，也被跟风的中国出版界大量翻译引进国内。阅读西方作品，早已不像当年“50后”“60后”那样艰难，或者说，阅读还只是少数人的专利。现在，即便在云南昭通一个闭塞的乡村，也能购买、阅读到世界上任何一个作家的作品——只要你愿意。

再者，“80后”这波作家，正好赶上中国教育全面产业化的时代，绝大多数的人都能上大学，接受良好的高等教育，在知识体系上是健全的。他们外语很好，大多还曾留学海外，能直接阅读西方原著。正是因为接受过更完整的文学教育，所以“80后”这一代作家在面对西方文学的时候，心态要比前面的作家平和，西方文学中心论的意识要弱很多。

2013年，“80后”批评家杨庆祥、金理、黄平三人在《名作欣赏》主持了一个名叫“一个人的经典”的栏目，主要作者对象是“80后”，如张怡微、甫跃辉、郑小驴、毕亮、李德南、飞氘、霍艳等。以往，总有人指责“80后”对于经典作品与前辈作家缺乏足够的阅读，是处于文学传统之外的浅薄浮泛的写作。但栏目开展一年以来，通过他们的文章，我们发现，无论是陀思妥耶夫斯基还是吴承恩，“80后”作家不仅显示出自己的阅读修养和对经典的领悟能力，而且，在诸多方面，他们对上几代作家是有所超越的。

阎连科不久前曾经说，他感谢自己没有上过大学。这其实恰恰是他阎连科的短板。诚然，没有外国文学的阅读经历，就不知道自己的作品该放在什么位置。但是同样，没有对我们自己文学及其历史系统的学习了解，也不会知道自己的写作会有哪些致命的欠缺。阎连科虽然自称受西方文学影响很大，但其精髓并没有被他认真吸收、转化为自己真实的养分，而是首先将其视为自己的写作标杆。

在“80后”的写作者身上，虽然同样大量阅读西方作品，但是现实使然，使得他们很少有模仿的发生。因为这种——诸如与名利与成败相关的写作，不是他们青春生命的第一必须。

“80后”作家不再过度依赖纸媒

传统作家自有其一套严格的生成机制，先在小刊物发表，如莫言的第一篇小说《春夜雨霏霏》就发在保定的文学刊物《莲池》上。之后省级刊物，之后国家级大刊物。在这个过程中，组织上花钱开研讨会，为作家争取更好的发展平台，以及建立各类名目繁多的奖项。通过行政资源，为作家创建知名度，其内部俨然有许多或明或暗的方式方法，是一种逐渐强化的，甚至有时是强行推介的过程。我们可以毫不隐晦地说，当下所谓的著名作家，起初几乎无一不是这样，在现有的文学体制内，经历过一个培养和呵护的过程。

也由于传统文学资源确实有限，加上霸权式的主流批判标准和准入机制，使得老一代作家格外看重纸媒，尤其是像《收获》《人民文学》这样的大刊，能在上面露脸，被视为写作成功的标志。直到现在，不少省市作协，还明文规定只要在这样级别上的刊物发文章，就能奖励数千元至数万元不等的奖金，各种评奖也向这样的作家倾斜。

青年批评家杨庆祥在研究路遥的《平凡的世界》时，就发现一个奇怪的现象，那就是，《平凡的世界》第一部完成后，立即就由中央人民广播电台面向全国听众播出，后来该作品的第二部、第三部一直由中央人民广播电台播出。而在中国的语境中，广播基本上是一个毛泽东时代的产物，是一种权力的代表，具有广泛的传播力和影响力。也就是说，路遥当年在文坛迅速建立起自己的强悍地位，是依靠权力推动，是合谋产生的。其实，考察那一时期的文学会发现，包括《欧阳海之歌》《西沙之歌》等一系列作品的传播都与广播有关。

其实在中国，传统作家一直是依附于体制存在的，尤其是“50后”“60后”作家，绝大多数都工作在文联、作协或者文化机构，很大一部分还是签约作家。用时下损人的话说，是“被包养”的。曾被戏称为“文坛射雕五虎将”之一的著名作家洪峰走上沈阳街头公开乞讨，并且在胸前挂牌表明自己的姓名、身份，在文学圈引起轩然大波。虽然各种解读不计其数，但本质的问题还在于“包养”。著名作家方方不久前就放狠话——看中国的改革有没有深入，就看作协和文联这样的机构有没有取消。所谓“被包养”的实质，就是国家出钱，利用各种行政资源为作家的写作（比如安排到各种地方和单位挂职锻炼），发表、开研讨会、评奖等一路开绿灯，花巨资。洪峰上街乞讨，表面上是反体制，实质依旧是向体制卖乖，以极端的方式寻求体制的庇护。所以，作为湖北省作协主席的方方，能说出这样诚恳的话，无论目的何指，都值得点赞一个。

“80后文学”完全不像上几代作家那样过度依赖纸媒，也很少能进入体制，成为被豢养的专业作家。“80后文学”出现了一种自发的状态，进入了一种更为生动的自然状态。产生这个变化的原因很多，但有一点却是很重要的，那就是网络的普及。上海评论家周立民在分析网络文学时就指出，网络破除了所有主流的批判标准和准入机制，使得“80后”作家在网络上大显身手。另外，网络也断然拆掉了吓人的学院高墙，与大众建立了充分的交流和沟通渠道。它也不再像传统媒体那样，拒人于千里之外。

正在写作此文时，刷微信，看到不少朋友在转发任晓雯的一篇文章《文学消亡？一个青年写作者的立场》，任晓雯写道：文学是一片自由驰骋之地。文学体制不是。文学有不同种类。纯文学、传统文学、通俗文学、畅销文学、网络文学……任何命名背后，都蕴藏一种权力。比如“纯文学”，细细想来，这种判断极为傲慢，因为在它指称之外，都是“不纯的文学”。通俗文学，类型文学，网络文学……或被“纯文学”看来，根本不配叫“文学”的文字。“纯文学”貌似一张质量合格证，实指一种出身与血统：发表于专业文学期刊，被文学批评家关注，获得命名——纯文学，于是结集成书。

任晓雯坚决地说，还有一种叫官方的东西，在我的文学理想国里不存在。她毫不客气地指出，那些执掌话语权的人，高呼网络文学，甚至“80后文学”是商业操作的产物。在她看来，真正的原因，是商业挑战了权威。商业发展，网络崛起，打破了当下单一的文学势力。一位作家，哪怕不被学院趣味接受，也可在商业社会、网络时代出尖。

在传统的媒介上，“80后”作家很少能像上几代作家那样掌握资源，而目前所谓纯文学刊物的主编或编辑，大多还是上几代作家，“80后”所占比重并不多，大多刊物的趣味也相对陈旧，尤其是不少省一级刊物，基本上沦落为“老年人专号”。网络却让“任何人想进入文学领域，只要会上网，会文字写作，无须按照传统程序，便可以达到发表作品的目的。文学传播开始发生从大教堂式到集体模式的根本转变。文体的边界、道德的规范、观念的限制随之松动。‘80后’文学获得了远高于传统纸质文学的自由度。”网络为“80后文学”提供了自由表达的广阔的生长空间，网络无疑是“80后文学”的滋生地和助推器。

最近，又涌现出一些崭新的传播介质。在微信上出现几个新现象，那就是一些文学爱好者或文学机构，通过微信建立了发表平台，无论从推广面、阅读量来讲，都远远大于传统纸质媒体。比如，由小说家阿丁领头创办的“果仁”，就是利用微信公众平台，首发青年作家的中短篇小说，据说上线不足一年，已经拥有两万多固定客户。一般的文学期刊，也就在五千份以内，读者群相对还是很单一的。而在微信上推的稿子，除了固定的定数，还通过转发等各种形式，使得阅读量远远大于两万。由万小刀主编、李德南执行主编的《小的说》APP，其宗旨是：拥抱移动互联网，扛起华语短篇小说复兴的大旗；让写短篇的作者，不单有前途，而且还有钱途；让读短篇的读者，不单能读到别人，还能读到自己。据执行主编李德南说，虽然刚开始上线，但订数却一再飙升，并且将根据读者需求改版，开展文学大赛推广活动，扩大其影响面。另外，不少诗歌爱好者，在微信平台朗诵自己的诗歌，朋友圈的人只要打开微信，就能听到朋友的朗诵——这是一种全新的传播方式。所以不是说新的媒介使得文学衰落了，相反，是新媒介扩大了文学的参与度，真正热爱文学的人没有减少，只是参与者发生了质的变化。

当然，不是说“80后”不似上几代作家那么看重传统纸质媒体，就完全忽视纸媒。一批优秀的“80后”作家，还是在纸媒上发表严肃的作品，获得文学界的认可，比如甫跃辉、李晁、文珍、张怡微、林森、马金莲、郑小驴等。这其实并不矛盾，这也一再说明了，目前，可供“80后”作家选择“浮出”的渠道越来越多元化。无论是网络或舆论倒逼还是纸质刊物主动的选择，“80后”作家都已然形成了具体出场的局面，丰富了当下的文学生态。

“80后文学”研究存在的“盲见”问题

从目前来看，不少新锐的媒体，都加入推荐“80后文学”的行动中来。比如，《名作欣赏》2014年第9期，就推出了“80后文学青年”专号，集中推介了12位“80后”作家和12位“80后”批评家。这是我视野范围内，一本颇有影响力的老牌理论期刊第一次通过同代人的相互推介来整体推介“80后文学”。“80后”批评家金理常讲，我们这一代人，要“自作工夫”，抱团取暖。

著名文学批评家谢有顺和“80后”批评家李德南在《创作与评论》主持的“新锐”栏目，以个人小专辑的形式推出，每期三万五千字以内，包括主持人语、原创作品、两篇相关评论几个板块，给有相对纯粹的文学追求的作家提供出场空间。两年来已推出或计划推出的作家有郑小驴、林森、林培源、甫跃辉、孙频、王威廉、李晁等。《人民文学》《收获》等主流刊物，也相继推出了“80后专号”或“青年作家专号”，将关注点聚焦在“80后”作家身上。就连《小说选刊》在2014年第9期、10期上，连续在各大刊物上选了于一爽、周李立、迪安、蔡东、甫跃辉、文珍、张怡微、马金莲、郑小驴、宋小词十位“80后”新锐作家的作品，以“‘80后’十大新锐”为名，对这十位“80后”作家进行推介。不仅如此，“‘80后’十大新锐”的策划者，《小说选刊》副主编、著名文学批评家王干，还与云南人民出版社合作，通过出版来推介以上十位“80后”新锐作家。

但至少从目前的情况看，刊物上推介“80后文学”，主要以中短篇小说为主，长篇小说很少涉及，而在长篇创作中，“80后”作家陆源、林森等是相当不错的；诗歌和散文更是鲜有引起关注的，而像安徽的“80后”作家胡竹峰的散文创作，成绩是很突出的。另外，有不少少数民族“80后”作家，亦没有得到足够的关注。

从批评家的角度来说，过去因为传统刊物的单一，作家数量的单一，批评家和作家基本上形成了水乳交融的关系，更有甚者沦为互相吹捧，一个鼻孔出气。但近年，“80后文学”的生态已然发生变化，现在或未来批评家的职责，就该到更广阔的网络大海里去打捞好作品，尽管这更加考验批评家的眼光和智商。若年轻一代的批评家还像上几代批评家一样，只关心主流刊物和出版物，那么显然不会是一个成功的批评家。

另外，目前对“80后”作家和“80后文学”的研究存在不少问题。“80后”批评家金理就指出目前对“80后”作家研究存在的普遍问题，他说：“在我看到的对‘80后’作者作品的解读中，最多的就是文化研究的那种方式，避谈作品，而关注作品背后的新媒体、文学生产之类。所以我想这也造成了我们往往以传媒话题、娱乐新闻、粉丝心态的方式去理解青年人；而也许已经有丰富的文学文本存在了，只不过我们不认真对待。”

做出这样批判的，主要是上几代批评家或作家，但近年，对“80后”作家的研究，由于有大批的“80后”批评家介入，情形开始有所转变。“80后”批评家中的李德南、金理、杨庆祥、徐刚等，近年都花了大量的时间对“80后”作家进行个案解析，不仅纠正了对“80后文学”研究存在的问题，也形成了同代人共同成长的范例。著名文学批评家陈思和就反复强调，要做同代人的批评家。陈思和说：“同代人对同代人的理解当然更深。作家有感性的东西，他讲不出理论，而批评家调动起知识积累，把这些感性的东西上升到理论去阐述。文学思潮、新的美学风格就是这样共同建构起来的。”

“80后”的写作是更广泛、更深入、更底层的写作，它需要引起关注。这里，我似乎可以直言不讳地说，他们的确是一片茂密的文学森林，其中每一棵小草都在写作。关于底层意识，我想多说几句，一些批评家总是似是而非地妄下判断，说“80后”作家缺乏底层意识或者底层意识不够，这其实是不负责任的说法。其实，现在看，早年的底层才是假底层，要求作家深入生活，作家跑到农村走马观花转几圈，就美其名曰是深入了生活。现在“80后”作家本身就在生活里写作。如郑小琼的诗歌，就来自她工作生活的工厂。当然话又说回来，虽然“80后文学”的特点很显著，写作群体也很庞大，但因为阅历、生活经验等问题，不少“80后”的作品还显得单薄，在主体性的构建上，在如何书写现实等问题上，还是存在一些明显的短板。这些都需要不断努力去改进，一句话，“80后”作家任重而道远。

（载《滇池》2015年第3期）

问　　题

艰难的“时代性”

——从“青年作家小说专辑”说开去

李 振

不知从几时起，我们常常要面对这样的疑问：为什么这个时代产生不了伟大的作家？与此同时，又有另一种说法：这个时代是最有可能产生伟大作家的时代。这一问一答并置一处，倒让人有些无所适从。一个伟大的时代与一个伟大的作家之间，是不是一定存在着某种刚性的关联，还是说从时代到作家的伟大，更依赖某些有力的催化？对当今中国青年作家来说，他们可能面临更加复杂的局面：前几代作家合力形成了一种异常牢固的文学格局和讲述时代的方式，青年作家将如何从中突围，开创属于自己的时代和讲述方法。但不管怎么说，一个听上去很残酷的事实是，相当一部分前辈作家已经抵达他们创作领地的边缘，真正去实现超越和蜕变，难上加难，这也就注定了在当今时代，如果真有伟大作家的出现，必自青年一代。2014年，接连两期，《收获》以“青年作家小说专辑”的形式让近年活跃起来的年轻作家做了一个集体亮相。这让人不由地想到《收获》在1988年、1989年两次以“青年文学专号”的形式推出了马原、余华、苏童、格非等先锋作家，开辟了中国文学一条新的道路；2010年同样以“青年作家小说专辑”推出的葛亮、路内、徐则臣、笛安、周嘉宁等已成为当今青年作家阵营的中坚。这并不是说《收获》的“青年作家专号”一定是未来文坛势力的大赌局，但它确实显示着一种创作的潮流和力量。那么，这些青年作家，是否能够在这个丰富多变甚至超越作家想象力的时代，生产出“伟大”的迹象和可能？

一

城市与乡村之间的错位始终都是这个时代难以消化的命题。城市的扩张，城乡之间的人员流动，特别是经由学校完成的面向城市年轻人的转移，使城乡之间产生了新的书写可能。对于一批进入城市的年轻人来说，能否融入其中，能否找到自己在城市存在的理由和证据，如同一声声尖锐的、伴着刺痛的提问，是一个时代的话题，更是一个群体的日常生活。

甫跃辉的《秋天的声音》和他之前的《走失在秋天的夜晚》放在一起，故事才变得完整起来。两篇小说像齿轮一样镶嵌在一起，互相带动着，把李绳的秋天和甫跃辉的青年们绞得粉碎。

初中毕业的李绳决定离开家乡，“大学都不包分配了，还不如趁早找份活干”。李绳的远走让曹英心里空得很，“不读书了？不读了。”两个做出同样选择的年轻人，却被城市和乡村生生地拉开。两篇小说分别呈现了走进城市的李绳和留在家乡的曹英各自的生活。打工仔李绳谎称自己是名校大学生，获取了一个城市女孩的心。但好景不长，李绳的谎言很快就被揭穿，面对自己试图由此融入城市的努力的惨败，他陷入了一种歇斯底里的疯狂和贯穿脊骨的凄凉。他一面给那个城市女孩发着诅咒的短信，一面发现自己在这座城市里没有一个可以一起喝酒，说一说失恋痛苦的人。不读书了的曹英很快在家门口开起一家杂货店，守着杂货店的她每天面对的就是一包盐、一瓶醋，直到屠元犀出现在她面前。开始的时候，曹英还在心里不停地张望，张望着李绳所在的大城市，但没过多久，她便投入了屠元犀的怀抱。然而，曹英很快就发现屠元犀还跟其他的女人搅在一起：“骗子！都是骗子！”当两个人同时陷入生活崩坏的时候，他们如何再次发现存在的证据？甫跃辉用一架红色的电话机又将两个被强行分离的人连在了一起，一边是长时间的沉默，一边是由谩骂到好奇到依赖到毫无保留的诉说。小说最后的凶案其实并不重要，它只是一个悲剧的象征，而将两篇小说紧紧扣在一起并互相证明的关键在于长时间不平衡的对话。虽然我们不能说它是一个刻意的隐喻，但这不平衡却在无意中形成了两种场域对话的艰难。

甫跃辉的写作常常游走于城市和乡村之间，《走失在秋天的夜晚》《巨象》《晚宴》《动物园》《秋天的声音》等都在讲述青年在城市面前的惨败。它有时是生于城市的某个女孩，有时是藏在城市某个角落的一间房屋的所有权，有时是“毕业时你能有二十万吗？”的质问，归根结底是无法在城市找到归属感和存在感的灵魂挫伤。在小说将人们引向同情和忧虑的时候，房产、二十万意味着城市的种种，这到底是谁在提问？城市不会提问，它只是一个冰冷的存在。或者，是哪个姑娘？其实一切都来自李绳、李生、顾零洲们的自问自答。他们是城市的闯入者，是乡村的背叛者，同时又是一群看上去最无辜的受害者。在他们身上，我们找不到安分守己，又找不到抵抗与侵犯的力量。他们既贪婪又可怜，与其说城乡之间的距离制造了他们的悲剧，不如说他们的失败让城乡之间的对立愈显激烈。人们经常泛泛地谈论时代令人扭曲、时代出了问题，却忘了是谁制造了这个时代；一边忧虑着、同情着，甚至诅咒着，却又很快露出谄媚的笑容，拒绝问责。于是我们看到了比李绳、顾零洲的窘相更大的悲剧：这是一个悉心培养起来的陷阱，人们排着队跌入其中，却在里面奋力地把它越挖越深，越挖越大。在这里不禁想起网络上流传的某个段子：当别人炫耀他百万豪车的时候，你能不能跷起脚，瞧，这双鞋才20块。这是一个并不简单的选择题，它事关如何抵抗诱惑，如何面对欲望，如何在一个时代建立起属于个体的尊严。

在这里，时代与作家的矛盾变得越来越尖锐起来，时代、作家、小说三者之间建立起一种异常纠结的三角关系。一个作家应该如何面对时代，是置身其中还是超越其外？是身陷其中呈现并默默接受一切规则，还是努力突围，留下一个挑战者悲壮的身影？而在作家和小说之间，是同情还是批判，是仅仅止于人物的贪婪与可悲，止于一摊双手的无可奈何，还是向前一步，在一个扮演着吞噬者的时代里，剖出可怜人被蛀空的心？这一切都将是青年写作者需要面对的问题。甫跃辉的城乡系列不但精准地抓住了一个时代的难题，抓住了一批年轻人生存和心理的困境，而且塑造出顾零洲等一系列在当下具有典型意义的人物形象，在当今青年作家中实属难能可贵。他以同代人的声音讲述着同代人的日常生活和精神世界，而问题在于如何从这种对时代的敏锐和对生活的忠诚下，在趋于“伟大”的道路上，推进一公里，再推进一公里。

二

在前辈作家那里，时代更倾向于被阐释为国家、民族、政治、历史，大视野与大叙述几乎成为一种专属的方式和习惯。而在青年作家眼中，时代更具体，更平易近人，它更多地被看成日常生活，或者说，被削减为日常生活。然而，日常生活相比对国家、民族的讲述并不逊色，何况任何一种脱离了常识、脱离了生活细节的宏大叙事非但是虚无的，还极易成为某些特别企图的寄居处。当然，问题的关键还在于日常生活将被怎样讲述。

这些年轻的作家抓住了一个让他们、让我们、让这个时代都颇感棘手的问题：为什么生活中满是空洞，而又怎样才能将其填补？它是《无人之境》里柴柴对一个父亲的需要，是楚源看着生命在逐渐耗尽的挣扎，是《素人》中需要古琴和茶道来伪装和充填的干枯日子，是《秘密》中被偷偷接近或拍摄的陌生人，是《刘琳》中早已死去的刘琳，是《让他停止打呼噜》里一个女人以为自己可以成为的那个另外的人。

楚源觉得柴柴出现在自己的意料之外，而柴柴又坚定地相信“你不会舍得我走”。两人之间的吸引来得突然又带着些奇怪的偏差。好像什么事都不能提起柴柴的兴趣，她的童话只写给成年人，用她的话说是让他们因童话的黑暗而发觉现实的美好。楚源就真的什么都无所谓了，得奖、会议、饭局，让他获得的只是疲惫，他偷着捏捏自己的赘肉，“变形的身材让他觉得羞耻”。但两个人就那么撞在了一起。参加真人调解节目的柴柴只是希望父亲能在什么地方看到她跟妈妈过得不好，而楚源，恰好是个孤独的父亲。霍艳很好地把握了二人之间空洞而又有依赖性的需要。柴柴的存在或者说他们的肌肤之亲让楚源发现了能够对抗衰老的力量，他想“掌握主动”，他会因此而“忘形”，但当他发觉柴柴才是老虎而自己只是一只发了疯的猫的时候，碎掉的眼镜，文珊、妻子交代的物业费，杂乱而无趣的生活都毫不留情地向他挤压过来，他又被打回自己所想象的那个样子：苍老、猥琐、颓废、充满恐惧……无论柴柴和楚源想怎样把自己填满，结果终究是徒劳。小说最后那个恍惚而富有寓意的梦，道出了一个可悲的事实：柴柴就像不曾来过，他的世界依然并且终将如无人之境。楚源的“无人之境”落到陈幻的《人生规划》里则变成了蒋子东与孔莎莎的故事。蒋子东始终生活在自己的优越感中，这种优越感来自事业上的成功，来自家里被闲置起来的漂亮太太，来自情妇和他的私生女，来自他永无休止找来的女人。可是，这种优越感突然被儿子的同性男友所打破。他买回了送给孔莎莎的奢侈品，蹲在路边一件一件地烧掉，让过路的人以为这是什么人的祭日。小说完成了一个奇妙的转换，那就是蒋子东用那些所谓的优越感弥补起来的生活再次出现裂纹的时候，他要以毁掉这些优越感来获得另一种弥补，正如他烧掉那些昂贵的皮包和衣服，却获得了少有的好心情。可是，这些好心情又将被什么打破，又等着什么来弥补。似乎陷入了一个死循环。

霍艳和陈幻的小说不约而同地盯住了那些在这个时代被称作成功人士的中年男人，但令她们感兴趣的却是他们光亮外壳之中的那些恐惧、虚无、不可阻挡的衰老和无法抗拒的无聊。这构成了一个具有时代性的发问，那就是他们从哪里获得了一个时代和一个社会的认同，这认同又怎样在某个小小的契机中变得不堪一击？他们从饱满的生活中觉察到自己体内空洞的存在而因此做困兽般的挣扎，为何又露出一副特别的面孔？在这两部小说里，霍艳和陈幻难免是悲观的，因为在她们看来，一切为时已晚。

朱个和张忌似乎对这种事情更有信心，他们企图让笔下的人物找到某种充实起来的办法。“左辉一直认为，收藏一个秘密，就像揣着胀鼓鼓的性欲，是很压抑又有快感的事情”。这个男人在《秘密》里无聊又有趣，没有人知道他是谁，是个浪荡子，或者根本就是个骗子，甚至，左辉这个名字也不一定是真的。他揣着红包出入婚宴，甩下一句“我知道一个秘密”便开始享受人们克制的好奇。朱个构思了一则充满巧合的故事，左辉与黑衣姑娘，新郎张广生与黑衣姑娘，新娘崔莺与黑衣姑娘，他们纷纷以最无聊的方式化解着无聊，其中不断迸发出惊奇，倒也把日子搞得有趣且生机盎然。《素人》中古琴和茶道之于赵一新犹如救命的稻草。作为公务员的赵一新每天都要面对繁杂枯燥的文件，她在白日里把自己当成一台机器，下了班却要去学古琴学茶道，不但为了消化工作上的烦躁，而且以此来对抗母亲催婚的压力。教授古琴和茶道的苏老师、何老师被张忌描摹成不食人间烟火的世外高人的样子，他们的存在仿佛给赵一新指了一条明路。小说反复地强调着“悦己”——古琴可悦己，茶道可悦己，那些“无用的东西”可悦己——它试图在悦己与悦人的选择之间找到一种可以为人信服的活法。

当然，也有人选择了逃离，比如郑小驴的《可悲的第一人称》。小娄从南方来到北京，他对这座城市，可能比对家乡还要熟悉。他在这里被一些无形的东西紧紧控制，“一天到晚，我必须都开着机，证明着自己的存在和存在价值”，要是没有几个短信或是电话，“我就会心慌，感觉自己遭到了全世界的抛弃”。他留起长发，把脚塞进高筒马丁靴，就像靴子里的安全感一样，对外有着深深的怀疑和警惕。直到有一天，小娄逃离北京，住进了拉丁的原始丛林。他在丛林中劈柴伐木，钓鱼或者打野鸡，并以此战胜了长期以来充满阴霾、追杀、犯罪的噩梦。《我们的塔希提》同样有关追求、出走或逃离。春丽辞去家乡留州的公职来到深圳，不管她是追求文学梦还是什么，春丽的出现让麦思和高羽的生活发生了变化。他们以为自己学乖了，以为长时间的理智、经验以及对和平的渴求能够抵御春丽带来的“不安定”的气息。可是，高羽还是决定离开，而这时候的麦思才开始真正面对自己空洞的生活和灵魂。

我们可以看到作家意欲解决问题的努力，但无论是那些填补空洞的企图还是肉身或心灵上的逃避，都是乏力的。小娄最终无法切断自己与北京的关联，他开始怀念城市的喧嚣，怀念那些忙碌而曾让他痛苦不堪的日子；开始种植药材，所期望的是大赚一笔，这是属于北京而不是拉丁的生活法则；而且，他不得不回到北京，因为小乌怀孕了，一定要给他生下这个娃。小娄的出走到底化为一个属于北京的片段，一切都是徒劳。《素人》逃向古琴和茶道大概成了相当尴尬的选择。琴与茶这两样东西太具典型性，好像任何人都可以把它们拿来说事儿，以显示自己的“悦己”和超脱。于是，小说就有了两种读法。一种是赵一新用琴与茶获得了某种自我满足和安慰，小说写破庙里枯死的老蜡梅上结出几朵极小的花，而赵一新鼻子里满是花草的鲜香。但如果我们较较真儿，故事大概会变成另外一个样子：无论你赵一新怎样附庸风雅，你耳边的惊雷，你眼前那段禅黄色的破墙，你家里那把仿唐的独幽，你杯里那不倒的“瓜子绿”，都无法掩盖你内心的空洞和生命的干枯。《素人》的模棱两可，是张忌在这里想法有余而笔力不足。茶也好，琴也好，不过是打发时间的借口，没让人读出悦己的境界，当他点破“悦己”二字的时候，这盘棋就死了。

三

当事人始终是尴尬的，因为他们所有的自我辩护都将受到怀疑。这如同作家与时代的关系，被搅入小说，搅入故事，搅入时代，勉强地进行着自我辩护，却也难以掩饰他们满脸的窘态。读这些青年作家的作品，这种感受尤为明显。与一些年长的作家不同，年轻气盛的他们似乎难以或者很不情愿把自己隐藏起来，他们想当好汉，却常常把自己暴露在光天化日之下，而盯着他们的眼睛，都在暗处。他们习惯于紧紧盯着自己的生活，抚摸着生活的细枝末节，想为自己以及故事的存在寻找一个恰当的理由。可是他们与这个时代的关系呢？时代可以被讲述的事情太多，可跟这些人又有何干？所谓大时代爆炸式地存在于他们的微博中、微信里，而现世的生活却平安无事。于是，他们发现了纷乱之中万事大吉的趣味、无聊和空洞，而这在很大程度上构成了属于一批作家的“时代性”。

有意思的是，无论是常小琥的寄情梨园还是甫跃辉在城乡之间的无所适从，抑或霍艳、陈幻、郑小驴在空洞之中的打趣、消遣、逃离，这种群体性的生活样貌和精神状态让人不禁想起20世纪20年代末的茅盾，想到章静或是孙舞阳。“我讨厌上海，讨厌那些外国人，讨厌大商店里油嘴的伙计，讨厌黄包车夫，讨厌电车上的卖票，讨厌二房东，讨厌专站在马路旁水门汀上看女人的那班瘪三……真的，不知为什么，全上海成了我的仇人，想着就生气！”而这讨厌和气愤又毫无力量，“你不得不舍弃一切的理想，停止一切的幻想，让步到不承认有你自己的存在”。章静说不清为什么无聊，哪些事无聊，只觉得所在的生活只是“敷衍应付装幌子”，远没有想象中的热烈。她面对生活的烦躁、无力、疲惫和由此而生的冲动、尝试、挫败，不正是柴柴或楚源、左辉和黑衣女子所必须面对的吗？慧女士、孙舞阳、章秋柳在男人丛中的游戏，那些带着消遣之心的满足和宣泄，到了陈幻那里便成了蒋子东不断追逐女人，获取优越感也获取存在感，填补生活也打发时间的习惯性冲动；章静选择躲进医院，正如小娄躲进拉丁的丛林；强猛对战斗中单纯刺激的需求就像赵一新要在古琴和茶道那里找一点“悦己”的理由——似乎一切都暗示着时代的轮回。

1927年到1928年，茅盾自认为“经验了动乱中国的最复杂的人生的一幕，终于感得了幻灭的悲哀，人生的矛盾”，在这种消沉孤寂的境况之下，“想要以我的生命力的余烬从别方面在这迷乱灰色的人生内发一星微光”，便有了《幻灭》和《动摇》。尽管他在《从牯岭到东京》中反复强调自己与这几篇小说的疏离，“不把个人的主观混进去”，要使其中的人物对时代的感应“合于当时的客观情形”。但我们还是会发现，小说始终翻滚缠绕着茅盾受困牯岭流亡东京仓皇无措又前路渺茫的噩梦。一年来所呼号追寻的“出路”成了“绝路”，成了他一时间无法逃脱的“时代性”。其中的问题在于时代提供了什么，而作家又选择了什么。章静、孙舞阳的故事只是茅盾所捡拾的一个时代碎片，是他迷茫境遇的一个变相投影。章静们其实无法像文学史叙述的那样代表“一代青年知识分子”，他们只不过是一个时代片断中尴尬的存在，是20世纪20年代的李绳、顾零洲或者曹英、楚源。虽然茅盾很快就在《读〈倪焕之〉》中显示了相当的自信，似乎“出路”重现，一方面批评这一时期的作品没有表现出“思想界的混乱，社会基层的动摇，新旧势力之错综肉搏而无显著的进退”的“社会性”；另一方面大力鼓吹“时代给予人们以怎样的影响”，“人们的集团的活力又怎样地将时代推进了新方向”的“时代性”。但是，他对“当时客观情形”的判断和截取，他的经验和他的视野，都牢牢地限制着他的“时代”。

对当今青年作家来说，的确面临着更加艰难的处境。茅盾从牯岭到东京的流亡是以1921年从上海共产主义小组到广州国民党中央宣传部再到武汉中央军事政治学校武汉分校和《民国日报》为前提的，他的挫败与迷茫不能不说是一个时代弄潮儿被挑落马下的“壮士悲歌”。而当下的时代却与青年作家有着切实的疏离，虽然它热闹非凡，却很难提供给作家真实的参与感，我们看到、读到的是作家和人物面对时代无从插手也无力插手的窘境，是被疯狂旋转的时代电机甩出或不得不蛰伏于边缘的漠然。时局变幻，茅盾能迅速找回自己的角色，依然呼风唤雨或是兴风作浪，可这些青年作家又能怎样？这是个热闹非凡的时代，亦是个戒备森严风平浪静的时代，他们不得不日复一日地重复着昨天的生活，书写着昨天的生活，所以无聊，所以空洞，所以茫然，所以寻找生活里的零碎玩意儿解闷。与此同时，茅盾的局限亦是他们的局限。当茅盾讨论“社会性”“时代性”的时候，就把自己禁锢其中，这也就无怪乎瞿秋白在《多余的话》里只谈《动摇》而绝口不提自己参与创作的《子夜》。文艺腔，小怀旧，打发无聊的性与爱，孤独、逃离，在青年作家的“时代”之外，是否还有值得坚守哪怕是可以多看一眼的东西？在时代的迷魂汤里乐不思蜀是一回事，抵抗、超越又是另一回事，这关乎视野，关乎选择，关乎一种决裂的胆识和魄力。雪上加霜，他们也只能在这时代里艰难跋涉。

（载《南方文坛》2015年第4期）

20世纪80年代作家的溃败和"80后"作家的可能性

——以2013年的长篇小说为例[①]

方　岩

复刊前的《今天》是20世纪80年代文化记忆的标志之一。海外复刊后《今天》亦经常会策划与80年代相关的专题文章，年复一年地追忆与重述引发了一个问题，作为一段历史记忆的"80年代"到底是可以共享的历史遗产和精神资源，还是已经固化成为一部分人的可资炫耀的文化资本，抑或是两者兼而有之？2013年《今天》的秋季号使我再次面对这个问题。这一期是"顾城纪念专号"，在一批纪念文章之外，还有青年批评家杨庆祥的《80后，怎么办？》一文出现在刊首。于是，一边是崛起于"80年代"的文化英雄对往事的缅怀和追忆，一边是出生于"80年代"的文学从业人员在谈论自身所从属的年龄阶层在被"中国梦"所掩盖的艰难时世中的挣扎与困惑。无论是巧合还是有意为之的编排，这种对比都显得意味深长。在这些20世纪80年代成名的作家中，特别是与"朦胧诗""先锋小说"（包括"寻根""现代派"在内）这些创作潮流有联系的作家们，刚出现在历史现场，就在当时的文学批评的狂热吹捧中踏上"经典化"的文学史之路。20世纪90年代中后期，当后来被媒体称之为"80后"的孩子们陆陆

①本文系2014年海南省哲学社会科学规划课题"《天涯》杂志与中国1980年代中期以来的思想文化变迁研究"阶段性成果，项目编号：HNSK(GJ)14-63。

续续进入大学接受文学史教育时，[①]正是20世纪80年代的那些作家在文学史叙述中被塑造成为“文化英雄”的时候。因此，在很大程度上，先锋作家[②]及其他们的创作成为“80后”这一代关于当代文学的最初印象和最高标准。他们之中的一部分人后来走上文学批评和文学研究之路，都与当初的文学史教育和引导性阅读有关。至少我身边“80后”的文学从业人员，大抵都有过这种类似的经历。可以说，这是与“80年代”有关的两代文学从业群体最初的相遇，“80年代”的精神资源也在这个层面实现了共享与传承。然而随着时间的推移，这种关联开始显得愈发脆弱和虚幻。

首先，“先锋”在20世纪80年代的政治/文化语境中意味着“反抗”“启蒙”“精英”等未受到质疑的现代性话语。“80后”遭遇“先锋”的时候，正是上述话语在90年代以后的市场经济语境中开始受到质疑、遭到污名化的时候。但是“先锋”中所包含的某些审美特质依然和当时还处于“抒情时代”[③]的“80后”的理想主义情怀和阅读趣味不谋而合。更何况，当年的“先锋”写作又何尝不是文化英雄在“抒情时代”的行为艺术呢？其次，随着阅读、知识、阅历的增长，“80后”开始意识到文学史教育的不可靠。如果说，当年的先锋作家是通过激进的“叙述”变革而闯进历史现场的，那么，将他们视为“经典”，甚至是可以与五四文

①20世纪90年代中后期，有两本教材对“80后”一代的当代文学史教育产生影响：①陈思和：《中国当代文学史教程》，复旦大学出版社1999年版。②洪子诚：《中国当代文学概说》，香港青文书屋1997年版，后改为《中国当代文学史》，北京大学出版社1999年版。

②为了描述方便，本文用“先锋”来指代20世纪80年代的那些在形式、内容等方面引发争议，并为当初的文坛带来新的可能性的作家和作品。这些作家作品在当时的语境下有许多命名，比如“朦胧”“后朦胧”“第三代”“现代派”“新潮小说”“先锋小说”“探索小说”“新小说”等。

③参见〔法〕米兰·昆德拉《帷幕》，上海译文出版社2012年版，第99页。

学并举的20世纪中国文学的高峰，[①]事实上也是经由某种“叙述”手段来实现的。因此“历史叙述”背后的选择性、策略性及其主导的意识形态与“先锋”经典化之间的关系，对于长大的“80后”而言不再是陌生的知识和事实。再次，具体到当下的文坛，“先锋”如今的一举一动依然是文坛的焦点，所到之处依然是鲜花和掌声，似乎是他们的创作越来越好，依旧引领着文学的新风尚，也似乎是20世纪80年代之后再无超越他们的作家出现。然而在我看来，与他们当年叛逆的美学形象相比，如今的“先锋”似乎在背道而驰，他们更像是话语的掌控者、游戏规则的制定者、秩序的维持者，是文学场域内部权力和资本共谋的缩影。当他们年复一年地追忆、重构自己的英雄时刻或发迹前史时，当下与往昔之间的分裂就愈发显得明显。

面对这一切，杨庆祥们[②]的出路在哪里？一方面，曾经激励他们投身文学行当的“80年代”的精神资源在当下似乎已经难以为他们提供经验和可能性；另一方面，“先锋”对当下文坛权力/秩序的认同和共谋似乎也在暗示“80年代”的精神资源只是用来凭吊和消费的历史遗迹。“怎么办？”这是“80后”面对自身的生存、发展困境而又无精神资源可资利用时表现出的清醒、焦虑、反思。但是，当这种表达出现一份——由当年的“先锋”把持且其开放性、包容性乃至先锋性都并非如其标榜的那样的——刊物上的时候，问题变得暧昧与复杂起来。因为，杨庆祥描述、反思了造成“80后”困境的资本、权力、制度、精神等症候，却忽略了分析、反思与他们的生存、发展关系最为密切的文学界的现状及其权力/秩序。因此，作为一名“80后”文学从业人员，我更愿意在杨庆祥的疏忽之

---

①这种说法最早出现于20世纪80年代中期特别是1986年“新时期文学十年总结”等一系列文学会议前后。参见方岩《“80年代”与“新时期文学”：以思维特征、主题词汇、修辞倾向为例——考察1980年代文学批评史的一种视角》，载《文艺争鸣》2014年第3期。

②说明：①杨庆祥是近年涌现的青年批评家群体中比较突出的一位，因而本文是把他当作符号来使用的，正如他在《80后，怎么办？》中把韩寒当作符号来谈论一样。②本文并不涉及对他和他这个代际的批评家的褒贬。

处继续追问：昔日“先锋”作家的当下创作基本面貌如何，是否为当代文学发展提供新的可能性？他们的当下创作与“80年代”是否还存在某种关联，是拓展了“80年代”的精神资源在当下的适用性，抑或是早已背离当年的时代精神？如果说，“先锋”在当下的创作表现出一种守成、保守甚而是僵化、倒退的状态，那么，杨庆祥们该如何处理这份遗产，是批判、切割或激活，还是寄身于当下的文学生态和权力格局中不作为。

还是《今天》，他们曾如此总结“先锋小说”：

“起始于二十世纪八十年代的汉语文学复兴，是八十年代中国知识分子整体语境构成的一部分，其某种令人激动的情形将再也无法在以后的历史上复制，尤其是先锋小说家作为一个极其有限的范围，他们稀缺的存在以及发出的独特声音，对汉语小说纯叙事的影响却是至今为止任何他们以后那些走红的年轻作家所没有超越的……对于先锋小说家而言，先锋从来不是文学的目标，他们不约而同挣脱了现实主义长期桎梏的背后实际上处于启蒙与怀疑并置的特定时刻，即他们文体的变革取决于他们首先发现了隐藏在传统叙事结构下面的另一个世界。这不仅与八十年代大量西方现代主义文学作品引入呼应，同时也是西方哲学不失时机地在中国当代文学创作中的一种回响。”[①]

这种说法可被视为理解“80年代”和“先锋小说”历史意义的基本共识，同时也是先锋作家在追溯历史时不断强化的自我认知，当然也作为文学史教育中的基本常识被传授至今。这种说法还包含了一份不会引发太多争议的名单，显然也是当下的文学史教育、文学批评和文学研究的重点关注对象：

“二十年前，自从马原那种装配式的方法论小说引发了一场小说叙事革命，莫言的小说在另外的向度拓展了现实主义无边的可能性，残雪、余华、格非、苏童、北村、孙甘露，以及他们之前的韩少功、阿城和稍后的韩东、朱文等（包括不局限在这个范围更多独特的小说家）给汉语小说带来了脱胎换骨的变化，并成为那个时代最具活力的文学标志与批评话

①黄石：《被缩小的小说——先锋小说家2005年作品新编序》，载《今天》2005年第70期（秋季号）。

题……九十年代以降……并逐渐与八十年代一起成为一个记忆。”[①]

在谈到这些人在近年的创作时，《今天》认为：

“昔日的先锋小说家虽然已经不属一个群体文学范式（其中确实有些作家已经脱离小说），但他们多元的、不落俗套的作品对这个媚俗、趋炎附势的时代文化仍然是个独立的存在并具有醒世作用。就像他们曾经是八十年代的先锋但并不局限于八十年代，他们各自在不同的维度拓宽并丰满着自身。在知识极端化与信息平均化的年代，也许他们的小说目前作为传播媒介在公众中的边界在不断缩小，并且缺乏畅销文学那种急功近利的煽情，但是他们在处理时世与文学传统之间的能力已经超越了他们自身成长的年代而不是萎缩。八十年代先锋的枯竭并不意味着查那个年代小说家的枯竭，相反，他们近期的作品表明了他们在重新选择一种新的策略随时进入文学真正的历史大厦。”[②]

把昔日先锋的今日表现依然被视为新的典范，如果不是因为真诚但多少有些偏执的阅读偏好，那便是因为陷于与纯文学想象有关的深深怀旧情绪中而不愿抬头客观地审视当下的历史情境。

2013年给了我们一个具体讨论这些话题的契机。[③]近两年出现了一个20世纪80年代的先锋作家集中发表长篇小说的高潮，这一点在2013年表现得尤其明显。2010年和2012年，先锋作家中最不善于与国内评论界打交道的残雪女士先后发表了《吕芳诗小姐》[④]《新世纪爱情故事》[⑤]；2011年，

①黄石：《被缩小的小说——先锋小说家2005年作品新编序》，载《今天》2005年第70期（秋季号）。

②黄石：《被缩小的小说——先锋小说家2005年作品新编序》，载《今天》2005年第70期（秋季号）。

③说明：①《繁花》是2013年最引人注目的长篇小说。由于和本文讨论的话题无关，故略去。②由于版面原因，本文删去关于《黄雀记》和《一号命令》的论述。

④残雪：《吕芳诗小姐》，载《芙蓉》2010年第5期。单行本由上海文艺出版社于2011年出版。

⑤残雪：《新世纪爱情故事》，载《花城》2012年第6期。单行本由作家出版社于2013年出版。

格非完成了“江南三部曲”的最后一部《春尽江南》[①]。2012年，停笔多年的马原发表《牛鬼蛇神》[②]，于是文学界在“大师归来”的惊艳或假装惊艳中着实热闹了一阵。到了2013年，这种趋势因为《收获》而变得较为明显，正如多年前这本杂志让先锋小说从零星的实验变为令人瞩目的创作潮流一样，从2012年的第5期到2013年第3期，先后发表了叶兆言的《一号命令》[③]、贾平凹的《带灯》[④]（2012年第5期、2014年第1期两期连载）、韩少功的《日夜书》[⑤]、苏童的《黄雀记》[⑥]等长篇小说。而另外一个与《收获》有着密切关系的作家余华也出版了《第七天》[⑦]，距离其上一部长篇小说《兄弟》的发表已有七年之久。

一

成名于20世纪80年代并持续引发关注的先锋作家在当下的创作到底如何？我准备从贾平凹谈起。虽然，把贾平凹与“先锋”联系起来显得有违常识。然而在我看来，80年代引发争议的作品中，除了在意识形态主导的“奉旨疗伤”“遵命改革”等写作潮流中涌现的那些作品，其他大部分都与形式、内容、审美等层面的“先锋性”有关。“先锋性”除了与争议性相关，在当时还被戏谑地称之为“创新的狗”。尽管“创新”这个词语在当时的语境下是从属于“四个现代化”的国家设计方案所表达的价值观范畴，但是这并不影响文学界将其作为创作、批评的价值判断标准，

①格非：《春尽江南》，上海文艺出版社2011年版。

②马原：《牛鬼蛇神》，载《收获》2012年第2、3期。单行本由上海文艺出版社于当年出版。

③原文发表于《收获》2012年第5期，单行本由江苏文艺出版社于2013年出版。

④原文连载于《收获》2012年第6期和2013年第1期，单行本由人民文学出版社于2013年出版。

⑤原文发表于《收获》2013年第2期，单行本由上海文艺出版社于2013年出版。

⑥原文发表于《收获》2013年第3期，单行本先后由台湾麦田出版社和作家出版社于2013年出版。

⑦余华：《第七天》，新星出版社2013年版。

当然在实际的使用过程中它的含义也更为复杂、暧昧。《满月儿》《腊月·正月》等作品在“改革文学”“农村题材”范畴内获得了毫无疑问的政治正确性并得到了官方的嘉奖[①]，然而这只是20世纪80年代的贾平凹的一个侧面。文学史研究和文学批评显然更为青睐他的那些能被纳入“寻根”小说范畴内去解释的“商州系列”。但是，相对于韩少功、阿城、郑万隆等人对地方性知识较为自觉、复杂的现代性认知，贾平凹对乡土、风俗、人物、故事的叙述更像是出于真诚、单纯的偏爱。值得注意的是，在《天狗》《黑氏》《寡妇》《美穴地》《远山野情》《五魁》等这些商州故事里，委琐、野蛮、残酷、乱伦这些因素也常常参与构造着我们关于商州的文化想象。所以，这些发生在闭塞村寨里的故事，在20世纪80年代以后逐渐兴起的多元化、现代性的大众阅读氛围中以及与此相关的现代化想象中，更像可供猎奇、赏玩的另类经验，这一点类似于通俗读物的功能。在我看来，贾平凹这种审美偏好难免会成为其作品的基本格调，并发展为对此类经验背后的精神资源、价值观的认同。因为细节的密度，这个问题往往会被长篇小说放大。贾平凹在其上一部长篇小说《古炉》的“后记”中谈到，他想描写的是乡村的“朴素和简单”的“柴米油盐和悲欢离合”[②]，而实际的阅读效果是：“在涉及偷情、作恶、粗口、打斗、民间偏方等情节时，贾平凹显得津津有味而不自知。我并非反对小说叙述中出现上述细节，或许这些本就是乡村生活的部分真实。我反感的是，贾平凹处理类似的情节时表现出了无法节制的亢奋。”[③]简而言之，决定作家作品基本格调、品味的不是作品呈现的经验的内容，而是作者处理内容时的态度。这态度背后往往是作者对某些价值观和精神资源的认同。善人无疑是贾平凹在《古炉》中最为青睐的人物：“善人认为身体疾患源自心病，所以大部分患者都是通过与善人聊天而被治愈的。这就是‘说病’。这个

---

①《满月儿》发表于1978年第3期的《上海文艺》，后获1978年全国优秀短篇小说奖；《腊月·正月》发表于1984年第4期的《十月》，后获1983—1984全国优秀中篇小说奖。

②贾平凹：《古炉》，人民文学出版社2011年版。

③方岩：《〈古炉〉:“珍品”还是“赝品”》，载《文学报·新批评》2011年第1期。

善人以“说病”方式谈论着世界上的一切，包括国家运行、权力斗争、人性善恶、世俗伦常。他依凭的资源则是三纲五常、五行交替、生死轮回、祸福报应、天象变化。这个神神叨叨的善人远离古炉村人的集聚地却又经常出现在古炉村人的日常生活中，从而使整个小说显得鬼气森森。”①所以，我坚持认为：“贾平凹或许想以宗教来拯救颓败的乡村，所以他将善人视为修补、维持古炉村伦常秩序的希望。但是如果贾平凹心目中哲学与宗教只是关于儒释道三家世俗乃至恶俗解释的大杂烩，那么贾平凹对善人的描绘只能让我想到朱光潜在〈文学上的低级趣味〉中的一句话：‘他们的头脑和〈太上感应篇〉、〈阴骘劝世文〉诸书作者的是一样有些道学冬烘气，都不免有些低级趣味在作祟。’贾平凹恰好喜欢一本类似的书，名字叫《王凤仪言行录》。”②事实上，在这部长篇小说中，他以历史反思的名义用“文革”武斗悄悄置换了乡村械斗，这种做法不仅掩盖了乡村的溃败源自自身资源的枯竭这一深层次原因，而且放大了其认同的价值观和精神资源在古炉村毁灭这一事实面前的无力和虚妄。贾平凹津津乐道于《王凤仪言行录》之于中国乡村伦常秩序的重建的可能性，似乎与近年“以德治国”等前现代思想经过投机、媚俗地解读而被部分舆论鼓吹为治国良方的行径，是一脉相承的。因为《古炉》的英文名是“CHINA”，这使得他关于乡村的历史叙述和精神救赎的尝试，不得不让人联想到是对中国历史与现实的隐喻。

继《古炉》之后，贾平凹在谈及他的最新长篇小说《带灯》时说：“我这一生可能大部分作品都是要给农村写的，想想，或许这是我的命，土命，或许是农村选择了我，似乎听到了一种声音：那么大的地和地里长满了荒草，让贾家的儿子去耕犁吧。”③这是贾平凹自诩的使命感。所以，《带灯》叙述的依然是中国的乡村，只不过这次贾平凹关心的是当下中国农村基层的政治生态。小说的主人公“带灯”，原名为萤，后来自己改了名字：“萤火虫还在飞，忽高忽低，青白色的光一点一点在草丛中、

①方岩：《〈古炉〉：“珍品”还是“赝品”》，载《文学报·新批评》2011年第1期。

②方岩：《〈古炉〉：“珍品”还是“赝品”》，载《文学报·新批评》2011年第1期。

③贾平凹：《带灯·后记》，载《收获》2013年第1期。

树枝中明灭不已。突然想：啊它这是夜行自带了一盏小灯吗？于是，第二天，他就宣布将萤改为带灯。”[①]她是地处中国西北某地的樱镇镇政府综合治理办公室的主任，在乡镇的行政机构中这个角色几乎能触及所有的基层行政事务。乡镇的政治生态并非只是狭隘的官场，居于中国社会结构最底层的民众和居于中国权力结构底部的乡镇干部，这两个群体的生存状态复杂地纠缠在一起。这里既有两个群体各自的内部的日常生活、人事纠葛、权益纠纷，也有两个群体之间在前述几个方面的冲突、沟通与妥协，更有乡镇干部在中国特色的权力结构内部的种种情态，毕竟他们自己也是除了中国农民而外其他各级权力机关的权力提取对象。贾平凹让带灯引领我们穿行于这些经验中，因此可以说，带灯的经历构成了整合樱镇复杂、日常、琐碎的政治生态的主导线索，成为我们解读文本的“萤火虫”。如果我们坚持小说阅读中的一个古老的原则，即小说是与人生经验相关的叙述形式，而处理经验的方式决定了作品的基调[②]，那么带灯居于其中的困惑与思索，便成为穿透文本，折射作品基本格调、境界的“明灭不已”的“青白色的光”。[③]

我并不怀疑贾平凹在呈现这些经验时的真诚，然而他处理这些经验的方式还是让我隐隐不安。带灯的感悟、思索贯穿文本始终，主要的表现形式是短信，短信的接受方是元天亮。元天亮是樱镇的第一个大学生，“考学的那年，河滩里飞来了天鹅，夜夜声唳九天”[④]，如今贵为省委副秘书长。所以，不管是在现实生活中还是在文本情境中，元天亮的身份之于如樱镇这样的中国乡村，都使得他极有可能被叙述成一个高高在上、遥远而又神秘的权力符号、象征。当带灯怀着无限的崇拜和景仰对元天亮一遍遍说着类似于“你是我在城里的神，我是你在山里的庙”[⑤]这样的话时，古

①参见《带灯》原文。

②参见〔美〕克林斯·布鲁克斯、罗伯特·潘·沃伦《小说鉴赏》，世界图书出版公司2012年版。

③参见《带灯》原文。

④参见《带灯》原文。

⑤参见《带灯》原文。

老、陈旧的权力关系图景便成为文本的底色。具体而言，带灯动辄两三千字的短信内容大体包括，对元天亮个人才华和魅力的仰慕，人生的感悟，工作中遇到的困难和思考等内容。然而在文学女青年式的乡镇干部与学者型的省委高干之间的一厢情愿地、单向地交流模式中，这些内容一经贾平凹式的美文抒情方式的处理，便不由自主地滑向对权力、知识、性别等不平等关系的认同和赞美中。正如带灯在给元天亮的最后一条短信里抒发的那样："是的，你是学者你是领导，而谁又说过圣贤庸行的话，所以我总觉得我和你在厮跟着，成了你的秘书、书童，或是你窗台上养着的一盆花草，或是卧在门前桌后的小狗小猫……我是你的肋骨，我去晒太阳多了你也不缺钙了……我看见你坐在金字塔顶，你更加闪亮，你几时能回樱镇呢？"[①]这正好对应了带灯的第一条短信："但你是有出息的男人，有灵性的男人，是我的爱戴我的梦想。我是那么渺小甚至不如小猫小狗可以碰到你的脚。我是怕你的也恨我自己。当知道你要离开镇街走时，我也像更多人一样忧伤。"[②]

所以说，"带灯"终究没能照亮中国乡村 摆脱目前政治生态困境的可能性，反倒是让人觉得她把希望寄托于乡土、血缘、宗族势力在权力结构高层的运作。我无意把带灯的所思所想与贾平凹的精神境界等同起来，然而带灯的形象确实源于贾平凹在现实生活中遇到的一位颇具文学才华的乡镇女干部。这个干部也如带灯那样常给贾平凹发去长长的短信，诉说着关于乡村的一切[③]。于是在文本中，贾平凹一边用贾氏美文为带灯代言，诉说着乡村的经验及其感怀，一边又设置了元天亮这个出生于乡野而今高高在上却又能耐心聆听民间疾苦的学者型官员形象，从而占据了道德的制高点。我并没有暗示贾平凹把自己转化成了元天亮这样的文学形象，但是从现实到虚构，贾平凹确实试图在文本内完成一次关于乡村经验的自问自答的写作策略。只是当元天亮在文本中沉默不语时，贾平凹自身资源的局促也就流露出来。因为，贾平凹连同他创造的元天亮都无法有效地应对带灯的困惑，姿态高尚却无能为力。所以他只能任由带灯在乡村诗意的空洞抒

①参见《带灯》原文。

②参见《带灯》原文。

③参见《带灯·后记》，载《收获》2013年第1期。

情中一泻千里。那么，唯一的后果便是，文本实际呈现的价值形态、阅读体验终于和贾平凹的美好初衷分道扬镳、阴阳相隔，隔在两者之间的是散落于文本间无法整合的乡村经验的碎片。

二

批评界对象贾平凹这样的成名于20世纪80年代的作家晚近作品的反应已经成为批评界自身的症候，所以我才会在贾平凹的问题上喋喋不休。80年代中期开始，先锋作家与新潮批评家在意识形态层面达成了一种共谋关系，吴亮也曾在《当代小说和圈子批评家》[①]一文中希望这种共谋能够形成创作与阐释的良性互动。尽管这种共谋多少掩盖了不得已而为之的犬儒心态，但是这并不影响他们在当时的历史情境中所呈现的历史进步性。20世纪90年代以来，一方面是类似于“纯文学”“严肃文学”这样的意识形态已经逐渐僵化并丧失现实指涉能力，另一方面却是吴亮所希望的“圈子批评”走向历史的反动。20世纪90年代初的“人文精神大讨论”固然是对历史语境更迭的客观描述，然而这失落的哀叹中却也包含着他们欲重返或接近权力中心的渴望。如今回头看来，“人文精神”失落的过程，正是昔日先锋作家和新潮批评家逐步垄断文学场域话语权的过程。这个过程也是他们一边谈论“纯文学”“退回书斋”“思想家淡出，学问家凸显”等话题，一边却在暗地里向权力、资本这些新的拜物教投怀送抱的过程。直言之，先锋作家与新潮批评家（包括20世纪90年代初从新潮批评家中分化出来的部分学院批评家和后来成为各类文学组织机构领导的官僚批评家）结成的利益共同体，决定了当下文学场域的话语/制度的基本特征。具体到文学批评上，则呈现出等级分明的金字塔式的价值判断格局。居于塔尖的自然是20世纪80年代中后期轰动一时的先锋作家，这批作家大多出生于1960年前后；退而求其次的，是在新写实之后的各种文学潮流中涌现的“60后”或晚生代作家；再往后的是在庙堂、体制、市场之中皆不逢源的“70后”作家，面对这种尴尬的局面，他们曾自我命名为“中生代”；处于底

①参见吴亮《当代小说和圈子批评家》，载《小说评论》1986年第1期。

座则是被学院精英、体制、庙堂等话语权威屡屡围攻未遂转而试图收编的“80后”作家，还包括已在文坛崭露头角的“90后”作家。抛却天赋问题，写作固然是一种需要长期磨炼的技艺，然而把作家代际与价值判断高低整体挂钩，实际上是携某个代际作家的历史权威去刻意放大他们在当下的现实意义，从而压抑了当下文坛的多样性、复杂性。评价体系的等级化描绘了一幅当代文学自20世纪80年代中后期以来不断衰退的图景，实际上却是文学场域中的既得利益集团为了继续垄断话语权而对历史进行的虚假建构。所以也就不难理解，何以韩少功、余华等这个代际的作家，包括前面提到的贾平凹，每有新作面世时总是收获赞扬声一片，他们的名字也会毫无意外地出现在当年或来年官方、民间各种大大小小的文学评奖的获奖名单上或推荐书目中。问题是这些作品实际水准总是令人失望。

长篇累牍的“思想”淹没了“故事”，这是我读完《日夜书》后最直接的感受。如果试图把“故事”的碎片整合成一个完整的“叙述”，以寻找它与文中大段大段的“思想”之间的对应关系时，便会发现“思想”与“故事”从一开始便分道扬镳无法贴合。《革命后记》[①]的出版或许能够解释韩少功何以如此。《日夜书》描述了一群有知青经历的人在当下的生活，是以“虚构”为名的长篇小说；《革命后记》则是关于“文革”的思考和评价，是“非虚构”的长篇思想札记。对两个不同类型的文本进行互文性阅读，便不难发现：韩少功更在意如何呈现自己多年来的思考、如何直率地表达自己的观点。当“虚构”与“思想”在小说文本中相遇时，韩少功便毫不犹豫地牺牲了前者。于是，《日夜书》也就成了安放《革命后记》思想余绪的容器。皮埃尔·马舍雷在提到文学中的思想性表达时，曾强调：“这种文学哲学就是文学所产生的思想，而不是思想在自觉不自觉地产生文学。”[②]因而，《日夜书》是一次失败的以“虚构”为名的思想操练。借用米兰·昆德拉评价乔治·奥威尔的《1984》的话来说：“它只是乔装为小说的政治思想，清晰而正确的思想，但它被它的小说伪装弄得

①韩少功：《革命后记》，香港牛津大学出版社2013年版。大陆版本则刊于2014年第2期的《钟山》。

②〔法〕皮埃尔·马舍雷：《文学在思考什么》，译林出版社2011年版，第299页。

变了形，是它的小说伪装使它变得不准确、不确切。”[①]而韩少功恰好是米兰·昆德拉的长篇小说的最早的翻译者。多年以后，当我们重新梳理韩少功的文学/思想轨迹时，《日夜书》注定是一部可有可无的文本。

据说余华、苏童等人与莫言一样，都是最接近诺贝尔文学奖的中国作家。莫言获奖以后，当代文学界据此认为当代文学正产生越来越大的国际影响[②]。由此引发的一个问题是：莫言获奖后，已经走向世界的中国作家现在在为谁写作？余华的《第七天》或许能解答这个问题。翻开《第七天》，暴力拆迁、商场大火、刑讯逼供、杀警、医院黑幕、群体维权等事件扑面而来，当下中国的现实如此密集地涌进文本，余华从未如此贴近当下中国的现实。问题另一面在于：这些社会或个人悲剧皆为体制性、结构性社会矛盾爆发的结果，在某种程度上代表了“中国经验”的真正面相。这些经验就缠绕在我们每天的日常中。面对此类经验，我们早就习惯在短暂的震惊后陷入无能为力进而麻木不仁，周而复始。即便余华以熟练的技巧、流畅的语言重述了这些经验，《第七天》里的故事亦不过如此，因为它既未加深我们的体验，也未向我们提供审视这些经验的其他可能性。于中国读者而言，这部小说更像是近年的社会热点、焦点事件的新闻综述或新闻集锦。与此同时，“亡灵”叙述视角的选择亦引发一些值得商榷的问题。小说中的“亡灵”聚集之地叫“死无葬身之地”，每个“亡灵”都背负着生前的悲剧来到这里。他们在相互诉说着人间惨剧的同时，发现这里居然是一片乐土，欢乐祥和，所有在人间缺失的社会正义、伦理道德、秩序都在这里实现了。于是，现世的乱相与“死无葬身之地”桃花源般的景象这两种场景在文本中产生了对峙，生存的磨难以死亡为中介在彼岸获得了意义升华。我理解余华对现世绝望的同时，亦在猜测余华是否在暗示：死亡消弭一切，“人人死而平等”[③]，现世的价值、权利的受损与被剥夺将因死亡而获得意义补偿，相应的是，生前的期冀、反抗都将变得可有可无或者说毫无意义。如果是这样的话，这该是一个多么犬儒而又“政治正

---

①［法］米兰·昆德拉：《被背叛的遗嘱》，上海译文出版社2011年版，第234页。

②《中国当代文学走入世界》，载《人民日报》2012年10月13日。

③ 余华：《第七天》，新星出版社2013年版，第225页。

确”的价值观啊。余华用死亡擦干了中国经验上的血迹，正如中国梦照进中国的现实。尽管“亡灵”叙述在当代文学中早已不是什么新颖的小说技法，但是这种叙述视角依然能够给作者带来更加从容的叙述节奏和更为宽阔的叙事空间，至少它能让我们得以从外部观察中国的现世。除却前面提到的两种景观的对照和意义置换，它还能具体到《第七天》的海外传播这个问题。对于余华这样的有多种外文译本且已经多次获得国外文学奖项的中国作家来说，这应该不是一个过分的猜想：如此一来，在欧美的文化语境中，《第七天》将是一个鲜活、刺激、好看的“中国故事”，一个带有点西方宗教诉求意味[①]的东方故事。然后，然后就什么都没有了……我们能指望这个故事能在它的外部激起反思的一丝涟漪吗？

三

行文至此，我需要再次强调的是，作为曾经被这些作家作品滋养、激励的文学后辈，我并无否定、消解他们之于文学史和当下意义的企图。我只是在试图通过对他们近作阅读，来讨论当下文坛的某些症候。昔日的先锋作家闪光的历史时刻与当下作品实际水准的巨大反差，使我不得不考虑一个问题：20世纪80年代作家的历史遗产与近年来的作品，之于更年轻的作家意味着什么？阎连科在与“80后”作家、评论家的对谈中提道：“我确实觉得80后、90后的孩子基本不读我们这一代人的书……我认为文学确实在延续过程中的某个时候发生了变化，延续的不是你的，也不是上一代的比如鲁迅的，文学的河流在某一个地方突然拐弯了。”[②]但是阎连科所关心的写作、阅读的影响与传承，在“80后”作家、评论家的眼中并不是一个值得焦虑的问题。很显然，两代人对周遭世界的感知、对待历史和未来的态度以及相关的阅读视野和写作兴趣，有着显而易见的差别。其中，

①《第七天》中的这个仪式充满了西方宗教的意味，它更像是对基督教临终关怀或送葬仪式的描摹。参见余华《第七天》，新星出版社2013年版，第197－200页。

②《文学的河流，拐弯了——阎连科与三位80后青年的讨论会》，载《北京青年报》2014年1月10日。

正如我在前面通过文本分析不断提及的是，文学前辈处理经验的方式、态度是否具有说服力、感染力是一个非常重要的因素。阎连科在2013年亦发表了长篇小说新作——《炸裂志》[①]，我可借此机会继续讨论这个话题。

谈起20世纪80年代作家，像阎连科这样的作家往往不会被提及。这批作家与莫言、苏童、余华等人踏进文坛的时间相差无几，只不过到了90年代中期以后才为大家熟知。阎连科之于20世纪90年代以后的文学史的意义在于，90年代以后被大部分中国作家逐渐放弃的文化/政治诉求，在阎连科的写作中得以保留并坚韧地生长。如今看来，20世纪80年代作家所谓的“文学自由”的显在要求是，文学有不谈论政治、不被政治牵制的自由。事实上，它还隐含了另外一个基本诉求，即作家有通过写作去表达政治关怀和文化反抗的自由。只不过在20世纪90年代以后，过于聪明的中国作家和批评家，大部分时候津津乐道的是前者，而对后者进行了选择性的遗忘。所以阎连科的意义正在于此，借用萨特对加缪的评价就是：“他顶着历史的潮流，作为醒世作家的古老家族在当今的继承者，出现在我们这个世纪，须知正是这些醒世作家的作品构成了也许是法国文学中最富有独特性的部分。他以他那执拗狭隘而又纯粹、严峻，而又放荡的人道主义，同当代大量的丑行劣迹进行一场没有把握的战斗。”多年来，阎连科直面被当下中国主流社会遗忘的乡土中国的创伤，他的作品充满苦难、黑暗、伤痛、绝望。他的写作代表了中国作家的良知、焦虑与反抗。《炸裂志》延续了这种风格与诉求，小说描述了一个贫穷闭塞的乡村“炸裂村”在改革开放以后，如何在短短数年间迅速从村依次升格为镇、县、市、超级大都市的历程。阎连科以他一贯的夸张、荒诞的神实主义手法隐喻了改革开放以来的中国的历史与现实。然而当这种风格与诉求走向极端，突破边界，问题也就暴露出来。《炸裂志》以“虚构”为名的“志书”式叙述彰显着阎连科非常明显的意图，即把所谓跨越式发展的“中国速度”背后的社会代价和种种不堪史实化，或者说把20世纪80年代以来的“大国崛起”的中国形象的另一面作为历史批判的标靶。于是，整部小说的情节设置和细节

①阎连科：《炸裂志》，上海文艺出版社2013年版。另见2013年《收获·长篇小说》（秋冬卷）。

处理都在不折不扣地围绕着这个鲜明的意图展开，甚至找不到一处闲笔或离题，以至于整部小说从意图到叙述再到阅读体验，都让我想起“十七年”时期那些主题先行的小说。直言之，阎连科用《炸裂志》完成了一次观点表达和情绪宣泄，而这情绪和观点早已被意图所决定。我无意反驳《炸裂志》中的意图、观念和情绪，但是我们谈论的毕竟是“小说的虚构”的边界。此外，《炸裂志》或许还是关于未来的寓言。在《炸裂志》的结尾，一支私人军队终于摧毁了炸裂市，阎连科在“虚构”中完成了一次以暴制暴的无政府主义实践。我能理解阎连科对现实的极端绝望和愤怒，却难以赞同阎连科面对此类经验的态度。要知道，在中国的志书/史书中，最不缺少的便是“毁灭”与“重建”交替循环的历史景观。

阎连科这代作家对造成社会巨大变动的历史苦难有着切身的体会，然而在他们成长的年代里，社会动荡的同时往往伴随着新的可能性。“80后”是连出生都得依靠“计划”的一代，在成长的过程中又不时地成为各种以改革为名的政策调整中的实验小白鼠，在一个诸多显性或隐性的压迫都已经制度化的年代里，所有的宏大诉求都难免被切割为制度缝隙中的零碎的、个体的挣扎。这就基本决定了两个代际的作家在面对类似的经验时，会有不同的态度。所以，在前述的谈话中，蒋方舟会说：“在阎老师这代小说家的笔下好像很少看到对于商业社会或者是工业社会的赞美，现在的年轻人可能天生离自然比较远，所以希望看到对于商业社会的描摹——不一定是赞美，但至少不是对立的关系。这可能也是我们这一代作者的失职和无能吧，虽然对商业的、工业的东西感到亲切，但是却没有写出这样的作品。”[①]所以，当我们谈起文学河流的拐弯时应该想到，拐弯之后可能是干涸，也可能是新的风景。如果20世纪80年代以来当代文学史还小有成就，那么这些成就不就出现在文学河流转弯之后吗?

“80后”作家甫跃辉是复旦大学文学写作专业的首位硕士生，于2013年出版了他的首部长篇小说《刻舟记》[②]，他的导师正是在20世纪80年代

①《文学的河流，拐弯了——阎连科与三位80后青年的讨论会》，载《北京青年报》2014年1月10日。

②甫跃辉：《刻舟记》，上海文汇出版社2013年版。

声名鹊起的著名作家王安忆。“写作”与“教学”这对老生常谈的问题被《刻舟记》再次提了出来。如辛波斯卡所言：“这毕竟意味着诗歌不是一个需要专业研究、定期考试、附有书目和批注的理论性文章，以及在正式场合授予文凭的专业。”[①]《刻舟记》所涉及的问题远比心高气傲的大师们刻薄说辞要复杂得多。《刻舟记》没有贯穿始终的主要故事，只是关于少年时光种种事情的追忆和缅怀，是时间/记忆碎片的重组和叙述。这种形式让我想起余华的首部长篇小说《呼喊与细雨》[②]。在《呼喊与细雨》中，余华是最后一次大规模地在文本中操练先锋技巧。如今回头看来，这个文本之于当时的政治/文化语境，就是一次先锋的告别，告别的是一个文学时代及其相互依存的时代精神。《刻舟记》的暧昧之处在于，它像是二十多年后对几近消散先锋精神余绪的一种回应和致敬：余华的残酷和冷血、格非的智性和神秘、苏童的细腻和潮湿这些风格及其相关的主题、技巧都在文本中明灭交错。因此，不管是否与“教育”相关，20世纪80年代作家的精神资源在一定程度上于“80后”作家的写作中得到了传承。但是，某些写作资源、精神的延续与传承，并不是评价新作品的唯一标准，那只是文学史叙述的一种观察视角。毕竟文学生态的良性发展在很大程度上还要依赖于“意外”带来的新奇和愉悦。况且，不同代际的作家所身处的情境、所面临的问题已经大不相同。“舟已行矣，而剑不行，求剑若此，不亦惑乎？”（《吕氏春秋·察今》），“刻舟求剑”的寓意不正在于此吗？因此，《刻舟记》亦包含了一种告别，它是“80后”作家踏入新的人生历程（创作历程）前的一次回眸，从此携带往昔岁月的碎片（前辈作家影响的焦虑）铭刻在身上的印迹穿梭于并不美丽的新世界。

“青春期写作”和一些类似的说法是评论“80后”作家时比较常见的，这个说法在其貌似公允的外表下隐含了诸多压迫和贬低的含义。首先，从身份上来讲，它表面是指年轻的作家，实际上在以传统的标准来衡量他们是否具备写作的资格，或者说是否能够获得文坛的准入资格。其次，从写作内容来讲，它指的是特定的人生阶段的故事，然而在一个话语

①〔波〕辛波斯卡：《万物静默如谜》，湖南文艺出版社2013年版，第11页。

②余华：《呼喊与细雨》，载《收获》1991年第6期。

权由别人掌控的世界里，他们无法决定自己的故事是否值得关注、是否有意义。再次，写作身份和写作内容则直接关系到作品的价值判断方面，因此也就不难理解何以很多以关注青年作家创作为名的批评最终都导向了以权威面目出现的“规训”。事实上，20世纪的中国文学之所以还留下一些值得我们怀念的资源，在很大程度上就是因为不断有青年作家通过书写自身代际的故事以参与这个世界的建构。仅以余华为例，多年之后谁会否定像《十八岁出门远行》这样青春写作之于整个代际的先锋作家和一个文学时代的意义呢？况且“80后”作家正在逐渐向我们展示他们描述这个世界的能力。颜歌的《我们家》[①]便是如此。它显示了颜歌把握日常生活的游刃有余的叙述功底。庸常生活中柴米油盐、人情世故、生老病死在颜歌对四川方言的运用中显得烟火味十足。在语言与世俗之间，颜歌正在不断调整自己的位置，有包容有反抗，“她将过于沉重的生活，一再简化、糅杂，并且消化成净洁的叙事，制造了不小的悬念，让读者一再进入她叙事的漩涡中，找到和自己生命经验相关的点点滴滴”[②]。在她的同辈作家张怡微看来，这是属于“颜歌私人的优雅”[③]。然而在我看来，这经验也是公共的，它标志着“80后”作家告别青春期的爱与哀愁，开始审视成人世界的一地鸡毛。

诗性和隐喻大概是“80后”作家描述世界的另一种方式。七堇年的《平生欢》[④]开篇第一句话便是：“这些年，有些事情像只插销，死死别在心门上。锈了之后，里面打不开，外面的进不去。”[⑤]这种充满张力的表达在整部小说中随处可见。在当代中国作家中很少有作家能像七堇年这

①颜歌：《我们家》，浙江文艺出版社2013年版。原题为《段逸兴的一家》，载《收获》2012年第5期。

②张怡微：《私情与哀愁》，载《长篇小说选刊》2013年第5期。

③张怡微：《私情与哀愁》，载《长篇小说选刊》2013年第5期。

④七堇年：《平生欢》，载《收获·长篇专号》2013年（秋冬卷）。单行本于2013年由浙江文艺出版社出版。

⑤七堇年：《平生欢》，载《收获·长篇专号》2013年（秋冬卷）。单行本于2013年由浙江文艺出版社出版。

般把精致、流畅而又自然、老道的语言隐喻风格贯穿文本始终，于是整个文本看上去“星光灿烂，诗意盎然”[①]。若不是一些细节的提醒，我们很难主动去思考年龄、阅历之于叙述的影响这样的问题。在《平生欢》中，七堇年从容地穿梭于过去（青春记忆）和现在（成人世界）之间，时间的碎片在她张弛有致的叙述张力中妥帖地拼贴在一起。人生的不确定性、宿命的或隐或现、生命的张狂与沉淀在七堇年克制、内敛的语言中纠缠在一起，或许这便是人生的本相：“时代，看似绵长，优柔寡断，而一旦它背弃起你来，轻易得就像一个陌生人转了个身——快得让人花一辈子都回不了神来。”[②]这样叙事氛围让读者沉迷，却无法置身事外将其类型化。所以，会有评论者如此评价：“它朦胧而真实，含混而坚定。它的缺乏规定性，与其说是缺点，不如说是蕴含了更多的丰润和弹性，不离不弃，真气淋漓。”[③]

《流放七月》[④]显示了更年轻的作家叩问历史的雄心，作者冬筱是一位“90后”作家，是“七月派”诗人的后代。《流放七月》的故事并不复杂：两对年轻男女在交往的过程中逐渐还原了长辈们之间故事，即“七月派”诗人的历史。虽说历史的伤痛在冬筱的青春感怀中变得有些单薄和变形，但是我们却看到新一代作家追问历史的真诚和执着。当大写的历史出现在青春写作中的时候，历史的延续性在“虚构”中便呈现了别样的景观。毕竟在“虚构”的边界内想象历史与重述历史事实是两个层面的事情。

莫言曾撰文声称要“捍卫长篇小说的尊严”，他说：“长篇小说不能为了迎合这个煽情的时代而牺牲自己应有的尊严。”[⑤]然而他的同辈作家并没有用晚近的作品来证明这一点，反而显示出当下文坛的某些症候。

---

①严峰：《重组碎片：读<平生欢>》，载《收获·长篇专号》2013年（秋冬卷）。

②七堇年：《平生欢》，载《收获·长篇专号》2013年（秋冬卷）。单行本于2013年由浙江文艺出版社出版。

③严峰：《重组碎片：读<平生欢>》，载《收获·长篇专号》2013年（秋冬卷）。

④冬筱：《流放七月》，长江文艺出版社2013年版。

⑤莫言：《捍卫长篇小说的尊严》，载《长篇小说选刊》2014年第1期。

后来，马原这个20世纪80年代先锋作家的领军人物又大吼了一声："文学当真的死了"[①]，就像十多年前他"金盆洗手"时扔下了一句"小说死了"。这话前面还有一句："各领风骚好几年，我们的时代已经过去了。"为什么是马原的时代过去了，文学就死了呢？当部分"80后"作家（包括个别"90后"）通过长篇小说创作在审美、世界、历史等层面为我们提供越来越多的惊喜、愉悦及其他可能性时，马原判断中的傲慢、专横之处便暴露出来。这让我想起韩少功的《日夜书》中的一个情节，小说中一个"80后"飞身跃下山崖前，抛给长辈一句话："你要我说人话？你和我那个爹都是，都是这个世界上最大的骗子，几十年来，你们可曾说过什么人话？又是自由，又是道德，又是科学和艺术，多好听呵。你们这些家伙先下手为强，抢占了所有的位置，永远是高高在上，就像站在昆仑山上呼风唤雨，就像站在喜马拉雅山上玩杂耍，还一次次满脸笑容来关心下一代，让我们在你们的阴影里自惭形秽，没有活下去的理由。"[②]我想这句话也可以用来形容故步自封而又惧怕、排斥新生力量的当代文坛。

（载《文艺争鸣》2015年8月号）

①《马原：韩寒郭敬明的出现昭示了"文学已死"》，http://cul.qq.com/a/20140829/011792.htm?tu_biz=v1，2014年8月29日。

②韩少功：《日夜书》，载《收获》2013年第2期。

“生活的有限性”及其五种抵抗路径

——以2014年短篇小说为例谈“80后”小说创作现状

陈 思

美国小说家罗杰·泽拉兹尼（Roger Zelazny）曾有一部短篇小说《此处有龙》，讲了在一个群山之中的小国，国王和臣民始终与世隔绝。皇家绘图师吉伯林先生足不出国门，为图方便，按祖传伎俩在地图上所有未知的地方用花体字写下“此处有龙”。由于地图上国家被各色残暴的喷火巨龙团团围住，臣民们以为处处有龙，只能待在家里，小王国就在绘图师因为偷懒而划定的范围内运转。好在官僚体制成熟，臣民忙于案牍与吹牛，谁也未曾真的想要做出任何规矩之外的行动。一直到国王在女儿生日那天突发奇想需要焰火，委派第四参事前去搞一头“会喷焰火、中等体型的龙”来，皇家绘图师的把戏才被拆穿，世界的一部分真实地形才展现在人民面前。

我们不妨将这部讽刺短篇当作中国小说家创作危机的隐喻：每一个小说家都要面对生活的有限性，人人都有在稍微偷懒的时候变成“皇家绘图师”的危险。首先，在全球化、现代化和后社会主义政治经济局势下，中国社会正在快速发生多个层次的变化，个人相对于快速变化的环境变“小”了。其次，文学与作家已经变得十分专业化，作协、期刊、学院提供了舒适、安定的生活环境，我们很难想象如赵树理那样先熟悉20世纪30年代中国华北财税制度实际运作方式，才写出《催粮差》这样的小短篇；或者如柳青在长安县皇甫村那般工作多年，才写就《创业史》；更不用说如同狄更斯、巴尔扎克、麦尔维尔、海明威那样，上天入地、转换多种身份，看到当代生活的每一个层面。最后，资讯发达的时代快速带来对生活的覆盖，泛滥的学院话语和各色公知再插上一脚，这些叙事不断重复对世界的陈词滥调，历史和现实的褶皱被这把大熨斗烫平。情色反腐、征地拆迁、村干部霸道、城管执法不公、政治小道消息、土改暴力、“文革”秘闻，再加上心灵鸡汤，洒上几点“感动中国”的泪水……我们被包围在群山之中，而偷懒变得好容易：于是鹅毛笔一挥，此处有龙！

生活的有限性已经构成了考验和挑战全体作家独立性、敏感性、技术性和意志力的大背景。这一点，对于文坛主力军之一的“80后”作家群体来说尤其紧迫。作家针对这一背景的抵抗方式各有不同，其欲望与姿态亦耐人寻味。我们不妨借用这一背景作为理解当下“80后”年轻作家创作的前提，对其创作路径给予逻辑上的说明。

一、出逃的企图

一般而言，“80后”作家的生活阅历相对狭窄同质化。“求学—上班—结婚—生子”是他们相对接近的轨迹。工作的单位大多是政府部门、部队、国企、外企，更多地在报刊、媒体和学院。或许在这些作家的经历中，“生活”就等于领导与同事之间的钩心斗角、飞短流长，经济压力、观念差异、职称考评、代际冲突等等。因此，在这批作家笔下往往出现了一种对被命名为“日常生活”的特定都市生活世界的拒绝。

比如文珍的短篇《银河》（《中国故事·虚构版》2014年第9期）。从早期的《第八日》《动物园》《色拉酱》到最近的《衣柜里来的人》《银河》，那个秩序、庸常、琐碎、市侩的世界里，总是飞翔着那些脆弱的精灵，他们要精致的生活、要对当下时间永恒之美的发现，但又不敢颓废放荡，甚至不敢口吐脏字，对这个世界所做的最大革命无非是“一场说走就走的旅行”。

《银河》里处理的还是“向死而生”的问题。两位主要人物都在银行工作。银行（及其内包的金钱、规矩、市侩、虚伪、家长里短、流言蜚语）是我们世界的象征秩序。两人都是生活中唯唯诺诺、毫不起眼的小角色，小城市或乡镇长大，父母也都能力平庸，个人资质中等，打卡、上班、“房奴”。剩女“我”与已婚的老黄发生了心灵感应，在人群中找到彼此——另一个不合格的“普通人”。可是为什么要做“普通人”？然而他们又成不了魔鬼或者英雄，创造性也欠奉，连偷情亦被捉奸。而且，竟然可笑到私奔。幸好旅途本身还算风光旖旎。各种动听的地名与异文化纷至沓来，库尔勒、托克逊乡、轮台、龟兹博物馆、昭怙悝大寺、库车河，看千年的壁画、巴扎的风情，在沙漠中恐惧被抛弃，夜宿拜城，逃离丑陋的阿克苏，穿越民丰县、柯坪县、巴楚县、阿图什县、喀什来到帕米尔高原，抵达终点塔县。虽然看似过足了“生活在别处”的瘾，但现实生活的脚步实际早从后面追上他们的越野车。老黄的手机不断响起，他率先做了逃兵，不断悄悄和妻子张梅联系。大家心知肚明下面的故事无非是计划回程，飞速收拾生活的狼藉。两只大行李箱此刻变得无比的可笑。但“我”不愿回头，执意让这场爱情与私奔的英雄剧目终止在塔县——就终止在赛马会。盛大的场合，最适合做一场轰轰烈烈的葬礼。“我”应向奔腾的马蹄。

更进一步看，“爱情”其实不是故事的主角，而是故事借以对抗世界的工具。“我”与老黄与其说是真心相爱，不如说是惺惺相惜。但这种同为弱者的命运与共的相依感，使老黄的退缩背叛变得更不可忍。“我”的死亡使得小说最后跳出爱情小说的限度。文珍世界的宽度和深度因此增强。

同样拒绝日常生活的还有蔡东。今年《收获》第五期“青年作家专号”，发表了她的《我们的塔希提》。麦思与春丽是发小，春丽打来电话，不堪忍受琐碎工作的她竟然鼓起勇气辞去公职，从留州到深圳去“写点东西”。撕裂感深深攥住了麦思，她完全能够体会春丽的痛苦，因为从研究所被调整到资料室的她早已深谙个中滋味。独自旅行、周五不坐班的时光、崇光百货大“血拼”、对精致生活器皿的挑选，这是麦思从密不透风的生活中解脱出来的避难所——当然是暂时的。麦思的丈夫高羽同样“生活在别处”，让他从当下的生活中解脱出来的方法简单一些，一个永远对妻子上锁的抽屉，以及在足球经理游戏中所向披靡的“斯托克城队”。本来夫妻两人已经与不堪忍受的生活达成了平衡，春丽的介入就像一枚催化剂，用小说的话，是如同“一只浑身带电的深海生物”，让丈夫高羽萌生出逃的念头。反过来看，女主人公麦思始终都在贯彻一种更踏实和更少戏剧化的“行动”——她不像文珍笔下的人物那样“说走就走”，不过是因为她想得更透彻，早就看见前路茫茫。

同样走不掉的还有春树。短篇《超级月亮》（《青年作家》2014年第23期）同样刻画了一个危机当中的小说家。她对周围的世界格格不入，而格格不入的原因恰是她的“真诚”。以她看似执拗单纯的真诚之眼看去，世界与人群如此庸俗虚伪市侩，我们真是只好逃到美国去。此时此地的日常生活是不值得过的，那么当我们问问主人公，理想的生活又是什么样的：她也只能够说出“美国”“军队大院”和“学院精英”这样苍白的符号。毕竟小说中的那位小说家没有真正的行动力，她的“真诚”（比如结尾处那一场纵火）无法掩盖她对理想的向往只是一种姿态。

那么，如果真的从日常生活断然出走了，又怎么样呢？七堇年的《夜阳》（《收获》2014年第5期）像某种纤细花哨的织物，里尔克、Fernando Pessoa的诗、马德里Parquedel Buen Retiro、1881年的阁楼、星点残雪堆在街角、飞机缓缓划过天空、里斯本的大海、深渊上血红如日的月亮……一个厌倦了平庸的生活与丈夫的中国女生，远赴西班牙马德里，在车厢遭遇扒窃的时候被一位后来才知道患有躁郁症的葡萄牙女作家所救；在同居之后，她终究无法忍受女艺术家的“不平庸”，迅速从那样动荡激烈的生活中退场。在“叶公好龙”的女主人公面前，一面是平庸的生活、崇拜成功学的丈夫，另一面是15岁被渔夫咬掉乳头的女同性恋者、躁郁症者、在冰淇淋店打工的“女作家”、炽烈的爱人、绝不平庸的Nox。女主人公在平庸和不平庸的道路之间，搁浅了。

“娜拉出走之后”的命题，始终没有得到解答。即使主人公拥有娜拉所不具备的种种能力，也不可能在日常生活之外发现一个诗意而又安稳的空间。“出逃—落网”似乎是这批女作家笔下主人公的共同命运。

二、焦虑的表演

一旦对“生活”全部定义发自“北上广”与“职场、媒体、单位、学校”这样的小圈子，生活自然就变成面目可憎的“秩序”。出逃注定是悲剧性的，因为一种新的整全生活很难从无根的反日常生活的情绪反应当中诞生出来。由于丧失了在秩序之外想象新生活的能力，一些同样感受到“娜拉困境”的作家转向内心情绪的表达。内心，又断难完成对创作的长时间输出，他们焦虑着。一旦对于写作自身的焦虑俘虏了他们，这些聪明的“老灵魂”还会趁势将这种对写作资源枯竭的焦虑转化为写作资源本身。

周嘉宁、张悦然的创作中，出现了一系列“失败艺术家”形象。张悦然《动物形状的烟火》（《收获》2014年第5期）里，主人公林沛是一个穷困潦倒的艺术家，最致命的一点是他的灵感荡然无存、泯然众人。小说从林沛受邀参加宋禹的跨年派对开始叙述。带着隐秘的兴奋与重新受宠的期待，林沛在派对上遭到无情的打击。非但宋禹对他不理不睬，他所见到一个又一个女孩，如今都投入了他人怀抱，甚至连往日画室前台小姐颂夏都咸鱼翻身，开了自己的画室。报复心让他必须从晚会上带走些什么，于是他看中了在别墅中不受欢迎的养女。谁知，他的“动物形状的烟火”的把戏早就被恶童识破，自己成为晚会的最大笑柄。原来艺术家没有了“创造力”这样的任性资本以后，竟是如此焦虑可怜。

周嘉宁《让我们聊些别的》（《收获》2014年第1期）最具有症候性。小说选入了2014年短篇小说集《我是如何一步步毁掉我的生活的》。“我”在小说中是一位得了抑郁症的女作家——“我”无论如何都“写不出来”。“写不出来”源于“我”无法与周遭日常生活建立意义关联。一直对女作家施加压力的经纪人天扬与始终霸道成功的男作家大澍，向“我”灌输各种宏大叙事，在男人的眼中，“好故事”才是文学的真谛。而“我”下意识觉得虚伪，他们的“故事”只是一种关心地沟油的虚假“悲剧”。“我”焦灼地想要证明自己，却找不到属于自己的“故事”，又羡慕他们所具有的锐利的攻击性。于是在向外的“羡慕嫉妒恨”与向内的懊悔、愧疚、怀疑、自责在心中形成不断扩大和纠结的旋涡，这个旋涡吞噬着她所有的行动力和自信心。沉溺在这一旋涡中，“我”丧失了作家基本的敏感性——错过了发生在身边的露露的死。当“我”觉得她只是一个“二十多岁、肥嘟嘟、穿着荷叶边短裙，露出一截藕色的大腿”的时候，“我”已经彻底丧失与日常生活建立联系的希望，变成了一块“迟钝的旧橡皮”。

必须提醒的是，这种焦虑感自身变成文学表现的对象时，可能沦为一种表演。为表演焦虑而表演，为表演焦虑而焦虑。表演性会抽空真正的改变与行动，因此不能真正解决焦虑问题，更不能真正跨越“有限的生活”的地平线。

在此基础上，“焦虑”书写很容易滑动到和明星制挂钩的、以作家形象作为卖点的“真人秀”。比如，我们可以看到小说家对海明威、菲茨杰拉德、伍迪艾伦等等如今成为流行文化一部分的艺术家形象的模仿与盗用——要知道“写作的焦虑”早已成为这些20世纪时尚代言人笔下的俗烂主题了。到了这样的时刻，最迟钝的读者也会发现这种从庸常生活当中出逃的姿态，无非是另一种讨好庸常的手段而已。

三、理论的激荡

成熟的作家总是追求一种穿透生活本质的深度结构。而这种思辨色彩的形成还有更切实的原因：如果日常生活无法进入写作，而内心又缺乏足够持久的输出能力，“80后”作家的阅读与知识结构使其中某些人更容易与理论话语产生联系。这一写作倾向未来的发展尚未明朗，毋庸置疑的是学院教育使得一种与西方理论更高级的互文形态成为可能（这方面“80后”小说家拥有远超前辈的优势）。

王威廉出生于1982年，曾在中山大学攻读人类学系和中文系，获得现当代文学博士学位，也是首届“紫金·人民文学奖”的得主。王威廉对于人与人之间的暴力关系有着格外的敏感（比如他的“法”三部曲《非法入住》《合法生活》《无法无天》)。这一次《当我看不到你目光的时候》(《十月》2014年第6期)的切入点选在“看”与“被看”的关系。我们将他的作品作为这一现象的代表。

小说从某种非现实的逻辑开始——未来社会中，一名照相馆摄影师在感化女犯的过程中体会到了视觉装置所带来的主体权力与快感。“我”本是照相馆的摄影师。政府规定主人公必须道德感化一名女杀人犯，其罪名是将男友禁闭在一间满是摄像头的房间内造成其死亡。女犯住到“我”家，这种亲昵温馨的关系并没有让“我”放松警惕，而是令“我”对杀人动机产生了兴趣。女犯讲述了其父亲及其男友怎样先后沉浸在看与被看的快感之中，以及男友如何在屏幕发现自己的渺小可憎，而从快感模式中被无情抛出，就此虚无绝望，自杀身亡。“我”逐渐被女犯反向“感化”，开始产生对“看”的自觉意识。通过镜头，我瞬间变为大他者，镜头中的客户在大他者的目光下开始面目绯红，享受被看的快感，将自己嵌进了大他者规定的欲望客体的位置。新的主体被成功询唤出来。

小说中的“看”与“被看”，灵感来源于法国哲学中的“凝视”理论。“凝视”(gaze)既可以被彻底抽象地理论化，又可以进一步放置在特定历史当中去描述人对人的监视及控制。前者肇始于科耶夫1933—1939年在巴黎所做的黑格尔精神现象学讲座——这一讲稿经过施特劳斯高足布鲁姆翻译整理出版，其中就以恋人之看来佐证其主体理论，座上三位听众萨特、梅洛庞蒂、拉康后来都在各自的拓扑学发展当中延伸了肇始于科耶夫的理论雏形，暂不细表。后者——历史地考察观看关系的脉络，最为人熟知的自然是辈分再小一些的福柯，而后殖民领域大名鼎鼎的萨义德对东西方关系的比附也来源于此。一般通俗理解的主体对客体的看，涉及一种爱欲、控制，将对方物化的倾向。

那么，有可能从暴力的构成性的视觉关系中挣脱吗？小说的态度是基本悲观的。理论上，第一种对于这种凝视的破坏方式是回看(gaze back)，通过目光的对视来脱出掌控，从而使对方经由窥探所积聚起来的虚假(爱欲)主体，瞬间破灭成灰。这是萨特在《存在与时间》中提供的路径——小说中的女孩跑到了房间之外，抓住了正在通过窥视自己获得性快感的男友，从而破坏了他的欲望及根据这一欲望构成的主体。可是，问题来了——挣脱之后的空虚感和无意义感是无法承受的，存在/实在界本身向他敞开，他却要重新回到欲望和主体之中。“看”之途被堵死，他由是必须通过“被看”来重新获取身份与欲望。他奢望一个性致勃勃的大他者，通过它的眼睛能够看见自己千娇百媚。于是恳请女友充当看者，而自己扮演欲望对象。可是一旦让他/它站到大他者的位置上凝视自己，他发现想象中的自我并非千娇百媚而是如此卑琐可笑，他看到了自身的盲点，其存在的灰败性——进而感应到大他者的性无能和空洞性，其想象主体也就瞬间破灭成灰。当其存在的无意义性第二次向这位不幸的男人现身，他选择了自杀。萨特或许还是会说他是懦夫，一个无法承受存在之无意义、不敢直面其存在的懦夫——他不能“去—存在”（to-be,astobecome）。相反，按照拉康-齐泽克某些中国门徒的立场，他的死亡却是一个主体闪闪发光的事件，是对大他者的彻底拒绝。至少，自杀时刻留给世界的目光，是对这一世界当中最大的挑战——作为物的回望，总是让人不寒而栗，被凝视的物变成不能被主体/客体之分所框定的小客体a（petitobjet à），充满死本能的目光逼视我们，戳穿了我们这种植根于生本能的视觉主体内在的缺陷性。

当然这么勉强区分其实殊途同归，当小说限制在存在主义的整体进路（无论是萨特还是拉康-齐泽克一代，法国理论家某种意义上都具有存在主义的内在理路）之内时，其实世界早已经是一间铁屋子了——装不装摄像头，是懦夫还是烈士，倒还是其次。小说另一个漏洞或者说缺憾在于，女性似乎从这套视觉—欲望—主体装置之中被轻易地豁免掉了。

唯一使人担心的是，一旦脱离了现实经验的土壤，进入与理论话语的近身调情，小说如何能够提供比理论更丰富的东西。写到这里，笔者又不禁想起，这样一篇小说会不会正在期待前文这样充满西方理论的凝视，而笔者是不是又恰好一步步陷入这种凝视的快感当中了呢？也就是说包括笔者在内，很可能已被小说文本所感化，自觉充当了理论大他者眼中的欲望客体。

四、情绪的升腾

生活的有限性并不必然带来体验和感官的有限性，恰恰是感受/体验的有限性需要被打破。是的，对生活的感受是已经被历史限定的。感觉被不同的结构（话语知识型）组织起来的时候，就“先天”地被赋予了形式。结构会形成对感觉的压抑，无法进入结构的感觉被放逐。那么，对于历史形成的话语形式的拆解与重新探索，使得文学同步承担了解放感官、发现感官并促成认识进步的任务。于是我们永远需要一些小说家，让线条挣脱轮廓，让色彩挣脱对象，用一种“情”（affect）的能量打破认识的网格，摧毁对于“对象”（object）的刻板印象。

甫跃辉的《坼裂》（《十月》2014年第4期），情绪核心在于站在满是裂纹的冰湖时那种即将下沉的黑暗、冰冷、无望之感。这种精雕细刻的无望感，是小说能够从众多文本当中脱颖而出的原因——小说的情节和人物反而不再重要。作品开始不久提到“灯光浮油一样凝在地面”，但这样黏稠、烟熏火燎而颇有虚实辩证性的感觉其实并不是小说的主调。小说还是很空灵很纯粹的爱情小说。开头就轻柔飘忽，颇有流动感，两位主人公顾零洲和易沄的名字也是轻烟一样。小说“本身”的逻辑很简单，这是一场悲凉的告别仪式，在第七个城市，婚外情走到了尽头，沉重的压力令男主人公终于欲振乏力，而女主人无非是生孩子之前最后疯狂一把。小说先预设了离婚之不可能，然后强调了维系婚外情的艰难与无力。这样，“坼裂”说的是现实压力之下婚外情的沉没——读者于是感到绝望无奈与撕心裂肺的双重包夹。

甫跃辉这篇小说美中不足的地方在于思考力的故步自封。他太执着于呈现轻薄，因此愿意将所有伦理拷问都屏蔽在男女主人公流云般的生活之外。我个人想将思辨与伦理的维度重新放入作者设置的结界之内，为小说打开额外的两个扇面。

第一个可供打开的层次：爱情之消逝。我个人更偏好罗兰·巴特式的命题：主人公对于爱情的消逝既绝望又无奈，而任何挽回的企图都不可避免地导向失败。根据甫跃辉着力制造的爱情信条，看似男女主人公分手的原因还是来源于外部的社会压力，而实际上男女主人公又都清楚，激情的给养就是危险与禁忌。小说隐藏的一个悖反命题为：压力恰恰是欲望的动力。他们打一枪就换一个地方——当代“婚外情”带上了这些仪式，就带有19世纪小说中“通奸”式的郑重其事。他们怕被发现，于是只能宅在宾馆做爱。但做爱变成超量地做爱，又变得程式化。于是渴望安定、渴望暴露在光天化日之下，因为安定变成了一种非常态，从而是可欲的。可是即使暴露在光天化日之下，比如看场电影《一代宗师》，难道爱情就能够继续飘浮吗？话说，“通奸”的感情如何维持？“通奸”会不会变心，即在对配偶的背叛之后会不会对自己千辛万苦得到的情人进行又一次的背叛？他们心中满腹狐疑，可是这些满腹狐疑又以海誓山盟来掩饰。可是他们分明是厌倦了海誓山盟才走到了一起，于是他们在挣脱枷锁的过程中被枷锁追上了。渐渐感到腻味的两个人，聪明地在腻味之前完成了体面的结束。毕竟，爱情如同自在之物，随时会从生活看不见的裂痕里喀拉一声就掉入深渊。无论是宾馆里、情人黏腻的汗味里、漫长两地分居的形迹可疑里、突然瘫软松脱的身体里，还是日常的关怀中，总会听见冰湖碎裂的喀拉声。

仅仅这样子这篇小说好像还有些单薄。我个人会再附加第二个层次，离别的结尾处也许还可以再处理出一个反讽的维度：爱情主题真的存在吗？顾零洲背对冰湖大声复诵《一代宗师》，这些种种纷至沓来的情绪意象，岸上那被生离死别击倒的身影，这些所谓爱情的经典场景，难道不是欲望驱动下的一次角色扮演？我们似乎也可以这么理解：男主人公诸多心念百转，只是因为女主人公很心机地说了一句“不做爱”，于是非要再次得手不可；而做爱之后的诸多疲沓空虚，以及伴生而来的离别戏码，或许预示了他们下一次在另一个城市的旧戏重作——《一代宗师》里不是有一句屡遭吐槽的“念念不忘，必有回响”吗。由是，小说的伦理立场便不会显得固执而单一。

一部以情绪为塑造对象的小说，有可能走向三个方向，情绪的烈度、特异性与复杂度。尽管这样的区分十分粗疏，柏格森大概不会同意这种以外在空间性的思维方式去臆断人类的内在的绵延性的方式。但简而言之，小说所唤起的情绪如果无法达到某种凛冽与澎湃的能量值（比如某种纯粹的恐怖或者崇高感），那么至少应当形成与常情的差异和距离，或者应该拥有多多少少显得饱满丰富甚至彼此冲突的层理。做到这种程度，生活就开始变得“无限”了。

五、辩证的思想

真正的思想，不是通过逃离生活，而是通过与生活的纠缠产生的。逃离生活的“思想”，是抽象，更是虚妄。既然我们要求作家为世界提供精神养分，那么这种养分必然是一种活生生的精神史。这种对精神状态的呈现与诊断，就必须建立在与当下活的、带有血肉温度的经验的批判性思考的基础上。思想，尤其是文学中的思想，并不来源于学院派的“理论见解”，而是直视日常生活、对其进行“辩”与“证”的超克的结果。

正是在这个意义上，马小淘的《章某某》（《收获》2014年第5期）提供了一种活生生的思想。小说通过一个动荡不安、空心的人格典型章某某，描述了一种本身充满毛病的伪“理想主义”。章某某不断地换名字，生活在自己为自己搭建的小世界里，恋爱受辱、求职受挫，辛辛苦苦为了自己的“理想”努力着。她对于自己的可笑毫无自觉意识——用斯洛文尼亚学派的拉康主义新锐理论家Alenka Zupancic的话说，成为“摧不垮的id”。章某某最大的理想是当“春晚主持人”，而这一理想的根基其实只是来源于小县城里儿童节目主持人带来的“虚荣”。最终“梦想撑破了胶囊”，她在嫁给商人之后念念不忘自己的“理想”，被送进了疯人院。

小说太容易被完全归为一部《涂自强的个人悲伤》式的作品，比如书写底层青年如何在大城市的物欲横流中被磨蚀了理想信念，随后同流合污，最后难以承受自身的堕落而陷入疯癫的煽情故事。这种解读显然既低估了马小淘对于底层青年的区分能力，又高估了“涂自强”对于底层青年的概括力和理解力。试想章某某如果遇到又土又木讷的涂自强，一定第一时间嗤之以鼻吧。细看去，叙事者对于章某某绝非一味感伤的怜悯与同情，而始终带有着俯视的视角——尤其是小说前半段的讥诮与讽刺，后半段对于章某某不再犯傻的怅然若失。谁说这种目光一定是认同与羡慕？作者用这样的叙述距离要戳穿的是，章某某不是“小镇普通青年”的神圣化身，而是一种病态“小镇文艺青年”的标本。试想，章某某是《狂人日记》里的狂人，抑或更接近于《阿Q正传》里的阿Q呢？马小淘对于章某某倒是带有同情的，但那是鲁迅对阿Q的同情。

章某某不断改名，说明她始终对于自我、对于理想缺乏一个由内而外，再由外而内的坚实认识，并从中获取行动的循环能量。她的行为是极度空壳的，细看她的“奋斗”轨迹，听风就是雨，也是随波逐流，人云亦云。表面看上去她是“坚定”的，是“文艺”的，实质上是“心灵鸡汤”和“成功学”堆砌出来的。她是多么“上进”啊。在城镇化高速发展中，中国三线城市生产出的“文艺青年”一方面无法融入当代都市物质文化生活，受挫之后以“文艺”作为自己的心理保护和应激反应；另一方面，其理想是被给予的，既空洞脆弱无法支撑他们走远，又充满杂质要他们很快向物质生活投诚。也就是说，这种“坚定”的理想主义是随时可以放弃并被金钱逻辑所俘虏的空壳理想主义。章某某的悲剧在于她始终没有获取“自我意识”——她没有反过来意识到自己“意识”（理想主义）的可笑。当许许多多小说家甚至评论家、理论家都在大力讴歌“理想主义”的时候，马小淘的文本以一种隐微而豁然的方式，重新向我们提出了对“什么是真正的理想主义”的质问，从而交付与我们一种真正与生活大胆辩证的“思想”。

六、结语：继续前行，抑或“此处有海蛇”？

生活的有限性植根于我们存在的被规定性，尤其可被视为作家共同面对的大背景。对于一些“80后”的年轻作家而言，由于生活阅历更为狭窄和稀薄，他们对“生活”的定义也就相对接近“北上广”的上班族。“从日常生活出逃”变成他们的集体选择，背对生活之后的“焦虑”又成为他们的表演。另一些“80后”作家转向更为学院化的资源，比如“与理论话语形成互动”。尽管学院话语尚未对小说本身构成穹顶一般的宰制，然而今后这一方面的影响必然愈演愈烈。有些年轻作家并未选择正面以头撞墙，而是在文学世界之内试图创造出一种少见的“情绪”，搅扰我们的感官方式；但是，更让人赞赏的某些作家对我们生活的边界做出了勇敢的跨越，对于空心的伪“理想主义”做出了反常识的探讨，提供了一种以直面生活的写作来对抗生活有限性的可能。

不幸的是，生活的有限性，是不断生成的。我们一旦突破世界的边界，一条新的地平线就会重新出现。当我们回看近年来成名作家的小说创作，不仅是阎连科的《炸裂志》、方方《涂自强的个人悲伤》、余华的《第七天》这些长篇作品，包括王蒙的《杏语》、刘庆邦的《琼斯》、须一瓜的《贵人不在服务区》、鲁敏的《徐记鸭往事》、盛可以的《弥留之际》、范小青的《南来北往谁是客》等短篇创作，也一定程度陷入了惯性写作之中。我们必须不断提醒自己，因为一旦停止了前进的脚步，又将回到那个绘图师的命运中。

作为全文的结尾，我们可以参考一下美国小说家泽拉兹尼《此处有龙》的结局：

一条真龙贝尔奇思终于忍无可忍，狠狠教训夜郎自大的国王与信口雌黄的绘图师之后，抓起皇家绘图师四下飞行，指点脚下江山，逼他一一标在地图上，不许他从此以龙为借口、胡乱偷懒。于是，国家走向开放，国王开始鼓励贸易，人们纷纷走出小国同其他国家学习交流。

可是有一天，国王开始琢磨地图的四角，发现都是海洋，他召来皇家绘图师：陆地边界的海之外有什么东西？

吉伯林先生拂了拂胡子（他的胡子又完好如初了），用了很长时间研究地图，然后他拿起羽毛笔，大笔一挥（用花体字），在所有水域的边缘处写道：

此处有海蛇。

（载《南方文坛》2015年第5期）

“后青春”何以现实突围

——2014年“80后”小说创作观察

刘芳坤　张文东

“80后”这一“代际”的命名方式，在小说创作领域甫一出现，似乎就与商业市场化、青春写作、叛逆传统等社会思潮或文学范式的关键词紧密联系在一起。与此同时，一方面是相比“60后”“70后”作家更为强劲的争鸣热议，仿佛拥有了更为有利的文学创作历史机遇。另一方面，在喧哗背后的“80后小说”却始终处于“自然史”命名状态，无法产生“自觉的美学反应”[①]。2014年，“80后”写作的“反传统”硝烟逐渐褪去，一个明显的创作转折已经生成，那便是年过而立的小说创作者们集体面向“后青春期”的生存状态，以较为深沉的视点观察社会现实，并以理性严肃的笔触在生存现实中寻求突围。

事实上，“80后”作家的“分化”早已形成，最初的“代表人物”韩寒如今通常以公共知识分子的姿态出现，赛车手和明星的形象建构更使其脱离了文学写作的考察范围。而“文学老板”郭敬明与韩寒的电影对战，无疑成为一场商业运作和粉丝效应构成的传播市场盛宴，毫无疑问，伴随着《小时代3》和《后会无期》的诸种围观热议的“现象”已经越过了文学的领域，而这两个“标杆”在小说创作上也逐渐淡出。不过，郭敬明因其执掌的最世文化旗下签约有众多“80后”作家，情况就比较复杂起来。“美女作家”落落、痕痕在《文艺风象》《最小说》持续经营流行小说，拥有众多青年读者，而《文艺风赏》主编笛安则一直在“严肃文学”与

①金理、黄平：《反思围绕“80后”文学的种种成见》，载《名作欣赏》2014年第9期。

“流行文学”之间行走，林培源、李晁等（《最小说》“文学之新”）也属于这种情况；此外，青年科幻作家代表人物陈楸帆、陈奕潞、飞氘、宝树也都签约在郭敬明旗下，不得不承认，类型文学在当今已有逐渐纳入“文学正典”的趋势，而这部分作家也越来越得到传统意义上的文学机制的认同。例如，飞氘曾经入围华语文学传媒大奖，小说集《中国科幻大片》由清华大学出版社出版，被认为是向鲁迅《故事新编》及其传统致敬的小说创作。我们在考察2014年的“80后”小说创作时，更多的就是基于越来越多的作者向严肃文学写作的靠拢，比如，大批的“新概念”作文大赛出身的青春写手们：张悦然、周嘉宁、张怡微、颜歌、霍艳、七堇年、马小淘等，逐渐进入沉淀的写作状态。再如，近来依赖传统文学媒介并笔耕不辍的“沉默的大多数”：甫跃辉、郑小驴、吕魁、孙频、曹永、陈再见、王哲珠、文珍、马金莲、蔡东、王威廉、林森、周李立等，这部分作家依然坚守着各自强韧而极富辨识度的创作理念。最后，我们还注意到，一部分曾在出版界以青春话语或风格个性留影的作家，在本年度以不俗的小说创作成绩向传统文学期刊的回归：孟小书、刘汀、双雪涛、纳兰妙殊、于一爽、陈幻等。

其次，之所以形成众多“80后”作家这一年来渐趋成熟的创作风貌，是与传统文学期刊的强势推介分不开的。2014年是名副其实的“80后”文学期刊年，《人民文学》第五期推出“网络小说辑”（作者绝大部分是“80后”），《收获》第四期、第五期头条为“青年作家小说专辑”，刊登多达20位作家的中短篇小说。此外，“长篇小说专号”收录了笛安的《南方有令秧》、周嘉宁的《密林中》。《小说选刊》除了常规栏目持续的关注，还在9、10两个月推出“80后”十大新锐专栏。《广西文学》则推出广西“80后”专号，推介八位地方作家。加之《小说月报》《创作与评论》《小说界》《西湖》《芳草》等杂志的持续关注，今年“80后”作家在文学期刊的发表量有了很大提高。《小说选刊》副主编介绍说，2013年全年选登5篇“80后”作品，而2014年上半年选登数量已经达到11篇。[①]值得关注的还有，《名作欣赏》在9月强势推出“80后文学新青年

①王干：《80后作家的分化与渐熟》，载《光明日报》2014年9月22日第13版。

专号”，在命名上体现比肩五四新青年同人的张力，宣言“期待一种没有霸权的阅读”，但是潜在坚持一种精英化、学院化的选择标准，组织12对作家批评家以小说代表作、评论、创作谈对话，这些作者大多拥有博士学历，还有些是海归，加之全“80后”的编辑团队，声称组成这个世代自己的“看不到摸不着，却更有决定性的经典生成机制”[①]。随后，《光明日报》开辟“80后创作观察”栏目，从宏观、微观开始了对“80后”写作的研究和总结。以上多个报刊的精心策划甚至有雄心勃勃的组织宣言，让我们不得不重新思考，在社会变革中首先以反叛姿态出现的所谓“新青年”的“80后”的“世代”这一定位。

社会学家埃斯卡皮曾经提出一个十分诱惑的文学史现象——“世代”，“世代”既是生物学意义上的，同时也包含了周期性的规律。即在上一代作家的声望逐渐减弱的时候，群芳斗艳的局面似乎才会到来。不得不承认，如今，“80后”这一以“代际”命名实际更多是生物学“世代”，它的“群芳斗艳”也许仅仅寓言着文坛“周期性更迭”初澜到来。埃斯卡皮更加推崇“群体”的概念：“是指一个包括所有年龄的（尽管有一个占优势的年龄）作家集团，这个集团在某些事件中采取共同的立场，占领着整个文学舞台，有意无意地在一段时期内压制新生力量的成长。”[②]回顾当代文学思潮式转换的历史样貌，从“伤痕”到“反思”再到“文寻根”“先锋”“新写实”“新世纪”等等莫不是历史期待“立场共鸣”的结果，有的还存在着立场在前，作品事后追认的现象。甚至往上推溯，在多元话语驳杂的中国文学“现代性”历程中的作家群体：“社会剖析派”“东北作家群”“七月派”“九月派”，其构成中的文学立场择取与认同也是值得思考的。那么，到如今的“80”后小说创作，是否已经存在条件由生物世代转型或者说塑型为“80后作家群”？例如《收获》的“青年作家小说专辑”里包含有1979年出生的张忌、旧海棠，是否这一群体范围内的作家，其核心观念还是应当从梳理“80后”小说创作叙事美学、思

①本刊编辑部：《请君评说：“80后”新青年》，载《名作欣赏》2014年第9期。

②〔法〕罗贝尔·埃斯卡皮：《文学社会学》，王美华、于沛译，安徽文艺出版社1987年版，第62页。

想主题等基础工作开始？通过对2014年期刊发表“80后”小说的观察，也许还是管中窥豹，但是相当一部分“80后”的历史境遇书写和美学归纳塑形却可见一斑。

一、青春岁月的致敬与惜别

每一代作家都有一代独特的出场方式，虽然这种出场方式不意味命定了写作的道路。但是如果因为创作的转型而完全忽略其创作的源流，这显然遮蔽了认识文学作品的基础。“80后”写作的出场方式——校园青春文学，如今却越来越为写作者反思，不少读者反感青春话语的“情绪黏稠”，评论家也共识青春写作的后继乏力，甚至作者自己也开始后悔当初少年成名的出版物。也许我们现在已经不需要对这类青春语言太过攻讦，当更新一代的少男少女陶醉于“你年少掌心的梦话依然紧握着吗？”（电影《小时代》主题曲《时间煮雨》）让文学在“边缘”时代创造出种种商业神话，难道我们不应该追问这种青春话语是否是时代情愫的表征？张怡微是一位有着鲜明的青春语言标签的作家，在她获奖时，虽然“新概念”似无当年风头，但她无疑也搭上了这个评奖的快车，2006年出版散文集《怅然年华》，当时仅有19岁。之后一发不可收拾，连续出版《青春禁忌游戏》《梦醒》《下一站，西单》《时光，请等一等》。张怡微的“青春语言”从开始就带上了“老成气”，是一种站在青春时代缅怀青春的调子。《青春禁忌游戏》里的一句话可以作为代表：“每个人在划开青春这道伤口的时候难免会有清晰的一阵痛。”本年度发表在《收获》“青年作家小说专辑”的小说《哑然记》虽然更多了几分成熟，但仍然保持了青春流逝的时间回忆，在平淡叙述中流溢的叹惋之情犹在。“我”的朋友鲁西嫁人后就彻底从网络上消失了，而“我”经历了多种聊天工具的更换后也使得自己的情感表达悬浮于空中，最后“我”滞留于孤独并且彻悟：“那是属于我一个人的道场，没有人死去，而我圆然哀眠。”①

当然，青春的叹惋不仅表现为语言形式层面，更多表现在青春刚刚逝

①张怡微：《哑然记》，载《收获》2014年第4期，第66页。

去、生活迎面而来时的状态。孟小书的小说总是充溢着“后青春”的几个关键词，比如“梦”，再如“逃”，怅然之感从一连串的小说题名已经窥见一斑：《抓不住的梦》《逃不出的幻世》《锡林格勒之光》，“不确定”是孟小书青春文学主题的不确定方向，我们似乎又看到了当年那个“走钢丝的女孩”在生活面前的继续逃遁，她甚至为每一个小说安排了必然的死亡或者终结式的逆转。《锡林格勒之光》里的人物经历了一场车祸，却愿意在医院里继续当一个“病人”，因为每个人都是孤岛，他们害怕被淹没。《逃不出的幻世》中的主人公名叫秦梦，却总也不能“擒梦”，因为“既然一切都是逃不出的幻世，又何必私奔”。《抓不住的梦》是献给“北京梦”的作品，主人公依然是秦梦和思远，一个是开着宝马跟着小狗的潮女，一个是南五环上的奋斗男，然而他们却共同面临梦的迷宫。孟小书的小说美学特征的确可以让人联想到一代人的迷惘情绪，我们不会忘记20世纪60年代的艺术家在欧洲的小镇中文艺和迷醉，成为“垮掉的一代”，孟小书和张怡微的“这一代”又一次成为虚无的守望者。微茫的光，看不清的道路，永远是流逝的时间。有意味的是两位女作家又同时经历了漂洋过海的深思，张怡微现在台湾政治大学读博士，在她的小说中，“台湾”和“香港”构成上海形象意义的“观看”和补白。而孟小书毕业于多伦多大学，一直以来的“边缘”写作为我们提供了更多全球化时代的心态记录。“游移”是作者叙事的终点，因为“疲惫”是作者叙事的起点，我们不知道这种“问题小说”将提出怎样的解决方案，只能说她们还“在路上”。

与“文艺”地向青春告别不同，小镇走出的女作家孙频和工人之子双雪涛，仿佛从开始就是“反类型”的青春写作。平凡人的生存呼号，失去尊严后的扭曲心态，充斥在他们的小说当中。虽然小说的背景在校园，时间是在年少，但不啻为人间炼狱，生命终结，时时刻刻焚冶着魂灵。小说里的人物都是学校里的小人物，是扎在人群里无法辨别的人，所以他们不能向学校里的“富二代”或者相貌姣好者那样如愿拥有“文艺”的生活。他们的家庭一般也是破碎的，这就使得他们卑微的心理更加推向了极致。窥视—嫉恨—反抗—陨落，是这类小说里永远的轮回，然而作家正是用这种极端化的叙事，以悲壮的姿态向青春岁月完成了最后的致敬。双雪涛的创作开始比较晚，处女作《翅鬼》是一部带魔幻色彩的小说，但从去年开始他的现实题材小说开始散见于各文学杂志，特别是本年度的《安娜》《大路》《跛人》《大师》都是极度坚韧的青春叙事，冷峭而直白是他的语言特色。而孙频更是一位极其富有语言特色的作家，几年前在她的小说里更多流露出张爱玲式的苍凉和华美，而近年来，她在密闭的叙事氛围中大力度进行着“心理紧迫”写作，所以，读孙频小说让人有窒息感。而不论采用何种创作姿态，小说叙事美学如何，“80后”青春写作仿佛一直具有摆脱不了的“前台”。作家在社会阶层日益固化的今天展现校园和青春，在文本内外有着强烈的互文表征，人物的故事始终在幽暗里穿行，作家在讲故事的同时又投入了自身在日常生活中的呈现。“当某个行动者扮演一种已被制定的社会角色时，他通常都会发现，一种特定的前台已经为他设置好了。不管他扮演这个角色的主要动机是想完成特定工作的意愿，还是想维持相应的前台，行动者会发现，这两件事他都必须去做。”①从这一代作家出场开始，他们的设定性情境就已经造就，虽然个人的情境有细微的差异。可以说，作家和小说里的人物一样，“80后”的青春写作其实一直在维持他们的特定姿态，这就使我们在阅读之后始终留下遗憾。因为成熟的叙事必须建立在打破成规之后，必须建立在对生活有了更为圆融、豁达并且伴随生生不息的精神掘进之中。

二、乡土与“交叉带”的书写

“北上广不相信眼泪”是2014年的一句流行语。回顾从“涌入北上广”到“逃离北上广”再到“逃回北上广”，“进城”是“80后”一代成长史上的关键词，“进城”叙事和城乡“交叉带”的书写是这一代文学永恒的主题。如果说“80后”作为一个独立的审美对象出现于城市文学当中，甚至于带有“文艺”“小资”“逆反”等等附带的审美定式，那么相

---

①〔美〕欧文·戈夫曼：《日常生活中的自我呈现》，冯钢译，北京大学出版社2008年版，第23页。

当一部分具有乡土经历作家的涌现，多少对“80后”写作的审美成规构成了反驳。在本年度，这部分作家的写作可以从两个维度来观察。其一，路遥曾经用“交叉地带”一词来概括其全部小说的主题，他所谓的“交叉地带”是指：“现代生活方式和古朴生活方式的冲突，文明与落后、资产阶级意识和传统美德冲突，等等。”[①]可以看出，路遥的这种二元对立式的定位带有从“革命”到“改革”的思维烙印。时移世易，“80后”的写作是在“后革命”的生活语境中展开的，他们的“进城”自然也和自身的经验有密切的联系。然而初读相当一部分小说，你就会发现《人生》里高加林的问题又回来了。例如陈再见的小说《拜访郑老师》小说中的“哥哥”确实“不像个村里长大的”，“哥哥”不仅拥有总也晒不黑的白皙的皮肤，而且“哥哥”还有写日记的癖好，十大本日记随身携带（这与高加林那健美的体魄，不俗的打扮，卫生的行头如出一辙）。“哥哥”曾经两次拥有“进城”的机会，并且成功了。第一次是“拜访”郑老师后，由于丰富的文学知识存储，得以进入南塘中心小学代课（这种进城的方式也和高加林相同）。后来，因为把镇长孩子的作业本撕破，“哥哥”只得开始了新的旅程，远赴石家庄学习医学。最终，这两次进城的努力均告失败。但“哥哥”没有像高加林那样失落于人生命运，更没有满含泪水回归土地“亲人”。小说巧妙安排了一个“城乡交叉带”的象征物——书架。初次拜访郑老师家，书架就成为城市身份的象征，最后当了赤脚医生的“哥哥”也把书架摆设在了自家。这可能寓意了城乡的一次大融合，也不啻为哥哥的一次绝望的抗争。小说另一个巧妙之处，在于选取“我”作为视角人物，“我”不但“目击”和“参与”了“哥哥”进城的全过程，而且作为一个少年的陌生化视角，其不解和淡然的态度，才真正部分弥合了路遥意义上的对立和冲突，也将“哥哥”置于无援之地。

在“去革命”时代里的交叉带书写，其弥合二元冲突的方式，是“80后”写作中一个饶有意味的观察点。王威廉的《父亲的报复》和郑小驴的《赞美诗》提供了两种不同的弥合方式，而两者的共同点在于凝聚了这一代人的生存经验和集体记忆。《父亲的报复》的主要人物“父亲”是第一

①路遥：《面对着新的生活》，载《中篇小说选刊》1982年第5期。

代南下广州的山东人，操着不流利的粤语忙于推销的父亲“好像从娘胎里出来就在广州闯荡了”。祖籍使得“我”从小就伴随着身份认同的悬疑长大，而父亲艰辛而不受尊敬的工作过程使得“我”将广州城视为“奥德修斯的冒险”。最终“我”要“飞得更高”留在了北京工作，这使得我和父亲之间结下了心结。小说揭示的是两代人已经有了不同的移民心态，有一个问题值得我们深思，如今“80后”的“流浪”和“家”都带有了强烈的个人主义的情怀。此外，因为现代性进程中区域性和城乡二元区隔的逐渐愈合，个人奋斗的情境自然也发展得更为多元化。可能正是因为这种变化，导致小说中两代人的“守土”和“离土”的复杂情感分野。在小说最后，父亲死守住拆迁的进程，以显示比广州佬更爱广州，父亲以这种偏执的举动完成几十年作为外地人的“报复”。与父亲相比，“我”的离开或者回来则要泰然得多。《赞美诗》则是给一位“被侮辱与损害者”做了一场背反的弥撒。小说的男主人公生来就有残疾，美女合租者“她”的到来给“他”封闭的空间带来了灵动的光芒。“他”对“她”开始了卑微而朝圣般的畸形依赖，甚至在饮水中加入安眠药，每晚到“她”的床边偷窥。最终“他”的自尊被女孩伤害，而他只有离开这个伤心之地。郑小驴本年度的另外一个短篇小说《可悲的第一人称》为北漂青年设计了逃离路线：到原始森林去种药材。但正如《赞美诗》的结尾那样，抚慰人心的赞美诗正是由此地穿着得体的人们唱响。也许在北漂青年那里，真正的抚慰只有继续“漂”下去，伊甸园还是在充满各种“80后”奋斗要素的都市之中。与王威廉的直击强拆，展现两代分野不同，郑小驴采用了充满隐喻的方式来展现对“交叉地带”的思考，作者更强调一种心灵的维度，美与丑，逃离和留下，都在人性主题的统摄之下，不能离开的奋斗之地也是不甘被“边缘”的人的尊严。

另一个非常重要的问题是，“80后”创作是否存在“乡土文学”，如果说存在一种“乡土”，它的表达方式又如何。评论家李德南认为：“乡土文学毕竟是中国现当代文学的主体，在近百年的写作实践中积累了庞大的书写经验。这就使得，新一代的作家要想在乡土书写上建立全新的书写范式已经没有太多的可能性：这些作品在某些方面具有新意，总体上却还是在鲁迅、沈从文、陈忠实、萧红、莫言等作家的笼罩性影响中。”[①]“80后”写作是在城市文学的声浪中响亮出场的，这诚然是不争的历史事实，而且相当一部分具有“乡土”经验的作家的书写是在“交叉地带”的基础之上的。如果我们必须回顾20世纪“乡土文学”书写的生成，回顾鲁迅定义的“侨寓”的意味，乡愁和批判曾经是现代文学作家两个明显的标志。虽然是凤毛麟角，但在“80后”的作家当中的确存在一部分珍贵的“守土者”，比如贵州的曹永就是一例。曹永的全部短篇小说的描写对象都是一个叫作野马冲的地方，他的小说从来不寄予乡愁，但将其小说放置于鲁迅定义的20世纪20年代乡土小说的谱系当中，就会发现他与同乡先辈蹇先艾有类似之处。“80后”作家的乡土书写更多时候回归的是20世纪20年代乡土小说的批判传统当中，我们好像又一次瞥见当年的经典《黄金》《惨雾》等小说里那种“风俗成灾”的氛围当中，只是新的“惨雾”还掺杂着激进现代化过程中个体生命的新思考。曹永的《捕蛇师》和陈崇正的《黑镜分身术》都以乡村神秘的巫术为描写对象，但不论是父亲的捕蛇术使急于赚钱的儿子丧命，还是小镇神秘的分身术满足小职员的畸形性欲，都可以看出年轻的作者比之当年更为强烈的批判性，真正有所区别的在于黑色幽默或者是后现代手法的加入。如果说“80后”的乡土写作更多的是对传统的传承，回族女作家马金莲是萧红式的淡然生命书写，在她的小说里更多展现的是日常生活的恒久逻辑。在“80”后的成长史中，这种用散文诗化的方式书写乡村的确弥足珍贵。例如《1987年的浆水和酸菜》描述“一缸浆水的馨香滋养两个家庭的日子”，全文的关注点在于细腻展示酸菜和浆水季节里人们喜悦又略带涩味的生活，似乎人物名称都可以省略，而胀满一种氛围的营造。紧接着发表的《1985年的干粮》延续了马金莲“记录场景”的努力。马金莲的创作也许为“80后”提供了另外一种创作姿态：“我一直在努力还原一些场景。我怕生活的平淡和琐碎会湮没一些本质的东西。比如最终的死亡，作为生的最大困境，它就像一个无

①李德南：《在新的文学机制和时间境域中诞生——“分化时代”的“80后”小说》，载《山花》2014年第3期。

法绕开的盛大的节日，横亘在我们必须经过的地方。”[①]我们完全可以进一步设想，从风俗批判到现代性和后现代的悖论，最后回归对于人的生命的哲学思考，这种扭结在一起的螺旋式发展前行的道路，也许是“80后”乡土叙事未来的方向。

三、“剩女时代”的救赎

社会史、文学史均曾留下了一个强大的集体记忆。20世纪以来，女性的命运瞬间定格于激荡民族经历与文化变迁当中，两千多年失语沉默在历史熔岩之中的女性纷纷喷涌而出，暴露于地表，逐渐踏上了浑浊而蜿蜒向前的道路。整个新时期，女作家的写作贡献以及女性文学书写的独特价值也是有目共睹的。总的来说，是从思潮暗合到“女性意识”凸显和“角色差异”明晰的集体性成熟。“80后”的女性写作特色依然强烈，其表征不仅在于大批女作家斐然的创作成绩，更重要的是，她们所表述的正是女性写作在进入多元、自由的境界之后的文学形态。甚至越来越多的女作家暂时脱离了封闭的女性经验，而走向解剖社会肌理的宏伟写作计划。如蔡东、文珍、孟小书都是这方面的杰出代表。当然更多的女作家坚持女性立场，特别是“80后”女性在“剩女时代”的独立奋斗与个性坚守，形成社会结构层次渐变之中的思索。

曾经的“新概念”大赛一等奖获得者马小淘，其青春写作从开始就是极富有张力的，她塑造“大龄待嫁”系列女性小说的特殊之处，在于以幽默调侃、轻松机智的语言风格反讽悖论式地解构女性人生奋斗的悲剧。在青春写作一片精致而感伤、细密而阴郁的抒情语言体系中，马小淘具有挑战性的京味儿、东北味儿甚至带有油滑味儿的女性宣言可以带来愉悦的阅读感受。诚如批评家杨庆祥所说：“这种语言风格表现为一种口语式的狂欢，一种完全不经书面转化的口语在作品中被大量铺陈，它们最后甚至不仅仅是塑造了人物，而是直接构成一种审美性。”[②]《章某某》里的女主

①马金莲：《<怒江东流去>创作谈》，载《民族文学》2014年第11期。

②杨庆祥：《日常书写的直接性》，载《文艺报》2013年4月19日，第2版。

人公章海妍是一个无法固定名讳的青年，但与阿Q的名讳困惑不同，这位是主动更名的，而且是频率极高的改换名字，以至于同学们只好叫她“章某某”。每一次的更名是一次失败的结果，也是一种奋斗没落的心态。幼年曾经是小地方的童星，来到北京后却发现不过是表现平平的笑柄。章某某始终积极地耕耘，然而一次次的挫败却逐渐将她的勇气跌倒谷底。“土鳖”章某某在经历了几次恋爱失败之后决定嫁给一个矮个子的有钱人，小说家在章某某和舍友吃饭过程中安排一次近乎神经质“吐槽”的独白：“我这样的笨蛋，不找个有钱人，难道要连滚带爬独自走完整个人生吗？你知道毕业五年多我换了多少工作？我录过彩铃，剪过片子，最热的天跑人不愿意跑的采访，又怎么样呢？还是连个主持人也当不上！勤学苦练，天道酬勤，我信了快三十年，再信就信死了！你大学天天吃饭睡觉打豆豆，我唱念做打快累成狗，然后呢？……我怎么办？一辈子卧薪尝胆吗？没有好爹，也没有好脸，难道就一直那么愚蠢地努力？十多年了，从进学校大门，我按部就班规划我的人生，我想稳扎稳打，但是哪怕一个短期目标也没有实现过。命运把我按到阴沟里，不许我张扬。我必须任命了。没有在早晨一块钱把菠菜卖掉，如今中午了还不八毛出手，难道要等到晚上五毛处理掉吗？那个时候别提什么好看不好看，穷不穷，恐怕要求对方未婚都没那么容易了。这是我最后的机会。”①马小淘的“狂欢”语言往往在女性精神压抑的转捩点上发挥了功能性，再如《两次别离》里的谢点点经历了未婚夫忽然失踪，长久以来在感情的天平上捉着迷藏，却一吐对日常生活的臣服：“我从没预备跟谁殉情，不化蝶，不喝药，我要的就是家长里短的日子，一地鸡毛。再说我要是想谈一次惊天地泣鬼神的也没必要跟你，你开始伪装得多好，一副老实巴交居家男的模样。我是为了脚踏实地才跟你好的，谁知道你还真是个过山车，我都没反应过来就被甩到天上转晕了。下边还全是看客。”②可以说，在马小淘的“待嫁”小说中自信与觉醒、失落与屈服是相生相伴的，在为“剩女”准备的舞台上，她们艰辛的独白化为“看客”一笑，但历历在目的日常生活窠臼下，也许我们还

①马小淘：《章某某》，载《收获》2014年第5期，第117页。

②马小淘：《两次别离》，载《创作与评论》2014年第4期，第9页。

是应该鼓励作家这种不曾浇灭了热情的女性写作，或者说是在笑容背后沉痛的反讽写作。至于说如何在更为深刻与沉重的氛围里，完成女性清醒的自观和检视，从而使青春俏皮写作升华为小说荒诞与戏谑的审美形态，这是马小淘始终需要面对的问题。进一步说，是以解构/反叛模型出现的“80后”新女性社会实践和文本实践的方向追求。

马小淘小说中女主人公歇斯底里的呐喊，可以让我们思考一个更为深刻的问题，那就是女性文本或曰女性生命在经历了欲望本能禁锢的解放后，她们从白日梦里惊醒，将怎样化美丽为油盐，转他赏、自赏为自立、自存。如果说在“伤痕文学”或者是20世纪90年代的女性文本中欲望/革命这一组命题还构成为女性命名和建构的主体意义，那么在商品市场经济逐步深入，女性职场“汪洋恣肆”、女性舞台灯光璀璨的今天，欲望的革命释放模式显然已经悄然远离。女性的“性别疼痛”更多不是来源于道德羁绊、私人话语局促等方面，而是真正地融入了更为广阔的社会空间。周李立的短篇小说《更衣》是今年女性写作的一篇上乘之作：“蒋小艾与健身房打交道的历史，倒有点像她的约会史——第一次通常也是最后一次。尽管她相信运动和爱情这两件事都有益无害，但她又总是高估了自己愿意为其付出的努力——因为舍不得孩子，自然也套不住狼。天长日久，蒋小艾就这样成为一个既缺乏运动又没有爱情的姑娘。”[①]这是一个典型的“剩女”题材小说，作家的高超之处却在于小说中没有故事叙述，而是全景以身体的自省为寓言。蒋小艾在健身房里丢失了更衣柜钥匙，裸露的身体是在生活里卑微的自尊象征。1928年丁玲的成名作《莎菲女士的日记》曾经提出过女性如何在男性魅影之下求存求独立的问题，莎菲的大胆暴露隐私和批判女性依附的精神却最终如莎菲的肺病和放纵那样归于彷徨，这是五四小资产阶级知识分子的悲歌。蒋小艾的选择问题如莎菲一样，她在情感生命的困顿中有着强烈的求爱欲望，就在衣服被锁的尴尬时刻，衣柜里响起相亲对象来电的手机铃声，虽然是五分钟相亲会招来的泛泛之交，但这个铃声却足以使一个“单身滞销品”无法沉着。莎菲的生活是“为了一种纠缠而去，但又遭逢着另一种纠缠”，时光荏苒，蒋小艾发出了自立

①周李立：《更衣》，载《小说选刊》2014年第9期，第46页。

的疑问并且在生活中能够独当一面。当年丁玲借莎菲之口道出了“虽然是一件小事，却真实的哭过”。蒋小艾在“剩女时代”里却彻底丧失了生活的热情，她没有哭，所以在小说最后蒋小艾在女工们愕然的眼光中心满意足走了出去。此外，《更衣》给蒋小艾设置了一个象征性的职业——模特公司设计师。她的工作是每天在一堆残缺的身体和残腿断臂中调色，以使得塑料模特的肤色适合服装的展示。女性小说固有一种模式，就是以身体的自述来完成心灵的自述，然而莎菲自述凌厉，蒋小艾的“自述”却是一种麻木和失语，这个丢失了心灵的女性将走向何方？小说写道：“她对着一个虚无的方向，喃喃地说着她的恳求。她看见，面前出现了一条秘密通道，黑暗而隐秘，她一点也不惊讶，她想也许该朝这个方向逃出去，只要逃出去了，她会从这个世界上消失。她对这世上所有的一切都厌倦得要死，那只不过是些让她疲惫、让她难过、让她无可奈何的事情。”[①]五四时代近百年之后，再不是以呐喊的姿态让身体解放，而是在娜拉走后生存烦冗中的心灵自存，蒋小艾的虚空和逃离是女性性别解放道路已趋于平坦之后的一种存在之问。

有趣的是，还有许多的“80后”作家正面强攻女性一种近乎偏执的解放和无奈，诚如李晁本年度的长篇小说命名那样，回顾了“迷宫中的少女”成长心史。李晁的短篇小说《红果的夜晚》开始于28岁的红果的第n次人流手术，生命里的男人一个接一个，每一次都有决然的离开，每一次又留下了身体之伤。于一爽的《每个混蛋都很悲伤》以男性视角“我”讲述了和情人郭培死前的最后一次旅行，两人在中山陵骑行是对已经陷入僵局的情感的放纵。在我看来，小说的寓意不全在于软弱的男人混蛋的悲伤，而更在于郭培强攻情感后的“死亡”。孙频的中篇小说《自由故》则讲述了大龄女博士为了自由毅然放弃学位出走，然而出走只是一个苍凉的形式，是大众都懒得围观的自我表演。纵观小说中这种种解放的突兀与出走的悖论，文字救赎所提出的问题是尖锐的：首先，在时代脉搏的跳动下，经济飞速发展中，女性心理的平衡怎样保持；其次，在女性职场和事业场既然形成后怎样维持女性性别特征；最后，是女性独立意识唤醒之

①周李立：《更衣》，载《小说选刊》2014年第9期，第51页。

后，面对纷繁的两性情感变化，女性价值观的嬗变。“80后”的女性救赎文本有了更为深广的社会层面，这与这一代所面临的社会历史密切相关。然而，不得不承认，鲁迅当年提出的娜拉走后“回来”和“堕落”问题在小说叙事层面依然存在。只不过如今的“堕落”更多不是经济问题而是精神问题，我们只能寄希望于在未来的小说文本中，迷惘、无奈、悲观可以成为真正救赎方式的前奏。

（载《文艺争鸣》2015年6月号）

《炸裂志》：碎裂的历史主体及其当代境遇

陈国战

在很多方面，《炸裂志》都延续了阎连科以往小说的写作方法和风格。从题材方面看，这也不是他第一次触碰改革开放以来的这段历史，早在《受活》中，他就通过"正文+絮言"的结构形式，以及筹集"购列款"这样一个核心事件，将当代中国的"前30年"和"后30年"巧妙地扭结起来，并揭示出二者之间内在的连续性。到了《炸裂志》，阎连科则干脆舍弃了前者，着力对"后30年"的社会状况进行呈现。因此，我们可以将《炸裂志》看作《受活》去掉"絮言"后的扩写版，这不仅表现在两部作品的主人公柳鹰雀和孔明亮的形象高度相似，还表现在其中的很多情节都是互相重复的，构成了一种显而易见的互文关系。那么，在时隔十年以后再来重写"后30年"的历史时，《炸裂志》为我们勾勒出的历史面貌又有哪些变化呢？

在《受活》中，推动小说情节和历史向前发展的主体都是单一的——在"前30年"是革命意识形态的化身茅枝婆，在"后30年"则是发展主义话语的代表柳鹰雀。陈晓明似乎也注意到了这一点，他发现："阎连科小说叙事依靠人物性格的执拗来带动，在偏离常规中他们获得了一种自行其是的力量"，"其小说叙述的历史和现实完全由这个人物来发生和发动，这个人物决定了历史如此发生，以如此方式发生"。[①]的确如此，在各自的时段里，茅枝婆和柳鹰雀都是强大而单一的主体，他们不仅主导了小说的叙事，而且决定了"受活庄"的历史走向。但是，我们与其说这是源于

①陈晓明：《"震惊"与历史创伤的强度——阎连科小说叙事方法探讨》，载《当代作家评论》2013年第5期。

人物性格的“执拗”，不如将其看作阎连科对历史发展主导力量的概括。如果说这种概括对于革命意识形态单一主导的“前30年”来说还大致准确的话，那么对于“后30年”来说则显得过于简单化了。此时，随着社会思想的分化，虽然发展主义话语居于强势地位，但我们已经不能无视其他话语力量的存在，它们犬牙交错，相互借力又相互撕扯，共同推动着历史向前发展。

就此来说，《炸裂志》对“后30年”社会状况的描摹无疑更为细致而准确，它向我们呈现出：过去时代那个统一的历史主体已经四分五裂。正如作品中所写，这段历史开始于一个梦，“三番五次，都是那从监狱出来的人，要把他或她从梦中摇醒来，让他们赶快到街上笔直笔直地走”（第15页）[①]。这个把人们从梦中摇醒的人就是孔东德，他曾在“文革”中受苦受难，如今却成了新时代的昭告者和领路人。他告诉人们，原来那条道路已经走不通了，现在每个人都需要重新寻找自己的人生方向。但未来到底是个什么样，连这个“总设计师”自己也说不清楚，他只告诉人们，“一直前行，不回头，不旁顾，最先碰到啥，那啥儿就是他的命道或预兆”（第15页）。于是，正如作品的名字所隐喻的，在新的历史时期，过去那个完整统一的历史主体已经彻底“炸裂”，这在作品中形象地表现为，孔东德的四个儿子分别向东、西、南、北四个方向走去，而他们的不同命运也代表着四种话语力量在我们当前社会中的境遇。

一、老大孔明光：知识分子话语

在“走梦”那一夜，老大孔明光捡到的是粉笔头，这似乎注定了他一生都与教书育人的事业分不开。在作品中，孔明光是知识分子的代表，他软弱又故作清高的性格体现了阎连科对当代知识分子集体人格的认知和批判，而他在炸裂由村到超级大都市的发展过程中所扮演的角色，也对应着知识分子话语在“后30年”的境遇流变。

---

①阎连科：《炸裂志》，上海文艺出版社2013年版。以下引文仅标明页码，不再另外注释版本。

显然，不管是在小说中，还是在炸裂的发展中，孔明光都不是一个主要角色，他对炸裂的狂飙突进的影响是微乎其微的——不管是积极的还是消极的。虽然是长兄，但他却胆小怕事，在与二弟孔明亮的对比中处处落得下风。比如，在父亲要求四兄弟“出门走梦”时，四个人都没有动，直到父亲连说三遍，“老二孔明亮，才给老大明光闪去一道眼神儿，带着弟弟明耀和明辉，离开火盆、凳子、父母、壁虎和蜘蛛，朝门外试试探探走去了”（第13页）。从一开始，我们就可以看出他性格软弱，缺少主见。当得知弟弟将要与朱颖结婚时，他的第一反应是：“爹会同意吗？”而孔明亮的回答却是“我同意”（第86页）。通过这种对比，兄弟两人性格上的巨大反差暴露无遗，而这也注定了他后来要成为二弟的陪衬和帮手。

可以说，在孔明亮发迹早期，孔明光的笔杆子还是起了一定作用的。在老村长被痰液淹死后，他撰写了“充满激情、境界的追悼词”；在朱大民偷扒火车摔死后，他同样撰写了令人“振奋”的悼词；在孔明亮竞选村长时，他提前半个月就写好了演讲稿；而在他家中出现的用以欺世盗名的“先天下之忧而忧，后天下之乐而乐”的对联，也多半是出自他的手笔。可见，在炸裂的发展过程中，孔明光完全没有自己的立场和思考，完全听命于权力（孔明亮）的指使，扮演着随声附和的角色。更让人悲哀的是，在成为权力的附庸后，在说着那些连自己都不信的话时，他内心不仅没有任何矛盾和纠结，还常常为自己的辞藻之美而沾沾自喜，偶尔还会到权力那里邀功请赏。比如，在要求离婚时，他跪下来对弟弟说：“别忘了你当村长时，哥给你写过演说稿。你要把村改为镇子时，所有的材料都是哥替你起草写来的。哥给你写过的东西有几百、上千页，现在哥只要你还给我一页就行了。”（第150页）由此可以看出，虽然孔明光既没有阻挡也没有加速炸裂的发展和毁灭，但他却扮演了帮腔和抬轿的角色，并借此获得了权力的恩惠。

然而，在炸裂由村变为镇后，也就是在发展的观念已经深入人心、炸裂进入发展的快车道后，作为鼓吹者的孔明光也就失去了自己的作用。于是到后来，他明显被边缘化了，被甩到了炸裂发展的进程之外。此时，他的知识分子的假清高适时地发挥了心理调适作用，使他不仅没有感到不快和失落，而且甘之如饴地接受了自己的处境，甚至还由此获得了一种道德优越感。他口口声声地说自己对权力毫无兴趣："我只想从小学调到中学当老师，让别的老师都听我的课，都说我不仅有学问，课又讲得最好，我就知足了。"（第111页）从这番表白不难看出，他之所以不贪恋权力，与其说是因为清高，不如说是因为虚荣。

在离开权力之后，他开始不顾一切地追求私人生活的满足，即他所谓的爱情。为此，他抛弃了自己的妻子，离开了自己的家庭。在这样做时，他不仅没有丝毫愧疚，还为自己臆想出一个冠冕堂皇的理由——为了爱情，仿佛只有作为读书人的自己才懂得爱情，而其他凡夫俗子都不可理喻，无法沟通。可见，虽然孔明光没有读书人的气节，却处处想要拿捏出读书人的做派。这种做派是如此不堪一击，以至于连离婚这样的事情他都无法做主，不得不求助于权力的恩准。更加讽刺的是，他所谓的爱情也不过是一处精心设计的陷阱，他口中的"女皇"则是个妓女。透过他的"爱情"悲剧，我们可以再次看到他的软弱和迂腐。

在经历了"爱情"悲剧之后，孔明光开始专注于追求学术上的"清誉"。他不断强调，自己只想当个好老师，只想成为最有学问的教授，"可因为他想当个好老师，上边说这是至上境界了，就让他当了院长了"（第287页）。在这里，我们可以看到他的狡黠和虚伪之处：一方面，他假装清高，深谙布迪厄所说的文化场域的"赢者输"逻辑；另一方面，他又对权力欲拒还迎，欲罢不能。他一边口口声声地说自己"只想当教授"，一边又在尘土飞扬的工地上忙来忙去，享受着权力带来的满足。其中一个场景将他的虚伪和矫揉造作表现得淋漓尽致，可谓神来之笔：

> 明光是院长，负责这些事，就在工地上逮着一个司机骂，骂他开车太快，不仅把一车的玻璃颠碎了，而且还撞断了一颗小松树。"玻璃不知道疼，可树它知道疼痛的你不明白吗？"大哥对那头上流血的司机吼，"你看没看见树都流了血汁水，白花花的树杈就是它的断骨吗？"司机擦着头上的血，蹲在地上和孩子样。（第287页）

由于长期生活在自己假想的清高中，他甚至连自己都骗过去了，以至于看不到自己行为中明显的相互抵牾之处：为一棵受伤的小树心痛不已，却对头破血流的司机视而不见。最后，在想象和现实的严重分裂中，孔明光变得意志消沉，完全沉浸于鸡毛蒜皮的日常生活，对外部世界不闻不问，在整个炸裂都陷入疯狂和毁灭时，他却“正在照顾媳妇生孩子”。这种从历史进程中的主动撤离，也可看作对当代知识分子精神沦落的一种讽喻。

从总体上看，阎连科对孔明光形象的塑造，延续了他对当代知识分子的一贯失望，在孔明光变得意志消沉、从历史进程中撤离之后，他也不放过对当代知识分子的群体形象进行最后的挖苦。朱颖向她的学员面授机宜说：“天下男人最难应对的是那些当官的。而最好应对的，是那些读书读成教授、专家的人，哪怕你给他一个四十岁的徐娘他都会娇娇贵贵捧在手心里。”（第349页）与阎连科塑造的其他知识分子形象相比，孔明光的形象既有共性，又有差异。相同的是，他与《风雅颂》中的“杨科”、《四书》中的“作家”一样，都患有一种叫作“软膝盖”的通病，在面对强大的权力时，他们都一味地选择逃避和扭曲自己。不同的是，在这一过程中，“杨科”和“作家”并没有完全脱胎换骨，他们始终处于一种自我分裂状态，内心充满矛盾和挣扎；而孔明光则颇为心安理得，甚至沾沾自喜。如果说前者的矛盾和挣扎是他们的主体意识尚未完全泯灭的表征，那么，后者的心安理得和沾沾自喜则是他的主体意识从未生长出来的证明。因此，孔明光无疑是阎连科塑造出来的一个最让人感到悲观的知识分子形象，也是当代文学中的一个崭新形象。作为知识分子，他身上有种种先天不足，既没有接受过系统的传统教育，又没有接触过任何西方现代思想，只是粗通文墨，并带有农村教书匠式的自命清高。我们可以说，这是阎连科塑造出来的另一类“半吊子知识分子”形象，同时也可以认为这是他对当代知识分子的重新刻画和定位。而孔明光在炸裂发展过程中所扮演的角色，也隐喻了当代中国知识分子在“后30年”所走过的路程。

老二孔明亮：发展主义话语

在“走梦”时，孔明亮捡到的是一枚公章，这注定了他要成为炸裂的权力执掌者，主导炸裂的命运。显然，他是作家运用笔墨最多的一个人物，但同时也是最没有新意的一个人物。熟悉阎连科作品的人都知道，孔明亮与《受活》中的柳鹰雀、《坚硬如水》中的高爱军，甚至《四书》中的“孩子”都属于同一个人物形象序列，他们都具有政治狂人的典型特征：一方面绝顶聪明，深谙攫取权力的法门；另一方面又毫无道德感，为了满足自己的权力欲望可以不择手段。

对权力的渴望，成为主导孔明亮所有行动的唯一力量。还在当村长时，他就见识到了权力的美妙——不仅可以在其他村民面前一言九鼎、说一不二，而且可以主宰自然万物，花开花落。在后来竞选村长时，他又进一步认识到权力是有等级大小的，越大的权力就越迷人：“明明县长讲话时，台下鸦雀无声，寂静如死，到了镇长讲话时，台下虽然有了嗡啦嗡啦声，但讲什么还是可以让台下听个清楚的。可到了孔明亮，这声音就如波如涛了。”（第72页）正是这样的切身体验，促生了孔明亮对权力永不餍足的渴望。为了获取权力，他可以不择手段，在这点上，他和柳鹰雀的形象难分彼此——柳鹰雀可以号召全乡人给南阳商人下跪，可以命令村民在新加坡商人母亲的葬礼上当“孝子”；同样，孔明亮也可以和自己的仇人结婚，可以在县长面前长跪不起，可以下文件让炸裂人见到外国人都点头哈腰。可以说，他们的无耻和无赖凸显了当前这套发展主义话语和权力评价体系根本就没有道德维度，正所谓“不管黑猫白猫，抓住老鼠就是好猫”。

为了获取权力，孔明亮懂得要投其所好。他一开始就注意到，“政府下了文，要培养和树立‘万元户’。要让一部分人率先富起来”（第21页）。于是，他就通过偷扒火车成为村里的第一个万元户，并被评为县里的致富模范，可谓名利双收。这让他第一次尝到了甜头，也让他领悟到发展经济与攫取权力之间的紧密联系。他模糊地意识到，发展经济已经成为权力合法性的唯一来源。因此，要想获得更大的权力，就必须不择手段地发展经济。于是，他后来的权力升迁过程，也就与炸裂的经济发展步调完全一致，同时也与“后30年”的社会进程存在隐秘的对应关系——当村长时培养“万元户”，当镇长时发展乡镇企业，当县长时招商引资，当市长时进行城市改造。在他无限膨胀的权力欲望的带动下，炸裂进入了一个不断加速的发展轨道。由于各级官员的升迁都依赖于经济发展的成效，所以他们不仅无视下属的瞒和骗，而且还有意纵容，甚至暗中支持。于是，发展主义话语就失去了任何钳制，它畅通无阻，带动着炸裂不断向前猛冲直撞。需要指出的是，不管是孔明亮还是各级官员，虽然都不遗余力地发展经济，但他们并不是出于对这套发展主义话语的认同和信奉，而完全是出于自私的投机目的，完全是为了迎合权力之需以赢得权力的青睐。

在这里，我们可以看到孔明亮的聪明之处，他对中国式权力的运行之道似乎有种天生的领悟力。与《受活》中的柳鹰雀相比，他简直无师自通。柳鹰雀从小就生活在社会主义教育学校，成天耳濡目染的都是红色教育；他的养父又一直把他当成革命接班人来培养，向他密授了许多权力运行的机宜。这使他既具有革命家的理想情怀，又精明务实，善于弄权。孔明亮虽然没有这些优越条件，但他却凭借过人的聪明，同样达到了对于中国式权力的深刻领悟。

他一方面主动迎合权力的需要，大力发展经济；另一方面也不忘征用依然没有完全失效的革命遗产。在朱大民偷扒火车摔死后，面对他哭天抢地的父母，孔明亮做出的第一个安抚措施就是按“烈士”厚葬他，买“最大最厚的纪念碑”。在革命年代，这无疑是对牺牲者的最大补偿和回馈，然而此时它却失去了曾有的荣光和效用，朱大民的父母并不买账：“人们拦着他们老夫老妻俩，说死了就死了，也是烈士呢。可他们，不听这些话，又要朝那担架上冲，纠缠不断，哭唤声扯天闹地。”（第30页）于是，孔明亮临时又做出了第二个决定——免费给他们家盖房，并把他们的孙子养到十八岁。此时，“两个老人脸上便由悲渐喜了，笑像日出一样挂在他们脸上了”（第31页）。在这里，他利用将“烈士”称号和现实利益打包发放的方式，成功化解了一场可能威胁发展主义话语合法性的危机。但显而易见的是，此时真正发挥作用的已不再是革命嘉奖，而是现实利益。

孔明亮还发现，尽管革命话语已经失去了对于大众的感召力，但它仍然潜藏在中国式权力运行的深层底里，一个人要想获取权力，就不能无视它的存在。比如，革命话语中的牺牲精神和受虐逻辑就一直延续至今——仿佛一个人越是自戕自残，就越是品德高尚，越具有执掌权力的资格。在全村人都住上新房时，孔明亮家还住着新中国成立前盖的草屋子，这让前来参观的县长大为感动，立即决定要提拔他当乡长。显然，孔明亮之所以如此作秀，就是因为他参透了这种受虐逻辑。此后，他不断故伎重演，屡试不爽：在父亲去世时，他“舍小家顾大家”，又一次博得了权力的青睐。在成为市长后，他告诫家人：“我就是当了皇帝你们也别搬，让全国人都到这家里看一看，就知道我的圣洁和我们孔家的圣洁了。”（第273页）即使已经奄奄一息了，他也不放过最后一次作秀机会，蘸着自己的血渍写下：“我的人民，我对不起你们了。”（第368页）

其实，在当代文学中，这种深谙权力的受虐逻辑的人物并不少见。比如，阎连科《四书》中的“孩子”就有明显的受虐冲动，每当他发号施令遇阻时，就会请求对方把自己给杀了，最后，他也真的亲手把自己钉上了十字架。此外，在李锐的小说《北京有个金太阳》中，张仲银为了成为英雄，也主动把自己送进了监狱。从这些人物身上可以看出，长期的革命英雄主义教育不仅培养出一种牺牲冲动，而且造就了一种受虐逻辑，仿佛一个人越受虐，也就越崇高。孔明亮深谙此道，这也是他不断获得升迁的法宝。

老三孔明耀：国家主义话语

在《炸裂志》中，老三孔明耀的形象是最为复杂的，也是最为新鲜的。当初，他出门后遇到的是军车，于是后来就参军入伍了。在塑造孔明耀的形象时，阎连科调用了他军旅生活的经验。在作品中，他代表的是国家主义话语及其背后的暴力机器，他与二哥孔明亮共同主导了炸裂的发展，这也对应着发展主义和国家主义在“后30年”的强势话语地位，而他们之间的合作、矛盾和最终的分裂，也揭示了这两种话语之间相互借力又内在分裂的复杂关系。

虽然孔明亮代表的发展主义话语一直处于强势地位，但它也有遇到阻力的时候，每到此时，他就不得不求助于孔明耀出面解围。比如，在竞选村长时，尽管他已经放下身段，挨家挨户去拜票，但依然无法扭转败局。无奈之下，他就给部队里的弟弟发了一封电报，于是孔明耀就带着枪回到村里，用威吓的方式为哥哥站台。在冲击超级大都市时，为了在七天之内建成亚洲最大的机场和一百公里地铁线，孔明亮又不得不求助于孔明耀，这一次，三弟再次展现出神奇的力量，让他既惊又惧。可见，虽然发展主义话语一直处于前台，但在关键时刻，国家主义话语背后的暴力工具还是发挥了决定性的作用。它具有军事化的组织形式，在暗中为发展主义保驾护航，使之得以顺利推进。反过来看，孔明耀的崛起也与孔明亮的支持密不可分，退伍回家后，正是借助二哥手中的权力，他才成立了矿业总公司，聚敛了大量财富；正是凭借这些财富，他才得以实现自己的军事野心。由此可见，在炸裂发展的早期，兄弟两人是相互借力、相互配合的。

然而，在炸裂由县升市时，他们之间的矛盾爆发了。为了吸引外资，县长孔明亮下令让所有炸裂人见到外国人必须鞠躬并让路。此令一出，立即让孔明耀怒不可遏，他冲到孔明亮的办公室，一把抓住他的衣领说："你这是叛徒、汉奸、奴相你知道不知道？！"而孔明亮也理直气壮，毫不示弱，他朝弟弟脸上掴了一耳光说："经济是第一大事你懂不懂？"（第250页）至此，兄弟两人的分歧彻底暴露出来。表面上看，他们之间的分歧源于发展理念上的差异，正如有论者指出的："孔明耀是军人出身，有着强烈的家国情怀，深受1840年以来国家仇恨和民族仇恨的影响，念念不忘世界革命，妄想解决全世界的问题"，"孔氏兄弟的冲突，彰显着一种政治强人和经济强人的冲突，意味着一种革命思维和发展思维的冲突"。[①]然而，深入分析作品我们会发现，这种认识是表面化的，他们之间的冲突与其说源于不同的发展理念，不如说源于对最高权力的争夺。

①李杰俊：《"正史"、"秘史"和"心史"——阎连科〈炸裂志〉印象》，载《海南师范大学学报》（社会科学版）2014年第1期。

与孔明亮一样，孔明耀也有旺盛的权力欲望。在部队多年，他始终得不到升迁，这种长期沉沦下僚的压抑使他的权力欲、控制欲、指挥欲逆势生长。在获得一百万元家产后，这种压抑变得松动了，他的各种欲望也开始蠢蠢欲动起来："想到他已经有了一百万元的钱，都想朝谁的脸上撒泡尿，再用那钱去把他脸上擦一擦。"（第210页）正是凭借手中的钱，他实现了对战友的拉拢和控制，退伍前夕，"战友们问他还想做什么？他说他们几个是红军，你们几个是蓝军，都听我指挥，我们进行一次红蓝对抗大演习"（第213页），在此，他的权力欲望昭然若揭。通过这次经历，他意识到原来金钱和权力之间是可以兑换的，而且汇率很低。他之所以执意要退伍，表面看来是因为对葛粉香念念不忘，其实也是因为对更大权力的欲望。他不断重复说："我发现钱能办成世界上所有的事"，"花这么一点钱，竟能办出这么大的事。那若是花掉百万、上千万能办出怎样的事情呢？"（第219页）可以说，他选择退伍是为了挣钱，而挣钱又是为了获取权力，以检验自己到底"能办出怎样的事情"。

在退伍以后，他立即就后悔了。这是因为美国轰炸了中国大使馆，他预感到战争就要爆发了，"我当兵多少年，等的就是这一天"，"我咋就在这个时候退伍呢"（第222页）。但是，我们与其说这是一种报国冲动，不如说是他意识到自己错失了一条实现权力欲望的捷径，即立军功。只是因为长期浸染在部队，他早就学会了用一套宏大的国家主义话语将自己的权力欲望掩盖起来。有论者提出："在退伍回家得知大使馆被炸后，孔明耀却立刻变得高度爱国，'摇身一变'成为'天下兴亡匹夫有责'的极端爱国者，甚至最终豁出性命、率领私人军队和炸裂人去攻打外国。孔明耀的形象前后反差很大，令人难以信服；至少说，孔明耀转变得太生硬，缺乏铺垫。"[①]在我看来，这种解读也是被孔明耀冠冕堂皇的说辞欺骗了。从权力欲望的角度看，孔明耀的形象不仅没有前后反差，还非常一致，只不过先前他寄望于通过金钱来兑换权力，后来则转而依赖于国家主义话语。就像孔明亮对于发展主义话语既说不上认同也说不上反对一样，

①杨剑龙、王童、陈蘅瑾：《一部城市化批判的仓促之作——阎连科〈炸裂志〉三人谈》，载《海南师范大学学报》（社会科学版）2014年第1期。

孔明耀对国家主义话语的使用也是工具性的、策略性的。

这套国家主义话语不仅延续了冷战时期的意识形态，将世界划分为对立的两大阵营，而且继承了解放全人类的历史遗志。让孔明耀感到失落的是，在当前这个后革命时期，国家主义话语已经完全失去了感召力：

> 明耀说："要打仗你去当兵吗？"
>
> 那人说："日子比以前好得多，我家也盖瓦房了。"
>
> ……
>
> ——"你知道我们大使馆被美国炸了吗？"
>
> ——"运一车砖就等于种了一月地，"那人笑着说，"国家富了，真的不是以前那个国家了。"
>
> ——"要招你去当兵你去吗？"
>
> ——"我小学没毕业，只能干这出力讨苦的活。"（第223页）

可以看出，孔明耀与路人的对话完全是错位的，这种设置在《炸裂志》以及阎连科的其他作品（如《风雅颂》）中大量存在。它常常用来表明对话双方各怀鬼胎，无法沟通。但在这里，它却表明国家主义话语已经彻底失去了与人们日常生活之间的联系，失去了曾经有过的感召力。在其他人眼中，孔明耀无异于得了"精神病"，显然，他后来之所以能够一呼百应，建立起一支私人军队，也不是因为人们认同他的理念，而是因为他拥有大量财富，这似乎也再次印证了他当初发现的一个"真理"——"钱能办成世界上所有的事"。

由于孔明耀长期生活在自己编织的意识形态空话中——正如他长期把自己关闭在"军事沙盘室"中，最后他可能已经弄假成真，把自己给欺骗了。"权"令智昏，随着权力的膨胀，他油然生出一种"大救星"意识，在他看来，自己比二哥更有资格成为炸裂乃至世界的领导者——在当初发现二哥偷读《肉蒲团》时，"他就有些瞧不起二哥了，有些为自己的未来满身力气了"（第233页）；后来他又试探二哥说："你真的把炸裂变为超级大都市后没有更大的想法吗？"（第337页）可以认为，此时他已经下定决心要取而代之了。在他看来，自己不仅更有道德优势（革命禁欲主义），而且更有远大抱负，因此，更有资格成为炸裂的领导者。由此可见，他们兄弟两人之间的冲突既不是什么“政治强人”和“经济强人”的冲突，也不是所谓“革命思维”和“发展思维”的冲突，而是一种对于最高领导权的争夺，只不过，他们用来为自己的权力欲望做掩饰的，一个是发展主义，一个是国家主义。

老四孔明辉：从人性话语到宿命论

孔明辉起先认为自己遇到的是一只猫，后来又发现是一本老皇历，这种从猫到老皇历的转变也是意味深长的，它代表着孔明辉从人性话语向宿命论的撤退。在四兄弟中，他是唯一的正面形象，始终处在炸裂发展的进程之外，从人性角度对之进行反思，并力图挽救它的毁亡。然而，正像他的象征物“猫”所隐喻的那样，他也是四兄弟中最为软弱和无力的，根本无法阻挡炸裂像一辆疯狂的列车一样驶向深渊。最后，他自感无望，心灰意冷，走向宿命论，寄望于从老皇历上得到启示和指导。

面对其他人熊熊燃烧的欲望，孔明辉本能地感到恐怖和忧虑。在他身上，我们可以看到对传统伦理亲情的坚守：在其他人都忙于争权夺利时，他自愿留下来照顾母亲；在家庭将要分崩离析时，他又忙于调停家庭成员之间的矛盾。同时，在他身上我们又能看到几分宗教色彩，尤其是最后他在月光下翻查历书的情景，就颇类似于一种宗教圣境。然而，他用以反思炸裂发展进程的思想资源，却既非传统的，也非宗教的，而是出于一种朴素的人性，也就是说，他之所以感到炸裂的发展是不正常的，完全出自一种良心的自觉。

正因为如此，他的反思也显得空洞而乏力——既缺少坚持自我的信念，又没能为炸裂的发展指出一条可能的出路。在作品中，他空有一腔善良的愿望，既没有力量也没有主见，比如，“他不明白二哥当村长和他读书有何样的葛连和纠缠，和大哥教书有何样的葛连和纠缠。但他明白那是父亲最求望的一桩事，也是二哥最甘愿兴致的一桩事。也就跟着父亲、哥们拉着一车票礼到这刘家沟和张家岭之间的分水梁道上”（第56页）。尽管他直观地感到送“票礼”是不好的，但因为这是父亲和二哥的意愿，也就默不作声、随波逐流了。后来，虽然他也积极地辗转于各个家庭成员之间，试图挽救家庭的四分五裂和炸裂的土崩瓦解，但这也完全是听命于历书的指导，丝毫没有主体意识。正是这种软弱的性格，使他根本无法发挥任何牵制作用，最后不得不在绝望中走向宿命论。

与阎连科的其他几部作品相比，在探索希望的道路上，《炸裂志》是最让人感到悲观的。在《受活》中，当受活人在社会中碰得头破血流时，他们看到更多的人正往大山更深处搬迁，这似乎给人指明了一条出路（尽管这种出路的可行性是非常可疑的），即逃离现代性进程，回到桃花源式的自然状态。在《四书》中，当几乎所有人都在极端环境中放弃思考和尊严时，还有一个“学者”保持着清醒和独立，给社会和人性都留下了些微希望。到了《炸裂志》，除了毁灭，我们已经看不到其他更好的结局了，正如阎连科自己所说：借助孔明辉的形象，“我想这是表达回归的某种可能性，但也可能是最后的挽歌。小说最后的可能是回归的不可能。不仅是人心回归的不可能，甚至成为超级大都市的炸裂最后也成了一座荒城”[①]。与孔明辉的形象一致，《炸裂志》本身似乎也带有一种历史宿命论和循环论色彩，从而弱化了它的社会批判力度。

朱颖：历史仇恨的幽灵

在四兄弟之外，朱颖无疑是最为重要的一个人物。当初她出门就遇到了孔明亮，这也注定了他们之间难分难解的关系。如果说孔明亮、孔明耀的所有行动都是为了获取权力，那么，朱颖的原初动力则是复仇。只不过，在后来无休止的报复与反报复中，恐怕连她自己也无法说清自己的疯狂举动到底是出于复仇，还是爱情或控制欲了。

进入新时期以后，国家层面的历史反思和罪责清理并未充分展开，这就给个体间的相互报复留下了空间，历史仇恨并没有因为有意搁置而被化

①石剑锋：《阎连科谈〈炸裂志〉》，载《上海书评》2013年9月25日。

解掉，而是像幽灵一样纠缠着从历史中蹒跚走出的人们，并一直挥之不去。在成为村里的第一个“万元户”后，孔明亮首先做的就是复仇，他不仅取代了村长朱庆方的位置，还怂恿村民对他进行肆无忌惮的羞辱。在孔家的仇恨终于得到发泄之后，朱颖心中的仇恨也就从此生根了。于是，她先是不择手段地取得金钱，再利用自己手中的女性向孔家展开了疯狂的报复——派小保姆引诱孔明光，使其夫妻离异，父子反目；引诱孔明耀退伍，并试图控制他，以达到牵制孔明亮的目的；羞辱孔东德，让他以最为人所不齿的方式死去。在把孔家搞得鸡飞狗跳、人仰马翻的同时，她还试图通过婚姻的形式长期控制孔明亮，并借此夺回父亲失去的权力。

在孔东德死后，朱颖的仇恨暂时得到了纾解，她对孔明亮说：“我该做的事情做完了。剩下的就是要好好地做你的女人了，要让你顺顺利利当上县长了。”（第192页）然而，正如阿伦特所说：“报复是以反作用的方式对最初过失所施的行动，由此人们不但没有结束第一次错误行为的后果，反而被这个过程所缚，使得包含在每个行动中的反作用链一环接一环地无休止进行下去。”[①]在朱颖放下仇恨的同时，孔明亮的仇恨却燃烧起来，他先是提出和朱颖离婚，后又带人砸了朱颖的“天外天”。于是，正应了阿伦特所说，报复“一环接一环地无休止进行下去”了。在炸裂由村到超级大都市的发展线索之外，朱颖和孔明亮之间的报复与反报复，也构成了《炸裂志》的另一条更为隐秘的线索。

在朱颖那里，复仇和夺权是难分难解的，她之所以对孔明亮死死不放，一方面是出于复仇的目的，正所谓“欲使一个人灭亡，必先使其疯狂”；另一方面也是希望借他的手执掌炸裂的最高权力。有人认为：“炸裂村的原始积累起源于‘男盗女娼’，‘性’力量几乎扮演着炸裂村发展的决定力量，这是炸裂村发展的‘秘史’。”其实不然，就像发展主义之于孔明亮、国家主义之于孔明耀一样，“性”在朱颖那里也完全是工具性的，它服务于仇恨和权力。正因为如此，她才可以随时让“性”掉头转向：一会儿反对炸裂升级为超级大都市，一会儿又支持它。因此，不是

①〔美〕汉娜·阿伦特：《人的境况》，王寅丽译，上海人民出版社2009年版，第187页。

性，而权力才是炸裂发展的决定力量。

在《炸裂志》中，我们看到的是一群没有任何信仰的人物，他们唯一膜拜的就是权力，几乎所有人的活动都是围绕权力展开的。比如，孔东德喜欢吃公章形状的饺子；老大媳妇离婚和复婚时心里盘算的都是与权力沾亲带故的关系；等等。朱颖曾不止一次对孔明耀说："你我和你二哥我们仨，如果能捆到一块儿我们能做成天大的事。"事实也是如此，孔明亮的发展主义、孔明耀的国家主义，加上朱颖手中的"性"，构成了炸裂发展的三股邪恶动力，但由于三个人觊觎的都是最高权力，再加上历史仇恨的纠缠，所以他们之间的联合注定不会长久。

结　语

总之，与《受活》中的单一主体相比，《炸裂志》对"后30年"社会状况的描摹无疑更为复杂，也更为准确。它向我们表明：虽然孔明亮所代表的发展主义话语一直处于强势地位，但它并非没有潜在的竞争对手，即孔明耀所代表的国家主义话语；这两种话语既相互借力，又存在内在的分裂；同时，它们又殊途同归，最后都将把我们引向毁灭。更为重要的是，《炸裂志》还向我们揭示出：在后革命时期，历史仇恨并没有因为有意搁置而烟消云散，它既与主导话语相互拆台，相互掣肘，又为历史发展注入了一股邪恶的动力，使它向着毁灭开去。于是，在失去遏制的权力欲望和没有化解的历史仇恨的共同作用下，过去那个完整统一的历史主体彻底"炸裂"了，这个主体既指革命时期那个统一的"大我"，同时也指我们的传统文化——小说中人物的姓氏孔、朱、程很容易让人联想到孔孟之道、程朱理学。因此，炸裂最后变成一片废墟，既是发展主义话语的破产，也隐喻着我们精神世界的彻底溃败。

对于当代社会的发展趋势，阎连科在《炸裂志》中表现出一如既往的悲观，甚至变得更加绝望。然而，与《受活》的不同之处在于，《炸裂志》并没有停留于抽象的人性批判或文明批判，而是把批判的目标指向了社会制度层面。在《受活》中，不管是茅枝婆坚持"退社"，还是最后人们迁往大山深处，都在向读者暗示：只有从现代性进程中撤出，才是问题的解决之道。因此，在这部作品中，“阎连科是在通过传统与文明这对范畴来解释自己的作品，以一种抽象的历史悲剧意识来取代自己作品具体而深刻的政治批判主题。这至少表明阎连科对《受活》的理解还在文明悲剧与政治悲剧之间摇摆，在具体的政治批判和抽象的现代文明批判之间摇摆”[①]。而读完《炸裂志》我们可以明显地感觉到：人性中的恶念是由社会制度安排激发出来的，正是没有道德感的权力评价体系，成就了没有道德感的发展；正是国家层面的历史和解的缺席，造成了个体之间没完没了的冤冤相报。

稍显遗憾的是，阎连科虽然准确地击中了当前社会的问题，但并没有让人看到未来的出路在哪儿。一方面，对于宗教救赎之道，阎连科是非常谨慎的，他曾经说过：“真正的精神是无家可归的，除非皈依宗教。因为我们——我自己又没有宗教，没有信仰，这就常常在作品中显示出精神的惶惑。”[②]另一方面，阎连科对回归传统的可能性也充满怀疑，他意识到，“在社会发展的洪流中，茅枝婆的力量是微不足道的，也是悲剧性的”[③]。于是，在认识到宗教救赎存在文化隔膜、回归传统又不再可能之后，作家陷入了无路可走的悲哀。在《炸裂志》的结尾处，孔明辉和其他幸存的家人相互搀扶着朝郊外坟地上哭去。显然，这很容易让人联想到上帝惩罚人类，以及挪亚方舟的故事。或许，既想要摆脱宗教思想资源，又未能找到其他出路，正是阎连科本人面临的困境和苦恼。于是，正如孔明辉一样，作家本人最后也掉入了历史宿命论和循环论的泥沼。

（载《文艺研究》2015年第2期）

---

①陶东风：《〈受活〉：当代中国政治寓言小说的杰作》，载《当代作家评论》2013年第5期。

②阎连科、梁鸿：《“发展主义”思维下的当代中国——阎连科访谈录》，载《文化纵横》2010年第1期。

③阎连科、梁鸿：《“发展主义”思维下的当代中国——阎连科访谈录》，载《文化纵横》2010年第1期。

现　　场

世纪的“野兽”

——由邓一光兼及一种新城市文学

杨庆祥

在近年来的文学写作中，城市文学以及相关讨论成为一个热点。这一方面固然有话题制造的学术驱动，同时却也是中国当代文学发展的一个必然课题。毋庸置疑，与20世纪30年代和80年代两次“城市化”相比，90年代以来的城市化进程无论是从广度和深度上都超越了前两者，中国的城市化正以其前所未有的庞大体量改变着中国人的物质景观和精神景观。在这个意义上，讨论城市文学以及相关的写作和审美就不得不置身于这样一种全面的历史化过程中，但遗憾的是，无论是作家还是批评家，似乎都过于执着于一种修辞学上的写作技艺，或者简单化为某一个具体城市的书写，比如讨论甚众的“北京书写”“上海书写”等等。这里面不仅有一种傲慢的大都市情结，同时也将城市文学降格为一种“广告式”的文化产业的一部分，对这些观念的无原则认同导致了一种空心化的城市写作：城市文学由此离我们越来越远而不是越来越近。

在我看来，要有效地讨论本世纪以来的城市写作，必须在方法和文本上进行双重的更新。一方面不能从既有的观念出发，尤其不能套用西方现代主义以来关于城市写作的种种概念和分析方法，而是要从中国城市写作的内里出发，梳理出城市写作的脉络和传承；另一方面，必须选择更有创造性的文本，这些文本在最大限度上凸显了当下城市写作的成就和问题，通过对这些文本的阐释和批评，我们能够抵达问题的核心。在这个意义上，我选择当代作家邓一光的作品来展开我的论述。因为邓一光恰好满足了我多方面的要求：他的作品不仅在题材的意义上展示了城市写作的特质，同时也在精神景深的层面开掘了当下城市写作的人性深度。更重要的是，他显示了非同一般的历史感，在这个历史感中，一种有意义的新城市文学正缓慢得以构建。

一、马和北极狼

在邓一光经典的短篇小说《深圳在北纬22° 27′ —22° 52′》中，出现了马和蝴蝶：

> 他最近一段时间连续做梦，这些梦奇异得很。他在梦中变成了“他”，变成了一匹马。“他”是黑色的马，皮毛发亮，四只雪花蹄，他记得一本书里管这样的马叫“夜照白”。
>
> 是的。他的确听见了自己的声音——不是咏叹调，也不是民谣，而是一声轻轻的马嘶。

不仅仅是梦见了马，更有意味的是，我们的男主角发现自己原来就是一匹马：他的声音，他的形体，他的精神状态。他不过是一匹穿着人的衣服的野马。男主角由此开始了其梦与醒的两重生活：在梦中，他是一匹无拘无束的马，可以在草原上尽情狂奔，只需要对自由和远方负责；而在白天，在被我们称之为现实的生活中，他是一个整天加班加点的监理师，他穿梭于工地和工地，对权力、监管和规训负责。

不止于一匹马，透过监理师的眼睛，邓一光同时告诉我们，还有像蝴蝶一样的女瑜伽师，像“一只展开双翅掠地而过的稻田苇莺”的男孩。当然，在另外一篇小说《北环路空无一人》中，还有对北极狼的想象：

> “要是我，我会离开这座城市，向北走，穿过巴丹吉林沙漠，曼达勒戈壁，沿着色楞格河走，绕过贝加尔湖，再向北，攀上西伯利亚高原，那就是梦中的宁静大地。”我说，“没错，路很远，有很多的冷气流，它们会让我显得很傻，但我会去那里，

找北极狼祖先。”

我们也许能从邓一光一贯的“浪漫风格”中去理解这种小说的设置，或者，在另一方面，这些带有奔跑、动感的动物形象也许可以解释邓一光对人性“飞翔”的理解：“飞翔的意象一直对人类产生着跨越生命形态的不安分的怂恿，它暗示人类有这样一种存在，即你可能不是你，你可能是别的什么，你可能是一切，或者一切都不是。”但这些还不能解释我对这部作品的热爱和惊艳，在我看来，“马”以及“蝴蝶”的出现是《深圳在北纬22° 27′ —22° 52′ 》中最具魔幻力的设置。他最终拯救并改造了这部小说，使其从一个阴暗压抑的日常故事变成了一个神奇的艺术品。是的，《深圳在北纬22° 27′ —22° 52′ 》不简单是一个故事，而是一件几近完美的艺术品。在一定意义上，如果我们对当代写作中那些灰头土脸的作品有了大量阅读的话，就会发现这一说法并不夸张。在这个意义上，用简单的暗喻（当然首先是暗喻）来阐释《深圳在北纬22° 27′ —22° 52′ 》中的马，远远不够。

1999年11月，当代最有创造力和想象力的法国哲学家阿兰·巴迪欧发表了一篇题名为《野兽》的演讲，阿兰·巴迪欧引用了俄国诗人曼德尔施塔姆的一首诗《世纪》中的句子：

> 我的世纪，我的野兽，谁能
> 直接穿透你的眼眸
> 谁又能用自己黏稠的鲜血
> 黏接两个世纪的脊梁?
> 建设者的血液汹涌流淌
> 在世间万物的喉管中
> 而唯有寄生虫们
> 在崭新岁月的世纪中颤抖

巴迪欧认为这里的野兽代表了某种意志的力量——既有人的意志同时

又有历史的意志。而这首诗，巴迪欧认为，正是这两种意志的博弈在文本中的呈现。曼德尔的“野兽”如果还过于抽象的话，那么我们也许可以想到一些更具体的文学史先例。在里尔克的《豹》中，被困在囚笼里的豹子焦灼同时也无力地观看这个世界，而布莱克的金黄的老虎则在一片炫目的色盲中失去了观察的能力。回到邓一光这里，在《狼行成双》这部短篇小说中，野兽其实已经耗尽了它最后的浪漫主义和感伤主义，“野兽—人”的二元对立的观看模式也已经被悄悄置换，在《深圳在北纬22° 27′ —22° 52′ 》中，马和人已经完全合体，野兽的观看方式已经内化为人物自身的观看方式。这正是我要提醒读者的地方，如果从曼塔尔和巴迪欧的谱系中来推演的话，《深圳在北纬22° 27′ —22° 52′ 》中的马和蝴蝶虽然没有豹、老虎、北极狼那样具有野兽的狰狞特征，但是它却同样属于“意志”的谱系——人永远是具有自由意志的野兽——无论在任何情况下，他们都有一种奋力挣脱此在意志的束缚，以实现其哪怕是有限得可怜的自由。在这个意义上，马、蝴蝶在这篇小说中不是简单的象征系统或者隐喻系统，它是一种生产小说的方式，它完全具有本体性的地位。我不知道邓一光是否意识到了这一点，但毫无疑问，这是中国当代短篇写作中一个极有创造力的开始。《深圳在北纬22° 27′ —22° 52′ 》由此具有如曼德尔施塔姆的《世纪》一诗所具有的生产性：它重新生产了当代中国人想象自我的方式。这一点至关重要，因为一种现代写作如果没有关于人的新的想象方式的出现，基本上就是失败的写作。具体来说，这种生产方式在《深圳在北纬22° 27′ —22° 52′ 》中就是：我们只能而且必须通过野兽来想象自我。

如果说马、蝴蝶和北极狼代表了如巴迪欧所言的自由意志，那么，一个问题是，这种自由意志从哪里来？卡夫卡的经典小说《变形记》暗示了这一点，自由意志只可能在一个现代的框架中才有可能产生：一方面现代生产出了完全竞争意义上的个人和个人主义，而另一方面，现代的社会结构又以不可抗拒的力量来泯灭这种个人和个体主义。这就是两种意志之间的矛盾和张力。与卡夫卡不同的是，《深圳在北纬22° 27′ —22° 52′ 》中的主体并没有直接变成另外一种生物，它可以说是《变形记》的前史：

因为还差那么一点点，变形就没有彻底发生。我觉得这正是邓一光的独特之处，正是这相差的“一点点”，构成了邓一光和卡夫卡的区别。其区别在于，卡夫卡是用一种非常抽象的方式来展示其对现代性的彻底绝望，而邓一光，还没有绝望到这个程度，因为在现代性的展开之际，对于深圳——同时也对于中国来说——现代性呈现出了更多重的面孔：既有创造的力量，也有异化的悲剧；既有一切消失的恐慌，也有再造一切的激动；既有旧的主体的迷惘、失措和逃避，但同时又有新主体的新生、成长和对世界的渴望。这一切，让邓一光的书写和自我建构呈现出异常复杂的状貌。

二、深圳书写的假面

我们只能通过野兽来想象自我。这意味着，我们时代的自我认知出现了大问题。这一点，正是邓一光写作的起源学。在《当我们谈论深圳文学时，我们在谈论什么》这篇文章中，邓一光借用卡佛绕口且小资意味十足的题目集中阐释了这一点：

> 我问过自己，写作者与居住地或故事资源地之间到底有什么关系，对这种关系的研究到底有什么意义。我问过之后思绪发散，无法聚焦。
>
> 和内地书写者不同，深圳的书写者至少要多做一件事，回答自己与生活着的这座城市之间的关系，以及自己在这座城市里究竟能写什么和怎么写这样一些令人苦恼的问题。……你问十个深圳的写作者，就会吃惊地发现他们当中多数人说不清楚，或者自以为清楚，但在自己及自己的写作与这座城市之间到底有什么关系、是否能够建立关系、在何处建立关系这些问题上，思路混乱；他们更多的是在生存原则和移民符号的命名下，而非写作的意义上，把自己与这座城市联系起来了。这里面有多少茫然和无法言说的窘迫，没有人关注，恐怕写作者自己也没有关注到。

邓一光的小说高度内化了他的上述思考，写作不仅仅是一种简单的故事陈述，甚至也不是一种状态陈述。在邓一光这里，写作与讲述关系到现代最重要的命题，一种对世界和自我的双重认知。这个认知在深圳这样一个高度符号化的城市里分裂同时又奇怪地统一起来了。对于邓一光来说，深圳构成了自我认知的第一个障碍，如何写一个关于深圳的故事，这是第一个障碍提出来的命题，或者说，究竟有没有一种所谓的深圳故事和深圳书写。第二是，如果确实存在某种深圳故事和深圳书写，那么，这种书写与自我认知构成了何种关系。在第一层面上，邓一光建构了一个地理意义上的深圳书写空间，这一空间被具体的地理位置所标志，北大医院、龙华、梅林关、万象城、北环路、欢乐海岸，各色人等在这些具体的空间里粉墨登场，上演切合各自身份的一出戏。需要注意的是，空间在现代资本的区隔中已经不仅仅是一种简单的生存处所，而是一个充满了权力和身份区隔的自我身份确认的阀门。在这个意义上，这些地理空间既是封闭的，同时也是开放的。这是邓一光构建的巨大的深圳地理符号最有意思的地方，这些空间本身并非是静默的客体；恰好相反，它在诱惑、引导和激发着我们的自我意识。在《离市民中心两百米》这篇小说中，典型体现了这种激发的旋涡。市民中心——深圳市政府——代表了某种权力对空间的征服。还不仅如此，安洁根据与市民中心的距离长度来衡量自我的身份认同：离市民中心越远，越是一个异乡人；离市民中心越近，则是所谓的深圳人。权力不仅征服了空间，同时也征服了我们自我认知的价值标准，并使之发生着现代的扭曲。即使如此，当安洁从郊外搬到了可以俯瞰市府广场的高级公寓的时候，她依然沉浸在身份转换的快乐幻觉中。不过，邓一光异常谨慎地以一种不安的情绪提醒着安洁，事情似乎并非如此简单！那个从来没有进入市政厅的中年清洁工成了安洁的对位者，虽然从距离的角度看，他离象征这个城市中心的市政厅只有一步之遥——但是，这是一种无法跨越的身份无意识，“我从来不是深圳人，从来不是，没有人告诉我”。这个中年清洁工就是这个被命名为“深圳”的城市最具体的伤疤——不仅仅是这个中年清洁工，同时也是安洁的——只不过小说借助他说出了这个城市的集体无意识。地理的符号由此变得虚幻了，无论是在龙华还是在万象城，无论是在蜗居的廉租房还是在豪华的西餐厅，这些符号并不能确定这个城市的意义，具体来说是，不能确定“深圳”这个词的意义。这些符号不过是深圳的假面，城市借助符号来展示其欲望和诱惑，但城市本身却消失了。有这么一座城吗？在最有想象力的层面，深圳其实是一座看不见的城市（就像卡尔维诺所说的）。无论借助何种符号化的固定和标志，深圳其实并不存在。那些在龙华跳舞，在欢乐海岸开派对，在北大医院挂急诊的人们，是否意识到他们其实完全无法将深圳抽象化。因为对于自我意识来说，物质性永远是人存在的第一位。

这里有一种认知深圳的失败——将深圳符号化和抽象化的失败。深圳在邓一光的书写中，仅仅是作为一种假面的存在，借助那些假面，邓一光解构了一种媒体意义甚至是意识形态意义上的“深圳书写”。邓一光说：“对现实生活的妥协和依赖，让大多数写作者委身于现实生存，委身于主要由城市体制代表的时代风尚，急匆匆懵懂懂与‘深圳诗人’‘深圳小说家’‘深圳剧作家’这样一些符号画上等号，并以获取这样的符号为荣，放弃对历史、命运、时空的观照和抒写……在上述写作中，人们看到的只是一个个以深圳为统一命名的格式化的写作行为。”这是邓一光一个漂亮的传球，借助这种表面的“失败”，他成功地超越了格式化意义上的深圳书写以及其延伸的城市书写。也正是在这样一种“失败”中，一种新的城市书写方式被建立起来了。具体来说就是，将对城市符号化的认知和具体个人的巨大内在景深结合起来，以前者来结构后者，但同时也反方向地，以后者来解构前者。这样，在对城市的认知和瓦解中，一种当下的、具体的同时也是历史的个人经验才被书写建构出来。而这，才是真正意义上的现代城市写作，它不关乎具体的城市（北上广深及纽约、巴黎、东京等等），它更关乎普遍的人性。

但这种自我景深化的认知却并不容易。《离市民中心两百米》里面有个小镜头，一个少女站在4S店前，后面是劳斯莱斯的幻影。她在凝视什么呢？那台劳斯莱斯的幻影是背景还是主体？他们的构图呈现了何种关系的自我认知模式？在《宝贝，我们去北大》中，机器和人形成的是一种鲜明对比的关系，机器有力量，是这个时代的主体，而人，则萎缩为不会繁衍的无生命的生命体。这种颠倒的反讽在《离市民中心两百米》里面被取消了，颠倒变成了一种并置，主客体的关系变得复杂和暧昧起来。也许邓一光感到了极大的困惑，在一个物质主义成为首要原则的时代，我们通过或者仅仅通过物质性能否确定自我？毫无疑问，任何一个当代人都变成了一个恋物癖患者。通过这种恋物癖，他们试图保留被不明所以的外部意志夺取的精神景深。但即使是这种物质性的自我认知，邓一光也残忍地揭示了其不可能性。安洁实际上不能抵达自己的“深圳人”幻觉，即使是人马合一的监理师也照常不能摆脱沉重压抑的日常，“他想他失去自由的确很长时间了。自从懂事以后，他就不再有自由的感觉”。通过房子，通过马，通过跳舞或者派对，甚至是通过爱情，都不能解决自我认知这一精神上的难题。对这一精神景深的探索和书写，对于当代作家来说，类似于一次“远征”——正如色诺芬在古老的《远征记》里面就暗示过我们的——远征的根源是迷失。其目的，是要自己开创自己的道路和命运。

我把邓一光重要的中篇《你可以让百合生长》放在这个框架里面来讨论。《你可以让百合生长》可以说是一个复杂的中篇，涉及诸多的主题，比如歧视，这种歧视不是普通意义上的瞧不起，而是经由现代制度精心构建起来的一套社会秩序：

> 你猜对了，歧视和流感病毒一样，如今有了进化后的变种。不是抛弃，是关怀。就是说，你要是不幸做了这个社会的底层人。你就中了头彩，任何时候都摆脱不了不恰当、让你不舒服，因此你决定不需要并且厌恶，但又怎么都甩不掉的关怀。
>
> 谁叫我生活在一个满是普世诉求和情怀的社会里？拯救弱者符合一个拼命向世界文明靠拢的社会的基本主张。但是，作为家里唯一正常的成员，我每天都在和生活对抗——不是和不正常的生活对抗，而是和正常的生活对抗。这个社会要求人们生活得正常，而我的家庭不正常，我的家人不正常，我也没法让他们正常，除非杀掉他们。否则我就得作为家里唯一的正常人，用不正

> 常对付正常，这样才能使我的家人在做不到的时候。不因为自己的不正常而愧疚和害怕了。

无产者兰小柯作为一个高中生大概说不出这么有深度的话，但是没有关系，邓一光赋予她异常的早熟和聪慧。因为归根结底，邓一光不是想表达他对上述让人反感的中产阶级虚伪道德的厌恶，甚至也不是呈现作为底层无产者的物质性赤贫。他想要探寻的，依然是一个自我意志如何成为“新我”的问题。兰小柯的叛逆其实是其反抗世界的方式之一，而反抗世界的背后，充满了对融入这个世界的渴求。如果要做微言大义的解读，这或者也可以解释为深圳作为后发资本主义都市的一则国族寓言。但邓一光这一次似乎无意敷衍大说，他完全抛弃了外在的物质符号的依托，而直接进入了人物的内部——声音：

> “记住，别抢着发声，先训练你的内心听觉。”他好像没有听到我在说什么，皱着眉头，心不在焉地看着窗外什么地方，沿着自己的思路说，然后转回头来。“我们今天学习新的八小节，结束的时候会复习上周教的内容。注意你身边人的嘴型，注意她们对发声器官的使用，注意她们对调式的把握。如果胆子不够大——这好像不是你——头一个星期，你用耳朵。你可以试试闭上眼睛，仔细听。”

通过内心的声音来发现和认知自我，并完成生理和心理意义上的成长，这是一个高度现代主义的主题。当然，在小说中，兰小柯最后不是通过声音，而是通过指挥棒完成了自我，但是对于内在性力量的肯定并没有因此打折扣。这篇小说里面深圳彻底被背景化了，人成为小说，同时也成为城市的主体，一种毁灭性的现代个人被一个新生的现代个人拯救过来了。兰小柯不停地经历认知自我的失败，但同时又不屈服于这种失败的认知，在这个过程中，我们无限接近于自我的自由意志。

三、一种新城市文学

在邓一光的小说中，个人对自我和世界的辨识会走向两个结果，一个以《深圳在北纬22° 27′ —22° 52′ 》《离市民中心两百米》等作品为代表，主人公并没有立即迎来一个决裂性的新生，而是依然在一种模棱两可的状态下延续生活。在《深圳在北纬22° 27′ —22° 52′ 》中，即使男主角不堪重负，但“最能说明问题的是，他做不到辞去眼下这份工作，再加两成累和三成委屈他也做不到” 。另外一个则以《你可以让百合生长》《深圳蓝》等为代表，经过故事的洗礼，个人有一种重生般的体验，并往往在一个高潮的部分达成与这个世界的和解。在《你可以让百合生长》的结尾，叛逆少女兰小柯甚至都和其痛恨的吸毒父亲和解了。与《深圳在北纬22° 27′ —22° 52′ 》不同，我认为这一情节的设置让这部小说稍有减分，这种温情脉脉的东西有一种流行的中产阶级的道德气息。（怎么让我想起了电影《发条橙》的结尾？）它同时也削减了这部小说本来具有的精神冲击力，一个开阔的精神景深的书写被一个乏力的好莱坞式的结局填平了。兰小柯的成长没有让她变成一个更有力量的人——不是吗？谁说原谅了一切就是更有力量的标志呢？就我个人的美学趣味而言，我更倾向于一种不妥协的处理方式。在这个层面上，《你可以让百合生长》把一个社会学的痛苦变成了一个生理学的痛苦，并以和解的方式将其中产阶级化了，这是邓一光需要特别引起警觉的地方。这么说当然有个人的偏执，正如邓一光以这种方式来处理也是他的偏执一样。在《深圳蓝》里面，这种处理显得更加明显，在对“90后”式的网络语言的娴熟使用（考虑到邓一光出生于1957年，这让我分外惊叹！）中，《深圳蓝》讲述的是一个相对单调的“爱”的故事。这个故事，也许对于都市人来说具有某种治愈的功能，但是就对个人精神生活的探究而言，它除了展示一些看起来时髦的都市生活方式之外——这一点在通俗剧里面同样能看到——并没有提供更丰富的东西。而是相反，一种更丰富的自由意志的撕裂被这种看起来“温暖”的写作遮蔽了。在《你可以让百合生长》中，我看到了这一段话：

才怪。这话对你合适。我们不是一路人。记得吗，我是无产阶级。你有房产，你是深户，是音乐家，虽然退役了。可还是有人请你发挥余热，你早就不知道苦难是什么了。你已经堕落了，变质了……

如果说《深圳蓝》中的戴有高和吕冬冬作为这个城市的有产者还可以稍微容易去和这个社会和解。那么，作为一个无产者的兰小柯能轻易和解吗？邓一光放弃了对兰小柯内在精神构成的社会学分析，这让她最后的文学性的“新生”显得有些底气不足。

我在这里毫无求全责备的意思，虽然求全责备是一个批评家必需的素养。恰好是，我在邓一光的这种看起来有些矛盾的书写中观察到了中国当代城市书写的症候性命题。进入21世纪以来，因为大规模城市化的发展以及资本流的涌动，对于城市书写的关注和吁求在中国当代文学界变得急迫起来——虽然这种急迫在我看来毫无理由。但是毋庸置疑的是，在话语的反复生产和诱导中，城市文学——写什么以及如何写——已经构成了一个不大不小的问题。在孟繁华的叙述中，城市文学与乡土文学构成了一种文明上的二元关系，随着乡土文明的崩溃，一种以“50后”为代表的乡土写作也走向了终结。按照这种逻辑，城市文学作为新文明的代表构成了我们时代的主要写作形式。“深圳作为新兴的一线城市，作为新文明崛起的一个‘个案’，具有鲜明的典型性和代表性。新文明建构过程所有的问题在深圳都可以轻易地找到或看到佐证。在这样的时候，邓一光身置其间恰逢其时，他的小说从一个方面为我们记录或揭示了深圳精神状况的某些方面。”陈晓明则从另外一个角度来讨论当下的“城市写作”，“与其说中国当代文学呼唤城市文学，不如说在呼唤又一次深刻的文学变革——它看上去是一次提升，或者破碎的80年代的现代派之梦的重温，但实际上可能是远比这些表面文章更深刻的内里的变革——也就是中国文学根子里的变革”。如果说孟繁华是从外部论证了城市文学的可能性和必然性，陈晓明则是从中国现代文化的内部论证了这种城市文学在当下中国面临的困境和难题。他甚至有些固执地认为："我们既然没有浪漫主义文化的渊源，没有个体为本位的哲学，那我们搞什么城市文学，我们为什么就不能乡土与历史一条路走到底，走到黑？"暂且不管这种愤激之语的弦外之音，在我看来，为城市文学在历史中找起源或者为其在未来的命运做诊断，都不符合辩证法。我们需要面对的真正问题是，第一，城市化已经变成了一个不可逆的历史趋势，并在这种趋势中重塑着物质景观和人性景观；第二，对这一正在发生着的"变化"的书写已经构成了写作的基本内容，即使在那些所谓的传统的乡土写作中，也出现了一种非乡土的、城市化的观看方式；第三，在这样一轮书写潮流中，一种何种真正有意义的新城市文学（美学）何以被建构出来？

这最后一个问题是我的重要关切。在历史化的纵深景观中书写当代中国人的命运、挣扎和救赎，并将这种书写"飞翔"为高度完美的艺术形式。这是我对一种新城市文学的期待！在这种期待中，我曾经对青年作家的城市书写提出过要求："有一种'炸裂'般的矛盾和张力存在于我们的城市中，就像一个巨大的黑洞，真正的城市写作要求的是一种动态的而非静态的呈现，理解城市的肌理和理解语言的肌理是同构的过程，在这种情况下，沾沾自喜式的胜利者的口吻或者是类似于'农家少年负笈都市'的自卑者说都显得矫情且平庸。对于更年轻的作者来说，城市已经内在于我们，我们需要做的是，我们是否能够发明足够有创造力的文体和语言，来形塑我城、你城、他城——最终的标准也许是，由此建构出来的美学，恰好能够颠覆掉那个景观化的、平面的'伪发达资本主义时代'。"到目前为止，只有邓一光等少数作家满足了我的这种期待，也正是在这一点上，我特别警惕一种以"温暖""疗愈"为其美学风格的伪城市写作来弱化和软化我们真正有力量的，具有批判性和生产性的真正的新城市文学写作。

最后再让我们回到开篇提到的曼德尔施塔姆的诗歌中来，其中几句是这样的：

你回头张望，残忍而虚弱
如同野兽，曾经那么机灵，

张望自己趾爪的印痕

曼德尔施塔姆的野兽已经虚弱不堪了，只能回望自己曾经的光荣。但是个体自由意志本身却不会消失，在邓一光的马、蝴蝶和北极狼里，它又找到了寄生之所。但愿这一场真正文学意义上的远征不会草草收兵。

（载《文学评论》2015年第3期）

生命的亲证

——论史铁生的宗教信仰问题

李德南

20世纪70年代末，史铁生在困厄中开始写作，试图借此撞开一条活路。从那以后，写作便成为他的一种存在方式，直到2010年去世的前一天，他仍在修改、完善长篇随笔《回忆与随想：我在史铁生》。在长达三十余年的写作时间中，他先后完成了《我与地坛》《病隙碎笔》《务虚笔记》等重要作品，以充满哲思与诗性的语言筑造了一个丰赡而深邃的精神世界。

要从整体上理解史铁生的精神世界，很难避而不谈他的信仰方式和宗教观念，而要把史铁生的信仰问题说清楚，又是极有挑战性的。史铁生同时受佛教和基督教思想的影响，“昼信基督夜信佛”是他的信仰形式。史铁生并没有接受洗礼，不受仪式和制度的约束，他更认为，个人可以直接面对佛与上帝，或是直接面对宽泛意义上的神，信仰行为与“我”的具体生存经验有着直接的联系。这些都使得，史铁生的信仰行为和宗教观念显得复杂而混乱，不够虔诚，或缺乏必要的义理作为依据。有论者很早就指出：“假如你就此以为史铁生果真皈依了上帝，那就错了。严格说来，史铁生只是这么借用了‘上帝’一下，他只是借用这么个符号发泄其探求不得的苦恼，或在命运面前因无可奈何而产生的自嘲。”[①]“史铁生并不是一个严格意义上的宗教徒，但他却可称作当代中国文坛最具宗教精神的精神圣者。史铁生的宗教意识是复杂而多变的，他的众多作品不时闪烁着各种神性面孔，‘上帝’‘佛’‘耶稣’的字样点缀于作品的各个角落和空

①石杰:《史铁生小说中的宗教精神》，载《中国人民大学学报》1994年第1期。

间，让人无法确切地把握史铁生的宗教意识和宗教情怀。”[①]更有学者认为，这并不是宗教信仰，而仅仅是一种“类宗教意蕴”[②]。

一、个人宗教与制度宗教的辩证

要回答诸如此类的疑问，我认为威廉·詹姆斯关于宗教类型的划分是极有启发的。按照詹姆斯在其经典著作《宗教经验种种》里提出的看法，宗教领域包含着两个方面：

> 一方面是制度宗教；另一方面是个人宗教。正如萨巴蒂埃（M. P. Sabatier）所说的，宗教的一支最注意神，另一支最注意人。崇拜和献祭，感动神的程序，神学、典仪和教会组织，都是制度宗教的本质要素。假如我们仅限于讨论制度的宗教，那么，就必须把宗教界定为一种外部技术，即赢得神宠的技术。反之，比较注重个人的宗教部分，关注中心是人自己的内省倾向，他的良心、他的功过、他的无助、他的不全备。虽然上帝的宠眷——无论失还是得——仍是宗教的一个本质特征，而且，神学也在其中扮演重要的角色，但是，这种个人宗教所激发的行为不是仪式的行为，而是个人行为。个人独自料理宗教事务，而教会组织，包括牧师、圣礼以及其他媒介，都统统降到了次要地位。宗教关系直接由心到心，由灵魂到灵魂，直接发生在人与上帝之间。[③]

依照詹姆斯的观点，重视人还是重视神，把宗教视为赢得神宠的外部技术还是自我省思的方式，究竟是仪式行为重要还是个人行为更重要，构

---

①谭桂林、龚敏律：《当代中国文学与宗教文化》，岳麓书社2005年版，第95页。

②胡山林：《论史铁生小说的宗教性意蕴》，载《河南大学学报》（社会科学版）1996年第5期。

③〔美〕威廉·詹姆斯：《宗教经验种种》，尚新建译，华夏出版社2008年版，第21页。

成了制度宗教和个人宗教的分野。从起源上看，个人宗教则先于制度宗教。詹姆斯通过对宗教史的考察表明，宗教的出现，总是因为有宗教天才基于个人的存在境遇而产生强烈的宗教情绪并做出相应的理念表达，宗教信仰才得以萌芽。紧接着，宗教天才会通过各种形式来吸引门徒，引出一大群“同情者”，而只有到了“同情者”日渐增多，强盛到以组织的形式出现之时，具有团体意向的教会机构才得以形成。也就是说，个人宗教是原生的，制度宗教则是次生的。

詹姆斯的这种考察和论断，听起来像是纯粹知识学意义上的，并无明显的价值判断。然而，詹姆斯还提醒我们注意一个事实：在教会机构强盛到一定程度，形成制度宗教后，信仰行为就会带有一种风险，那就是“政治的态度与独断辖制的欲望”极容易进入教会机构当中，从而玷污信仰的源初与纯洁。这还可能会进一步使得，“我们现在听到‘教会’一词，不可避免地会想到这个或那个‘教会’。对一些人来说，‘教会’一词更多地暗示着虚伪、暴政、卑鄙，以及顽冥不化的迷信，因此，他们不分青红皂白，自鸣得意地声称‘反对’一切宗教。即便我们属于教会人士，除自己的教会外，并不能使其他教会免除这种普遍的斥责”[①]。

正是以这种对宗教史的认识为基础，詹姆斯试图对宗教信仰现象进行类型划分并给出自己的价值判断，认为要评价宗教现象的价值，重要的一点便是坚持宗教的区分：究竟是信仰“作为个人功能的宗教”，还是信仰“作为制度、社团或部落产物的宗教”。詹姆斯倾向于认可个人宗教，理由是多方面的。比方说刚才提到的制度宗教的危害就是其一。个人宗教更接近信仰的源初性，这也是詹姆斯着重考虑的一点。宗教与个人的亲身体验联系有密切联系，和制度宗教相比，个人宗教必然在起源上具有优先性，而且个人对自己私人命运的关怀才是宗教生活的轴心，“宗教意味着个人独自产生的某些感情、行为和经验，使他觉得自己与他所认为的神圣对象发生关系”[②]。

---

①〔美〕威廉·詹姆斯：《宗教经验种种》，尚新建译，华夏出版社2008年版，第242页。

②〔美〕威廉·詹姆斯：《宗教经验种种》，尚新建译，华夏出版社2008年版，第22页。

如果依照詹姆斯的类型划分，那么史铁生所信仰的，显然是一种个人宗教。史铁生在《病隙碎笔》中曾经提道："我读书少，宗教知识更少，常发怵与学者交谈。我只是活出了一些问题，便思来想去，又因能力有限，所以希望以尽量简单的逻辑把信仰问题弄弄明白。"[①]"我是个愚顽的人，学与思都只由于心中的迷惑，并不很明晰学理、教义和教规。"[②]这带有自谦的成分，也符合史铁生信仰的实际情况。他对信仰问题的关注，首先是受源初的宗教情绪引发，然后才开始慢慢接触各种学理、教义和教规。而在获得相应的宗教知识后，有了接受制度宗教的信仰环境后，他没有接受洗礼。他依然强调，"信仰的缘由，是生命固有的谜团；于这谜团之下，求问一条人生道路（或意义）的欲望，使信仰不可避免地诞生。这也正是人——不管自称是有神论，还是无神论——终不能逃脱终极之问与信仰的原因。而后才有了种种宗教"[③]。"生命固有的谜团"，又必然是个人性的。个人宗教不是说不必关心佛理教义，相反，史铁生强调，"'义'多半是纯真的热情，而'信'必要基于智慧"[④]。个人宗教存在的必要，在于每个个体都有其独特性。史铁生相信这样一种观点：上帝是和每一个人直接说话的，"我不大能记住种种宗教的来龙去脉，我的信仰仅仅是我的信仰……我信什么，仅仅是因为什么让我信，至于哪门哪派实在只是增加我的糊涂。"[⑤]这就使得史铁生和詹姆斯在许多方面的观念都具有一致性。他们都强调，宗教起源于个人的体验，是在人类个体非常具体的生活领域内发生的。若信仰者为神学的教条所束缚，或者是受教会的一系列制度、仪式所限制，都会背离这种源初性，将后起之物错以为是源泉。

需要强调的是，史铁生虽然认可个人宗教，但是并没有从根本上否认宗教信仰仪式存在的必要。史铁生也经常写到自己在进入教堂、庙宇时心

①史铁生：《病隙碎笔》，人民文学出版社2011年版，第92页。

②史铁生：《病隙碎笔》，人民文学出版社2011年版，第98页。

③史铁生：《病隙碎笔》，人民文学出版社2011年版，第420页。

④史铁生：《病隙碎笔》，人民文学出版社2011年版，第369页。

⑤史铁生：《昼信基督夜信佛》，人民文学出版社2012年版，第66页。

中能获得某种安静。在《消失的钟声》中，他曾经这样描绘第一次进教堂时的情景：那是两岁的时候，史铁生跟着他奶奶一起去教堂，看见很多的孩子在唱歌，“那样的琴声和歌声我从未听过，宁静又欢欣……那一刻的感受我终生难忘，仿佛有一股温柔又强劲的风吹透了我的身体，一下子钻进了我的心中……我呆呆地站着，徒然地睁大眼睛，其实不能听也不能看了，有个懵懂的东西第一次被惊动了——那也许就是灵魂吧……”[①]在《庙的回忆》中，史铁生则写到五六岁进庙宇的情境：“那是奶奶常领我去的地方，庙院很大，松柏森严。夏天的傍晚不管多么燠热难熬，一走进那庙院立刻就觉清凉……现在想，大约任何声音、光线、形状、姿态，乃至温度和气息，都在人的心底有着先天的响应，因而很多事可以不懂但能够知道，说不清楚，却永远记住。那大约就是形式的力量。气氛或者情绪，整体地袭来，它们大于言说，它们进入了言不可及之域，以致一个五六岁的孩子本能地审视而不单是看见。”[②]

不管是关于庙还是关于教堂钟声的回忆，都可以看到，史铁生并没有否认仪式或“形式的力量”及其必要性。史铁生更直接谈到，他也一度想念这样的形式。在《消失的钟声》和《庙的回忆》中，史铁生都提到1996年到国外旅行而见到一所小教堂、重又听到钟声时的感受：“我和妻子在那钟声中慢慢地走，认真地听他，我好像一下子回到了童年，整个世界都好像回到了童年。对于故乡，我忽然有了新的理解：人的故乡，并不止于一块特定的土地，而是一种辽阔无比的心情，不受空间和时间的限制；这心情一经唤起，就是你已经回到了故乡。”[③]

在史铁生的描述中，庙的形式似乎能给人某种庄重感，或是产生威慑的力量。他甚至认为这钟声本身就是神在说话，所以文章里指代钟声时，史铁生不是用“它”，而是用“他”。“他”即是神，是神的声音通过教堂的钟声来传达，给“我”的灵魂与心灵带来洗礼。即使“我”的心灵和灵魂在尘世中被蒙蔽了或是变得麻木了，也可能借助钟声或仪式的力量而

①史铁生：《我与地坛》，人民文学出版社2011年版，第24页。

②史铁生：《我与地坛》，人民文学出版社2011年版，第51－52页。

③史铁生：《我与地坛》，人民文学出版社2011年版，第25页。

复苏，重又变得活跃。尤其是“认真地听他，我好像一下子回到了童年，整个世界都好像回到了童年”这一句，好像是在极度肯定信仰形式的力量。

史铁生并不全然否认制度宗教及其仪式的重要性。问题是，史铁生还注意到，如果没有真正的信仰作为前提，制度宗教中的仪式难免会成为一种“虚伪的形式”。同样是在《庙的回忆》中，史铁生还写到，“文革”结束后，宗教信仰上的限制被放开了，北京很多地方的庙宇在修葺后得以重新开放。然而，这并非是信仰的归位，不是宗教精神的复苏，“那更像是寺庙变成公园的开始。人们到那儿去多是游览，于是要收门票，票价不菲。香火重新旺盛起来，但是有些异样。人们大把大把地烧香，整簇整簇的香投入香炉，火光熊熊，烟气熏蒸，人们由衷地跪拜，祈求升迁，祈求福寿，消灾避难，财运亨通……倘今生难为，可于来世兑现，总之祈求佛祖全面的优待。庙，消失多年，回来时已经是一个极为现实的地方了，再没有什么犹豫”[①]。此时此刻，所谓“信仰”已带有太多的实用与功利色彩，以至于信仰成了一种“虚伪的形式”。

在日常生活中，史铁生总是一再发现制度信仰本身的问题，越来越深地体会到制度信仰和个人信仰之间可能会发生冲突。这种信仰中的悖谬，使得史铁生更愿意把信仰视为一种个人的行为。而史铁生的这种信仰方式之所以长期以来造成疑问，是因为许多人对信仰本身缺乏足够的理解。正如詹姆斯所指出的，“制度宗教是宗教的外表形式，为人所见；个人宗教则指宗教的内在意图，与某种不可见的世界联系在一起。人们辨认宗教，常常依据宗教的外部特征，殊不知，即使最简单的崇拜仪式，也为不可见的内在的宗教动机所驱使。尽管宗教的外部形式清晰可见，甚至可以触摸，似乎是实实在在的，然而，一旦离开了宗教的内在方面，它便成为一个没有生命的躯壳。不光是宗教仪式方面，甚至宗教教义、学说、伦理、社会等各个层面，都远没有个人的宗教经验和行为重要。没有信徒的意念和体验，很难说有什么宗教。因此，宗教的本质部分在于个人的宗教经验，个人宗教比制度宗教更根本”[②]。也正是以类似的认识原则和价值

①史铁生：《我与地坛》，人民文学出版社2011年版，第59页。

②〔美〕威廉·詹姆斯：《宗教经验种种》，尚新建译，华夏出版社2008年版，第15页。

原则为前提，史铁生的信仰才可以不局限于某种具体的宗教。他的信仰，不是以具体的教义或类属作为根本。具体的教义或类属，这种知识论层面的、制度性的因素，是相对次要的。在史铁生的作品中，这种信仰本身，具有源初性。它体现为一种源初的情绪，体现为对神的意向性，比如对神的敬畏、祈祷、礼赞等等。

史铁生的这种信仰方式其实也并不鲜见。在《因为追问，所以信仰》这篇文章中，陈朗曾提到，史铁生"受到了存在主义神学、女性神学等现代神学的影响"[①]。但他在文章中并没有给出具体的论证。史铁生的信仰方式和看待教会、教理等等方面的态度，首先与女性神学中的薇依有很多相同之处——薇依所信仰的，也是一种个人宗教。作为一名基督徒，薇依一直拒绝受洗，也拒绝参加宗教的圣事。她选择了置身于教会之外，置身于基督徒的团体之外。如果参照制度宗教的标准，薇依的基督徒身份是成问题的——因为她的信仰缺乏形式的支撑。按照教会理论的严格规定，薇依绝不能被称为基督徒。然而，在卡尔·拉纳等神学家看来，薇依比一些在形式意义上的有基督徒之名的人更是基督徒，所坚持的是源初而深邃的信仰。薇依不能信任作为制度的宗教，只信仰个体意义上的宗教，史铁生显然也和薇依一样，希望能在个体生命实践的维度上信仰基督。他的信仰，与个体生命如此紧密地结合在一起，以至于信仰对他来说已成为一种存在方式。

二、昼信基督夜信佛：跨越教派的信仰

史铁生对教义和教派的选择，也值得我们注意。史铁生对信仰的选择，不是首先做一番知识论上的考虑，不是先从逻辑和义理的层面做出孰优孰劣的辩证，然后再选择其中一种。相反，他的选择，他对许多宗教问题的思考，总是从生存论的地基出发，与个人具体的存在困境血肉相连。他对许多宗教问题的思考，不是从某个具体的神学命题出发，或是从某部

①陈朗：《因为追问，所以信仰》，见许纪霖等著《另一种理想主义》，凤凰出版社2011年版，第88页。

经典某位圣人的某一句话出发，而是从自身所遭遇的存在疑难出发。他对信仰问题的思考，是与个人在生活世界中所遭受的问题同构在一起的。

在《神位官位心位》《病隙碎笔》等文章中，史铁生都先后提到他对宗教信仰的看法，写于2010年的《昼信基督夜信佛》一文则是他对个人在信仰观念上一次相对完整的总结。在这篇文章中，史铁生首先提到读者或友人对他在宗教信仰方面的疑惑并开宗明义地申明了自己的立场：“大概是我以往文章中流露的混乱，使得常有人问我：你到底是信基督呢，还是信佛法？我说我白天信基督，夜晚信佛法。”[①]虽然史铁生自行给出了答案，但是“白天信基督夜晚信佛法”这种信仰方式对于不少人而言依然会带来困惑。在人们通常的理解中，信仰，尤其是制度宗教意义上的信仰，总是具有排他性，信仰是否虔诚似乎也必须以唯一性作为判定的标准。然而对于史铁生来说，只有坚持佛教和基督教的兼信，才能有效缓解“我”的终极的迷茫。因为人的终极的迷茫包含着两个方面：生与死。生是与生存的意义相联系的；生，必然要与苦难、困境、有限性联系在一起。苦难是人之存在的重要构成，任何个体生命都无法获得圆满，而是和圆满有着永恒的距离。因此，个体对生存意义的追问，便不能不受困苦的牵制。史铁生之所以说白天信基督，是因为基督信仰并不回避困苦，而是将困苦本身视为生存的一部分。正如一位论者所指出的：“佛教和道家都采取了从存在论上取消生存本身的方式来解决不幸。尽可能地减少生存以避免不幸。这种方式至少有两个困难：第一，减少生存或化简生存，至多减少了不幸的可能性，并没有从根本上消除不幸；第二，这种方式不可推向极端，否则即消除生存本身，而消除生存本身即是一种不幸。基督精神之独特的最终原因乃在于：不是以从存在论上取消生存本身的方式来解决不幸，而是上帝亲身成为不幸、上帝之爱成为不幸，从而使人在不幸中得到上帝的挚爱的依托和神恩的赐福。”[②]

史铁生还强调，佛也不能对苦难予以根本性的否定和消灭，“我不信佛能灭一切苦难，佛因苦难而产生，佛因苦难而成立，佛是苦难不尽中的

①史铁生：《昼信基督夜信佛》，人民文学出版社2012年版，第3页。

②刘小枫：《走向十字架的真》，华东师范大学出版社2011年版，第190页。

一种信心，抽去苦难佛便不在了”[①]。在对待苦难的态度上，基督信仰要比佛家信仰积极。这种态度对于个体此在来说是有益的。在白天，在生存之时，个体总是要在世界中与他人共在，没有对苦难的肯定，没有对爱的肯定，生存便无从获得意义。

在谈到信仰中的具体的神时，史铁生也认为他们更多体现为人的希望与信心。“佛是用不着恭维的。佛，本不是一职官位，本不是寨主或君王，不是有求必应的神明，也不是可卜凶吉的算命先生。佛仅仅是信心，是理想，是困境中的一种思悟，是苦难里心魂的一条救路。”[②]信仰也区别于迷信。信仰并不是迷信，而是一个人在清醒时依然保存的坚定信念，是一个人乃至人类的知其不可为而绝不放弃的理想。它的根源在于人对自身的存在本源的向往，在于对生命价值的反观与追寻。有信仰的人往往对自己生存的困境与局限有清醒的认识，但又依然不厌弃自身，不因为自身遭遇的困境而失去信心，变得绝望。

史铁生不能认同佛教（学说）的地方，还在于它否定人的欲望。“流行的佛说（我对佛学、佛教所知甚微，故以‘流行的’做出限定）相信，人生之苦出自人的欲望，如：贪、嗔、痴；倘能灭断这欲望，苦难就不复存在。”[③]然而人类，甚至是世界本身，正是由欲望所构成的。人是受欲望的驱使而在时间中展开自身，是带着欲望而在社会中不断地选择自身的存在可能性，进而成为自己。正是“欲望”使得人以个体的形式存在，没有欲望，便没有差别。没有欲望，“世界”将变成为一潭死水，甚至“世界”本身也不可能产生，“我”也必然无法存在。也正是欲望让“无中生有”成为可能，欲望是“第一推动”。任何人类个体，都免不了是欲望的化身。和无生命的机器相比，人所多出的，也不过一份欲望。因此，消灭欲望的欲望和行为，绝不是普度众生，而只是消灭众生。如果没有欲望，便不会有生成。人可以在某些时候减少或压制消极性的欲望，却不可能全然没有欲望。存在之真理的诞生，澄明之境的出现，不是通过消灭欲望来

①史铁生：《我与地坛》，人民文学出版社2011年版，第314页。

②史铁生：《我与地坛》，人民文学出版社2011年版，第313页。

③史铁生：《病隙碎笔》，人民文学出版社2011年版，第93页。

完成的，而是意味着，应该把欲望引向过程——努力的过程，创造的过程，生命的一切过程。过程意味着不完善，甚至意味着痛苦。然而，只要“我”能永远对过程感兴趣，让目的和过程能够保持一种有张力的平衡，那么欲望本身就是正当的、合理的。在其生命的晚期，史铁生依然执着地肯定欲望的意义，“六十年过去了，我总是不能满意于种种依靠灭欲来维系的信仰”[①]。

威廉·詹姆斯曾经指出，个人宗教比制度宗教更原始，因为个人宗教在最初的意义是和信仰者本身的存在疑难有关的。“个人宗教，至少在某种意义上，证明比神学或教会中心论更根本。教会一经建立，便间接地依存于传统。可是，无论哪个教会，其创立者的力量最初都来源于他们个人与神的直接感通。不仅基督、佛陀、穆罕默德这等超人的创教者如此，而且一切基督教派的组织者，都莫过于此。所以，连那些仍旧坚持个人宗教残缺不全的人，似乎也承认它是最原始的东西。”[②]史铁生也持类似的说法，只不过他同时借助了一些物理学或哲学的概念。他曾经指出：“哪种文化也不是‘第一推动’，哪种宗教也都不是‘绝对的开端’，它们都是后果，或闻天启而从神命，或视人性本善为其圭臬。‘第一推动’或‘绝对的开端’，只能是你与生俱来的、躲不开也逃不脱的面对。唯在此后（无论是对于个人，还是对于人类）才有了生命的艰难，精神的迷惘，才有了文化和信仰，理性与启示，或才有了妄念与无明。倘不是从这根本的处境出发，只从寺庙或教堂开始，料必听到的只是人传。”[③]由此可见，史铁生无意于追求佛教和基督教在起源上的先后问题，但是在应对生的问题上，在确立存在意义的层面上，基督信仰较之其他宗教的信仰是具有优先性的。这正是史铁生所说的基督教对于个体在白昼的存在更有意义的缘由。

然而，个体此在毕竟还有一个根本性的问题需要应对，那就是死亡。海德格尔甚至认为，此在的存在，说到底是“向死而生”。史铁生之所以

①史铁生：《昼信基督夜信佛》，人民文学出版社2012年版，第55页。

②〔美〕威廉·詹姆斯：《宗教经验种种》，尚新建译，华夏出版社2008年版，第21－22页。

③史铁生：《病隙碎笔》，人民文学出版社2011年版，第149－150页。

在信仰基督之外还要信佛教，就是因为佛教的一些理念能使人更好地面对死亡的问题。“昼信基督夜信佛”之所以是可能的，也是必需的，则是因为生与死是互相牵连的，是个体存在的两个基本面向。

如果要求每个人都采取这种信仰方式会显得奇怪，对于史铁生个人而言，这种方式却无可厚非——正如詹姆斯所说的，“我们当中，没有哪两个人面临同样的困难，我们也不应期望他们求得相同的解决办法。每个人都从自己特殊的视角出发，考虑一定范围的事实和麻烦，而且必须用独一无二的方式应付它们……神圣不可能仅仅意味一个德性，必定意味一批德性；不同的人倡导不同的德性，因此，都可能发现有价值的使命。每种态度只是人性全部信息的一个音节，所以，需要我们全体把它的意义完整地拼写出来”[①]。这也意味着，一个人可以选择信仰“一个德性”，也可以选择信仰“一批德性”。而不管是信基督还是信佛，两者的内在精神又是同一的。说到底，信仰是个体在面对无从更改的永恒生命困境而持有的不屈不挠、互爱互助的精神。[②]佛理与教义的融合和滋养，也使得史铁生获得了真正意义上的存在的勇气和信心，从而面对眼前的一切苦难。

三、作为生命实践的信仰及其意义

说到底，宗教信仰在史铁生那里是作为一种人生实践而存在的。人之所以需要信仰，是因为人生来就是一种会追问存在意义的有限之在，是因为宗教是与人之存在的局限、困境和疑难联系在一起的，“宗教一向是在人力的绝境上诞生，我相信困苦的永在，所以才要宗教”[③]。

为什么说信仰是在人力的绝境上诞生？史铁生在《我之舞》等作品中关于“我”与“世界”的阐释确证了一点：任何的人类个体——“我”——都是一种有限之在。不单生命是有限的，而且认识能力也是有

①〔美〕威廉·詹姆斯：《宗教经验种种》，尚新建译，华夏出版社2008年版，第355页。

②史铁生：《昼信基督夜信佛》，人民文学出版社2012年版，第17页。

③史铁生：《我与地坛》，人民文学出版社2011年版，第280页。

限的。“我”只能是生活在一个没有绝对确定性的“世界”之中，或者说，每个个体在生存论—存在论意义上的“世界”都是有限的。这种对人的理解，与近代哲学所确立的人学观念有很大不同。在西方，自从笛卡儿以“我思故我在”的命题为中心建立近代主体形而上学哲学，人便被坚定地理解为是一种理性的动物。从理性的角度来理解人，理解人性，成为至关重要的运思方式。理性被视为人不同于其他存在物的特点。这种认识论上的差别更导致了价值论上的扩张，人自诩为高于其他存在者的存在者，是自然的立法者，是自然的主人。经由理性，人被摆置于世界的中心。经由理性，人似乎就能认识一切。史铁生却反对这种运思方式。在他看来，人固然拥有理性——他把人的理性能力称之为“智力”，但理性本身是有限的。人不可能完全通过理性来完全认识世界，控制世界，控制自己的命运。

正是因为看到了理性的局限，史铁生才越加看重信仰的意义。“唯在人智、人力无望解除的困苦（残缺、歉然、原罪）面前才有信仰的生成。”①这种对理性与信仰的追问、思索，最终所触及的，是人性的根本命题。史铁生并不否认理性对个体存在和生活世界的意义，却同时看到了信仰的不可或缺。他之所以不那么重视知识或制度层面的宗教信仰，而强调个体与上帝的直接面对，为的只是直面存在：“我不相信一个深陷歧途的人或族，其信仰的源头没有问题：我相信一切结果都必与其初始条件紧密相关。”②信仰的“初始条件”是什么？是“我”的独特和唯一，即每个个体的具体处境都是不一样的，会有不同的感觉偏差，并且这种处境是不断变化的。信仰必须立足于这些基本的前提才有效。史铁生所反对的，也不是知识的思辨性质。相反，他强调信仰离不开义理整全的、周密的思辨；否则，就可能因为误听他人的言传身教而陷入一种盲信。他对制度宗教的警惕，也与此不无关联。

史铁生对信仰的强调，还与他从存在论的、现象学的、解释学的视野看到“我”是一种“动中之在”有关系。人类个体并非生来就是有意义

①史铁生：《病隙碎笔》，人民文学出版社2011年版，第356页。

②史铁生：《病隙碎笔》，人民文学出版社2011年版，第358页。

的，也并未获得属于自身的本质，而是通过行动来赋予自己的存在以某种本质。而本质的生成、意义的生成，不是单纯靠自我的力量就能完成的，而是需要有一个参照系，或者如查尔斯·泰勒所说的，需要有一个背景，一个框架。“寻求生活中的意义，试图有意义地定义自己的行为者，必须存在于一个有关重要问题的视野之中……换言之，我只能对那些要紧的事物的背景来定义我自己。”①

赋予存在以意义，实现存在之超越的方式有许多，泰勒提到的有“历史、自然的要求、我的人类同伴的需求、公民职责、上帝的号召”等等。至于选择哪一种，则与一个人的自我期许有关，也与一个人的在世情态、价值观念有关。响应“上帝的号召”，或者说宗教信仰的重要性在于，它是与人的终极意向、终极关怀联系在一起的。通过信仰，人这种有限之在似乎联通那无限之在，处身于绝对价值的光芒之中，“他就会因自身的局限而谦逊，因人性的丑陋而忏悔，视固有的困苦为锤炼，看琳琅的美物为道具，既知不断地超越自身才是目的，又知这样的超越乃是永远的过程。这样，他就不再是肉身的附属了，而成为命运的引领——那就是他已经升华为灵魂，进入了不拘于一己的关怀与祈祷”②。

史铁生对宗教信仰的作用和意义的强调，在他整个精神世界的建构中起的作用也是重大的。史铁生曾把有限性视为“我”之存在的“原罪”。“我”既非全知全能，又不能永恒地存在，而是受到时间、死亡和视域等多重的限制。基于这种认识和体验，史铁生在写作中也着力开掘个人的存在困境与意义，有时候甚至带有很重的唯我论的意味。特别是在认识论的层面上，史铁生一直是一个彻底的唯我论者。他对“我”的这种强调，也使得他的很多想法带有浓重的主体哲学的意味。然而，这些仅仅是史铁生精神世界的侧面而非全部。他所写的一切，都是无论如何与“我”有关的事物，但这个“我”始于史铁生，却不局限于史铁生自身。在他的精神世界中，个人的存在困境与人类的存在困境是相连的。他对人的存在问题的

①〔加〕查尔斯·泰勒：《本真性的伦理》，程炼译，上海三联书店2012年版，第51－52页。

②史铁生：《病隙碎笔》，人民文学出版社2011年版，第102页。

理解，既有存在论的、现象学的根基，又不乏伦理学的关怀以及宗教的超越之维。他既肯定“我”作为一个主体的意义，同时又不把“我”之外的所有人或存在物视为“客体”。

史铁生对“我”的强调，与通常所说的人类中心主义绝不能等同。他虽然强调“我”之存在的主体性，却不强调主体对客体的利用、征服或绝对的优先权。他强调所有的“我”都有主体性，都得在存在的可能性中进行决断，从诸种可能性的选择与放弃中生成。这种生成不是在一个完全与他人隔绝的境域中展开的，他者对“我”的意义，也并非全然是否定性的，而是有其肯定性的作用与意义。

史铁生所理解的“我”，正如海德格尔所言，是一种时间性的存在。我的存在，离不开他者的存在。我与他者在世界之中共在。正如他所反问的：“‘我’能离开别人而还是‘我’吗？‘我’可以离开这土地、天空、日月星辰而还是‘我’吗？‘我’可以离开远古的消息和未来的呼唤而依然是‘我’吗？‘我’怎么可能造就‘我’的一切而孤独地是‘我’呢？”[①]因此，史铁生实际上是把人理解为在一种在时间中绽开的社会性存在，认为“唯当我与他者发生关系——对他们的理解、诉说、揣测、希望、梦想……我的心路才由之完成”[②]，这个我是“变动不居”的。个体的存在是在时间中生成的，也是在社会世界中生成的，不管是时间之维还是社会世界之维，都使得个体的存在是一种受造。这就把对主体性的强调过渡到了对主体间性的强调。而真正在认识论和价值论上平衡了史铁生作品中的“唯我论”倾向的，乃至于构成对人类中心主义的克服的，正是史铁生对信仰的重视。在史铁生看来，相对于上帝这一无限之在而言，人之为人只是一种有限之在。人与上帝之间，必然有着永恒的距离。人与上帝，有限与无限，构成一种永恒的参照，“一切有限之物，必因无限的衬比，而显露自身的不完备。而无限呢，又因其自身的无边无际、无始无终，而永无完备可言”[③]。人作为一种有限之在，固然可以不断地自我超

①史铁生：《务虚笔记》，人民文学出版社2011年版，第487页。

②史铁生：《病隙碎笔》，人民文学出版社2011年版，第326页。

③史铁生：《扶轮问路妄想电影》，人民文学出版社2011年版，第79页。

越，却不可能抵达无限，更不可能取代上帝，或成为上帝那样的角色。由此可以看到，史铁生肯定个人存在的具体、唯一与意义，但又没有陷入“唯我论”的境地。

史铁生的宗教信仰天然地与存在的意义问题连接在一起。他试图借助宗教赋予个体生命以意义。信仰于他，体现在一种情感态度，体现为“我”对世界、对具体生存境遇而做出的反应。史铁生的信与言，均丰富了我们对人性的理解，敞开了存在本身的丰富性。他的所思所信所行指证了一点：每个个体意义上的“我”都可以根据自身的具体处境和生命实践的需要，在信仰中自我超越，通过信仰的方式来克服困难，走向十字架的真，走在通往神性的途中。

（载《南方文坛》2015年第4期）

小说的三重美学空间

——论宁肯《三个三重奏》

丛治辰

一、对权力的知识考古：只是阅读的起点

阅读《三个三重奏》时，我不断想起米兰·昆德拉。这个前爵士乐手和宁肯一样，热衷于用音乐形式结构长篇小说。尽管我对音乐一窍不通，但仍曾长久迷恋昆德拉小说中那种精致的节奏感：如波浪般不断推进和累积的力量，不时被跳跃的轻巧片段打断，而后更为丰富的声音混杂进来，继续裹挟着叙事向高潮涌去，最终在辉煌处响起悠久的回声。尽管宁肯在这部长篇小说中并未采用昆德拉式的交响乐章形式，但是在三个三重奏交叠演奏的迷人音效里，我再次感觉到那种经过精心设计的节奏之美。

宁肯与昆德拉的相似之处当然不止于此。正如音乐本身即导向一种神秘的美感，像昆德拉一样，宁肯也对形而上的思考怀有强烈热情。他们都如此谙熟理论，如此热衷于对世界——他们身处的世界和他们所创造的世界——进行哲理性分析，他们使写作成为一种高度理性的行为，他们的激情来自理性抵达透彻之后的狂喜。在当代中国这样的小说家并不多见，而这恰恰构成宁肯最可宝贵的特质。

唯其如此，宁肯才有可能正面处理《三个三重奏》的主题，而不至流于庸俗，变成官场小说甚至黑幕奇谈。权力，我们当然记得，这也是米兰·昆德拉的关键词，始终贯穿于他的小说创作当中。人们经常容易误会，这位来自捷克斯洛伐克的作家之所以一再探讨权力，乃是因为他曾和他的祖国一起吃过集权主义的苦头。但实际上，形而上的思维方式早已将

他的追问拔离祖国的土地。他关注的不是某个权力，或某种权力，而是权力本身。宁肯同样如此，《三个三重奏》看似恰逢其时：再也没有比2014年更合适的时机来出版这样一部小说了。有哪一个时代能像此时一样，对权力的滥用如此敏感？但是，又有哪一个时代能像此时一样，对权力的滥用如此漠然？当我们不断提及腐败、渎职、暴力、道德沦丧与那些惊人的不公正时，它们已逐渐蜕化成为单纯的谈资而失去了话语的重量。因此宁肯拒绝去书写那些已经为人们耳熟能详的权力的细节。他绕开来，深入权力背后，通过讲述权力的侧影与背影达至陌生化的效果，让我们得以在更加形而上的层面上思考权力的内在机制。

在以杜远方为主题的那支三重奏里，宁肯并未过多着墨于这个叱咤一时的国企老总如何在官商两界游刃有余，而将其还原到日常生活。在与人性、性的角逐中，我们格外清晰地看到权力的虚弱与强悍，它的复杂性。而在居延泽的故事里，我们将看到一个曾经有着质朴的热血与冲动的青年，其主体性如何在历史、教父与爱人的多重挤压下逐渐扭曲变形，成为权力网络中一枚心甘情愿且洋洋自得的棋子。而更为精彩的倒是从小说注释中逐渐爬升的那一支三重奏的声音，另外两支三重奏中时隐时现的历史主题在这里被嘹亮地奏响：究竟是怎样的历史褶皱，造成了怎样的机制与逻辑，使得杜远方唯有同流合污才能保障企业发展甚至自身安全？使得居延泽唯有在权力场上才能获得人生实现，而绝不甘心安于平静的学院？宁肯将时间上推至20世纪80年代，在激情涌动的黄金时代寻找权力畸变的伏线；甚至上溯至更早，以确认黄金时代的内在矛盾与危机。很多论者都注意到20世纪80年代之于《三个三重奏》的重要意义。[①]这并不奇怪，历史从来都是宁肯挥之不去的写作前提，他习惯于回到某个历史关节点去为他的人物和情节寻找动机。这种知识考古学般的严谨，正是他形而上小说方式的重要表现。

然而这样一种智性写作倾向同样会给宁肯带来米兰·昆德拉式的尴尬。那些习惯于传统叙事的读者总是不断向昆德拉发问：你所写的究竟是

①参见项静《想象大地上的陨石》，载《上海文化》2014年9月号；孙郁《在没有光泽的所在寻觅真相》，载《文艺报》2014年12月22日。

小说，还是哲学著作？——正如宁肯的《天·藏》曾经招致的质疑一样。而那些精于哲学训练的专业批评家对昆德拉的误读倒是更为笃定：他们熟练地从那些哲理化的小说中提炼种种主题，铺陈长篇大论，然后忘记了昆德拉首先是一个小说家，而非思想者。——正如我如此津津乐道地谈论《三个三重奏》对于权力的透彻解析。不应忘记的是，米兰·昆德拉的形而上思索不仅关乎外在世界，还关乎小说艺术。或者说，他首先是在小说与世界之关系的层面上思考外在世界，是以小说的方式对世界进行形而上探索。因而，他对于小说文体本身的形而上思考可能更为丰满有力，他的文论著作如《小说的艺术》《被背叛的遗嘱》等极大开拓了小说艺术的可能。唯有在小说家的身份之中，才可能真正理解米兰·昆德拉。基于同样的理由，尽管宁肯对于权力的知识考古已抵达相当深度，但指出这一点或许并不能意味着可以完成对《三个三重奏》的阅读。毋宁说，这只是一个起点。重要的不是宁肯发现了什么，而是他如何以小说的方式发现了它，如何在发现它的同时也拓宽了小说的领域。

二、红塔礼堂、甲四号院与北京城：时间的空间形态

因此，请允许我回到阅读中最具快感的时刻重新开始讨论——读者的阅读快感所在，或许正是小说美学值得关注之处。那时候三个三重奏的声音已各自从顿挫沉缓走向高昂，并交相辉映造成真正庞杂而振奋的音效。杜远方的三重奏其实已然结束，只剩下遥远的动机还将在居延泽的乐章中继续回响；而居延泽将做出他人生的重要决定，但很快这青春最后的冲动将屈服于历史的主旋律，在权力的合唱中显得倔强而微弱，像是一支曲调将退居和声之前最后的跳跃音符。而恰在此时，在小说的第390页，注释中那支三重奏势必展开大段有力的独奏，将整个乐曲推向高潮。在长达21页的注释中，宁肯需要在关于叙事者“我”的20世纪80年代故事中，对小说所有人物及他们时代的来龙去脉做一收束。有趣的是，这一与时间有关的艰巨任务，宁肯选择通过对两个空间的塑造来最终完成。

第一个空间是红塔礼堂。即便今天，礼堂这一特殊的空间形态仍带有

浓重的集体主义色彩，在20世纪七八十年代之交它当然存留着更多的政治隐喻意义。这座矗立在月坛北街12号的苏式建筑“那时也叫国家计委礼堂，带有国家神秘色彩”，它所在的灰色调国家办公区域“没有胡同，也没有四合院，更没有枣树、海棠、大柳树或老榆树，也没有洋槐，没有街头巷尾，街谈巷议，路过这儿或到这儿办事的北京人觉得这儿不像北京，像国家”[①]。然而恰恰是这个最具红色中国特色的空间，成为向国人与世界展示中国特色的窗口。斯特恩、梅纽因、小泽征尔，都选择在这里举办音乐会，开始他们的破冰之旅；而这里曾经放映过的那些西方经典电影，亦成为一个时代风气大开的重要表征。历史似乎在这一狭小空间的内部突然加速：“现在回想起来描述一个时代巨大而清晰的转型，或许没有比描述1979年前后的红塔礼堂的演出更富动感的了，那时你从这个礼堂进来可能还是一个旧时代的人，出来时你可能已是一个新人。”[②]宁肯对红塔礼堂的表述有如电影胶片记录下的飞奔人影，历史在这样的影像中显得模糊暧昧。过去与未来、艺术与政治、规训与启蒙、个人体验与集体空间，统统挤压在一起，其中所能召唤的复杂性，那种小说特有的复杂性，超过任何一种理论表述。

与红塔礼堂的躁动活跃相比，宁肯在此塑造的另一个空间显得格外肃穆，甚至带有某种永恒的意味。如果说红塔礼堂呈现出历史“变”的表象，那么神秘的甲四号院则昭示出历史“常”的本质。这座神秘的大院在地理空间上即表现出与世俗生活的格格不入：“我”必须穿过那些寻常百姓的曲折胡同，来到当时北京城市的边缘地带，才能找到它；而森严的守卫和严格的登记制度，更彰显出威严的拒绝姿态。最应具有红色中国特征的高级干部住宅区，却与大院之外20世纪80年代的生活毫不相干，相反却让“我”时时想起红塔礼堂放映的影片中那些国外风光。而高墙与铁丝网隔开的，不仅是空间，甚至包括时间：“这里显然没有过‘文革’，即便有，那痕迹也很快并很容易就被去除了。”[③]客厅墙上康有为题赠的

①宁肯：《三个三重奏》，北京十月文艺出版社2014年版，第391－392页。

②宁肯：《三个三重奏》，北京十月文艺出版社2014年版，第391页。

③宁肯：《三个三重奏》，北京十月文艺出版社2014年版，第400页。

对联，洋溢着欧陆风情的生日舞会，和从楼梯缓缓走下，与女儿共舞一曲之后登上小车离开的李南父亲一起，构成一种奇异的时间感。而更为吊诡的或许是“我”对这一空间的体验：“没有嫉妒，没有批判，甚至为中国竟有这样的地方感到一种宽慰，自豪，国家的自卑感在这儿被给予了莫名的安慰。那时真是有一种深沉的不顾个人的爱国情怀，我们不是一无所有，也有电影中的高贵的生活，感到一种莫名的感动。那时受红塔礼堂外国电影影响太深了，电影比衬着破败低矮的中国，让我感到被世界抛弃的自卑——我以为六七十年代留下的中国就是我所日常见到的，其实不然，还有这里。难怪那时高层对改革有信心，这里的品质决定了未来。”[①]改革者们究竟是以怎样的个人经验与时空体认，去思考一个国家的处境，并确定未来的方向；而20世纪80年代的人们又是以怎样的心态参与其中。从甲四号院这个时间严重错位，意义却无限丰富的空间形象出发，再次回顾三十余年来中国的发展进程，历史自然显得歧义丛生。

而在红塔礼堂与甲四号院的背后，宁肯着意打开的实际上是一个更为宏阔的空间，那就是北京城。文学研究领域对城市已关注有年，但更多围绕上海这座历史短暂的城市，探讨中国现代性的发生与流变。其实相比之下，北京的内涵更为丰富，更能呈现中国现代性的曲折复杂。正如宁肯所说：“北京，即使在1980年也存在着两个北京”[②]，实际上又何止两个北京？家住四合院，祖上是小古董商人的“我”；父母都是钢院教师，从小在学院里长大的“鸡胸”；部队大院子弟杨修；以及显然出身显赫的李南……每一个人物背后都隐藏着一个独特空间，这些空间交错坐落于北京城，既鸡犬相闻，又泾渭分明，共同构成北京总体的空间特质。在这些空间的对话、碰撞与交融当中，我们看到不同的历史记忆与文化特征被不断唤起，杂沓重叠，彼此诉说，又相互阐释。在北京这样的城市里，新的行动当中总是闪现着旧的影子——正如“我”、“鸡胸”、杨修和李南在天安门广场这一典型的北京空间集合出发去远游的时候，那种意气风发的姿态与十年前的红卫兵何其相似——使得看似线性发展的历史，因此呈现

①宁肯：《三个三重奏》，北京十月文艺出版社2014年版，第400－401页。

②宁肯：《三个三重奏》，北京十月文艺出版社2014年版，第399页。

出立体的面貌。未必相关的几组历史片段，被想象的力量召唤组合，从而破坏对历史的孤立解读，打开更为含混多元的可能，这是唯有在北京这样的城市才能达致的效果，也是唯有以小说的方式才能达致的效果。在此之前，并非没有人致力于书写北京，但是如此有意识地开掘北京城市空间的历史价值和美学潜力，宁肯是第一人。在此意义上，这样的北京城堪称宁肯的发明。

在对宁肯笔下的红塔礼堂、甲四号院和北京城加以考察时，我们当然会一再想起福柯那段广为征引的论述："我们所居住的空间，把我们从自身中抽出，我们生命、时代与历史的融蚀均在其中发生，这个紧抓着我们的空间，本身也是异质的。换句话说，我们并非生活在一个我们得以安置个体与事物的虚空中（void），我们并非生活在一个被光线变幻之阴影渲染的虚空中，而是生活在一组关系中……"①这似乎再一次证实了宁肯对于理论的迷恋，但对于宁肯而言，出色之处仍然在于他如何以小说家之精巧设计出一个个充满意义的空间形象，以美学的方式拓展了理论的洞见。在小说的力量抵达顶点处发现宁肯塑造空间的努力之后，重读《三个三重奏》，我们将发现那种宁肯/福柯式的空间比比皆是。审讯居延泽的纯白空间，ZAZ组所在的三十一区，甚至杜远方如王宫般的办公室，都凝聚了太多意义，层累了太多历史。宁肯以一种建筑师般的才华，使他笔下的空间形象成为一个个众声喧哗的叙事现场。

三、让时间减速并增殖：空间作为一种小说方式

如果说这些宁肯/福柯式的空间建构都还只是作为一种形象停留在小说内容层面，那么当宁肯以空间比喻谈及小说注释的时候，我们分明看到空间之于小说美学更为内在的意义。前文已多次提及《三个三重奏》的注释，显然在小说文体中，注释占据如此重要的位置，甚至成为三个三重奏中或许最为重要的一支，是相当具有冒犯性的写作方式。宁肯因此不得不

①〔法〕福柯：《不同空间的正文与上下文》，见包亚明主编《后现代性与地理学的政治》，上海教育出版社2001年版，第21页。

反复对他从《天·藏》开始即大规模使用的叙事性注释加以解释，在注释第三次大段出现在小说中时，宁肯即为读者提供了这样的阅读指南：

> 如果说现代小说是一个综合的娱乐场所，一个有着环境设计的建筑群，而不仅仅是一个单体的影剧院，那么您现在正在读的注释就相当于外置的走廊，花园，草坪，喷泉。总之这里是户外，您不妨出来走走，从外面打量一下建筑的主体——也就是影院，或许也是一种选择。本书某种程度上改变了传统阅读方式，但传统的方式仍给您保留着，不像电影画外音不听也得听。这里注释相当于画外音，但丝毫没有强迫性。如果您不习惯被打断，您读小说愿意就像看电影——在一个封闭做梦般的环境中完成阅读，完全忘掉自己——这是多数人的习惯——那么，我再说一遍：您完全可以撇开这里不管。[①]

是否唯有以注释的形式，才能够打开小说的立体空间，当然仍可商榷。但这段文字至少为我们理解宁肯的小说观念提供了通道。在“多数人的习惯”当中，小说正如单体影院里那场90分钟左右的幻梦，是封闭空间中的完满故事，他们“不习惯被打断”。由于空间如此外在且单一，小说当然被视为关乎时间的艺术，人们关注的是故事的推进和情节的变化，是随着时间推演的起承转合。而在宁肯看来，小说是城市综合体，是立体建筑群，是走廊、花园、草坪、喷泉与影院的相互映照与投射。他更热衷于像把玩积木一样，一再打断线性叙事，重新组合、穿插，构成奇异的对话效果。在这个意义上，《三个三重奏》与红塔礼堂、甲四号院和北京城一样，成为一种关乎空间的艺术。

唯其如此，我们才能够理解这部小说所提供的独特审美体验。既然宁肯更多关注空间美学所呈现的丰富性，当然无须急于推进小说的叙事速度，也无须构造复杂曲折的故事情节。因此我们很难在这部以权力为主题的小说当中，得到类似官场小说的阅读快感——时间在小说中的重要地位

①宁肯：《三个三重奏》，北京十月文艺出版社2014年版，第33页。

被空间挤占之后，宁肯终于可以专心致力于经营一种迷人的缓慢。很少有小说像《三个三重奏》这样缓慢，却又令人读来兴味盎然。在杜远方的三重奏刚刚响起时，其节奏便极尽缓慢之能事，杜远方和李敏芬不会超过五分钟的初次见面，宁肯居然花了7页的篇幅加以叙述。宁肯以电影慢镜头般的细致，触摸每一个细小的物件，将杜远方与李敏芬每一个不经意的动作和表情都放大特写，赋予意义。从而在短暂的情节里不断敞开一个个内部空间。无数过往与未来，从这些内部空间中涌出，使得叙述显得格外饱满。

更加令人印象深刻的缓慢，当然是宁肯笔下的性。在小说叙述中让性缓慢下来，其实具有相当难度。以性本身为目的的色情小说当然不在此列，但在严肃叙事当中，性总是如此具有封闭性，与自身之外的一切都格格不入。有时性确乎构成小说的核心秘密，但是性的细节似乎永远和它的意义无关。这就是为什么张贤亮笔下的性总是极其外在，王小波笔下的性也永远停留于隐喻和理念而无法展开；也是为什么，《金瓶梅》中那些活色生香的描写被清洁殆尽之后，其实并未对阅读造成多大障碍。而宁肯则有意将性放慢。在杜远方和李敏芬的关系当中，性是他们最初也是最终的纽带，然而这性的进程何其缓慢。从杜远方第一次见面时，不经意触碰到李敏芬的“那一点”开始，两人即围绕性是否发生展开漫长的拉锯战。同一屋檐下的警备与试探，生日晚餐的欲拒还迎，以及影院黑暗当中的隐秘动作，两人不同的生活历史都在性的进攻与防守当中一点点流露。宁肯不慌不忙，甚至在一切顺理成章，李敏芬充满期待地出浴时，仍让杜远方退回自己的房间。杜远方似乎永远不会是一个被动的等待者，而要以侵入者的姿态开始这段性关系。宁肯是在写性，但同时也是在写权力，不同的空间、不同的意义闯入了性的私密领地，但并不是粗暴的理念移植，而是缓慢地渗透。性行为的过程依旧缓慢，当然，并不是因为宁肯做了怎样细致的描写，而是即便在此刻，性也并不纯粹。性和关于性的体验，以及这种体验所引起的记忆，纷纭涌现，再度构成多重空间的交错重叠。性的封闭空间因此被打开，从无限接近死亡的无意义快感当中溢出，与小说的诸多主题嫁接在一起，获得了更为丰富的内涵。也只有在性被赋予意义之后，我们才能理解，为什么杜远方在性行为中的一次倔强的粗暴，会导致李敏芬下定决心离开和出卖他；也才能理解，为什么在这两个人的故事里，从未正面涉及杜远方的历史，但我们已经对他与权力之间的关系了解得如此深刻。

宁肯正是这样，通过在单一的时间线条上不断衍生多重空间，增加了时间的重量与质感，让极为缓慢的叙述也能够趣味横生。对此，作者本人在写作札记中的表述更为生动："不要说在现实中，就是在小说中人的心理也是多么丰富，瞬息万变！独自已是无限天地，两个人更像是对面开来的火车，窗口与窗口的那种交互，映现，飞速，一旦用文字放慢，也像高速摄影机放慢后的情形，多少真实与发现尽在其中。心理，如果准确予以表现，当然不会枯燥，更不会乏味，因为它就像分层的镜子。"[①]宁肯在此仅仅提及他所打开的心理空间，实际上他从情节当中不断跳出进行的哲学思辨、历史回溯，无不构成这样如对开列车般的效果。将小说视为一种空间艺术，意味着可以不时停下来，以形而上的思辨拓展小说想象，参与小说叙述，灵活小说形态。正是在这一意义上，无论是宁肯还是米兰·昆德拉，在小说中进行的形而上思考都是属于小说的，而非属于哲学的。

四、图书馆与可疑的叙述者：小说空间的可能与限度

而如果我们注意到，宁肯恰恰是在注释当中对如何阅读注释提供说明，则不难发现，宁肯在小说中展开的形而上思考，不仅针对外部世界，而且自反性地关乎小说本身。当宁肯拒绝沉迷于小说的叙事时间当中，而将其视为一种立体空间艺术，小说便被对象化了。通过不断变换组合走廊、花园、草坪、喷泉与影院的位置关系，他在为读者/观影人提供丰富建筑趣味的同时，也在思考建筑的边界。在一次访谈中，宁肯更为详尽地论及注释的意义：

①宁肯：《三个三重奏》，北京十月文艺出版社2014年版，第478页。

> 有一次我在鲁迅文学院讲课时讲了注释在《天·藏》中的六种功能，除了居间调动、转换视角与叙述，我在注释空间里植入了大量的情节、某些过于理论化的对话，以及关于本部小说的写法、人物来源、小说与生活之间关系的元小说的议论。注释在这部小说里不是单一的功能，既是叙事也是话语，比起保罗·奥斯特那一个点复杂了太多，事实上成了小说的后台。读者不但看到前台，还更清晰地看到后台，甚至参与到后台里来，成为一个连通小说内外的空间。这样对注释如此“复杂”的征用是前人没有过的。它已不是技术，而是世界观，是怎样看世界，是对世界的重构，没有这样的形式就发现不了一个“这样”的世界。[①]

既然作者邀请我们进入后台，则小说剧场上的角色、对白、走位与布景调换都成为另一空间之物。我们当然可以借此位置更为清楚地看到小说的写法、人物来源，但更为重要的可能是在更为广阔的空间范围里，去思考小说与生活之间的关系：对于现实而言，小说到底意味着什么；它能抵达什么，能召唤什么，又能够遮蔽什么。正是在这样的追问中，宁肯的元小说叙事终于不再是他所不屑的“把戏”[②]，而真正成为促发读者思考的起点。

实际上在小说一开始，宁肯即向我们展示了这样一种文本空间结构。那就是叙述者“我”的那座囚房般的图书馆。在小说中宁肯还将几度提及这座图书馆，博尔赫斯式的图书馆，通天书架环形摆放，又经由

---

①宁肯、王春林：《长篇小说的魅力——宁肯访谈录》，载《百家评论》2014年第5期。在小说后记中，宁肯有过类似的论述，但是访谈中的这段话所呈现的信息更为丰富。

②宁肯：《三个三重奏》，北京十月文艺出版社2014年版，第481－482页。宁肯在此对于表演式的“元小说”姿态颇不以为然：“虽然也大体知道元小说是在小说里谈小说，在小说里告诉读者我写的是小说，但总觉得这是一种把戏，意思不大。即使理论背景是颠覆、解构也意思不大，颠覆什么呢？模糊真实与虚构的概念？听上去新鲜，但还是把戏。”

博尔赫斯式的镜子不断复制，将空间扩大至无限的图书馆。当然还有坐在图书馆中的那个叙述者“我”。宁肯本人对叙述者极为重视：“我觉得在长篇小说中制造一个叙述者至关重要，这方面中国的小说似乎不是特别讲究，通常作者就是叙述者。制造一个叙述者，作者躲在这个叙述者后面很多东西就方便多了，一切都可推给这个叙述者。”[①]而如果如略萨[②]所说，叙述者在小说文本当中占据着一个奇妙而至关重要的空间位置，则叙述者“我”和图书馆便一起构成了《三个三重奏》的叙述者空间，小说中一切叙述都由此开始，一切空间构造也都由此奠基。而当宁肯将这一空间如此详尽地虚构出来，它便也成为可供观察与反思的处所。它才是小说当中，躲在红塔礼堂、甲四号院、北京城与那些走廊、花园、草坪、喷泉、影院背后的第三重小说美学空间，只不过在这里流荡的，是一种自毁式的美学。

这座颇具理想色彩的图书馆，显然是理性与知识的隐喻，在叙述者“我”看来，这一空间如此稳固与完美，它几乎能够容纳下整个世界。那些“我”在监狱里认识的人，听到的故事，都争相“期待着我，期待着成为我房间里的一本书”[③]。然而“我”的形象却何等可疑：一个自愿将自己束缚在轮椅上的健全人，本身不就是一种反讽性的隐喻？对于囚徒而言，世界就是他所能触摸到的囚房的模样。杨修即曾毫不留情地指出“我”从未在本质当中生活过，因而对整个世界一无所知。“我”在那座宇宙般的图书馆里所有的自信，在杨修的洞若观火面前都消失不见了。[④]相当程度上，杨修的指责并没有错，“我”的所有叙述与思考或许太多依赖于那座自我封闭的图书馆。且不说“我”必须依靠罗伯·格里耶的《一座幽灵城市的拓扑结构》和博尔赫斯的《圆形废墟》才能够与

---

①宁肯、王春林：《长篇小说的魅力——宁肯访谈录》，载《百家评论》2014年第5期。

②〔秘鲁〕略萨：《叙述者空间》，见《中国套盒——致一位青年小说家》，赵德明译，百花文艺出版社2000年版。

③宁肯：《三个三重奏》，北京十月文艺出版社2014年版，第4页。

④宁肯：《三个三重奏》，北京十月文艺出版社2014年版，第71－79页。

居延泽和杜远方对话，却无法从后者那里得到有效的回应。即便在人物形象塑造上，我们都能轻易看到“我”在不断从此前的文学传统中寻找资源。杜远方活脱脱是张贤亮笔下的那个右派归来者的变形，而在20世纪80年代，他又摇身一变成为改革小说中的乔厂长。这个从文学史经典谱系中抽离出来的人物，穿越20世纪80年代以后的苍茫历史，最终陷入权力的重重迷雾。杜远方在文本与历史当中的双重旅行，固然揭示出历史的种种悖谬、反复与异变；同时也提醒我们，在任何一个时代，文学面对现实与历史的可能与限度。而当“我”坐在图书馆的轮椅上构造杜远方和他的旅程，图书馆之外的风景、监狱中杜远方的陈述与图书馆中那些挥之不去的纸张共同造成了杜远方的混杂性，也造成了叙述本身的混杂性。“我”的叙述究竟是已经深入杨修所说的本质生活，还是仍旧顽固地带有图书馆的气息？《三个三重奏》里的杜远方、居延泽是否也和章永麟、乔光朴一样，说出了一部分历史，又歪曲了一部分历史，对更多的历史断层永远看不清楚？

有论者将叙述者“我”自我阉割般地依赖轮椅视为知识分子颓败的表征，进而质疑形而上的视线究竟在多大程度上打开了现实的角度，并提示那种关于历史的抽象理论有如小说叙述中的陨石，将影响作品的品质。① 但在叙述者的问题上，作为作家的宁肯与他所虚构的叙述者“我”是两相剥离的主体，乃是常识。因此我更愿意将这样一个可疑的叙述者视为宁肯有意制造的动荡空间，正因为有这一空间存在，宁肯的那些抽象理论甚至小说艺术本身才成为可供反思的对象，陨石在风化之后或能化作有机的土壤。如果说，米兰·昆德拉擅长在文论作品中以上帝般的语气张扬塞万提斯的遗产，认为小说的艺术远比笛卡儿所表征的理性传统更能帮助人类将“生活的世界”置于永恒光芒之下；②那么宁肯则通过这个可疑的叙述者对塞万提斯也提出质疑。宁肯当然仍相信小说的力量，并且在此前两重美学空间的建构中，不断丰富着这种力量。但任何力量都与虚弱共生，都有

①项静：《想象大地上的陨石》，载《上海文化》2014年9月号。

②〔法〕米兰·昆德拉：《小说的艺术》，孟湄译，生活·读书·新知三联书店1995年版，第4页。

其无从着力的盲点。在这一意义上，宁肯对小说艺术本身的形而上反思，较之昆德拉更为绝望，更为谦卑，却也更为接近昆德拉所说的那种复杂性的小说精神。[①]

（载《当代作家评论》2015年第3期）

①〔法〕米兰·昆德拉：《小说的艺术》，孟湄译，生活·读书·新知三联书店1995年版，第17页。

历史的野兽：《老生》论

徐　刚

贾平凹的长篇小说《老生》清晰呈现出历史重建与重述20世纪中国的努力。小说以多文本的“去历史化”方式，将革命编年史还原成民间野史般的流言蜚语和传说逸闻。小说在呈现历史别样意义的同时，也暴露出诸多问题。其历史叙述试图通过逃离革命史的方式标示自身的在场，以“去历史化”方式再度“历史化”，看似叙事野心宏大，实则并没超脱新历史小说的窠臼；小说中唱师这个游荡者，虽显示出作者的叙述权力，但他所探索的被压抑的历史主体，却无法建构一个完整的时代；作为一部去革命化的文本，小说通过叙述革命的消失来表明它对革命的态度，亦没能在“历史的野兽”的意义上捕捉重述革命难题的活力。

倘若在阐释小说文本时，我们将其“后记”也视为小说不可分割的一部分，那么我们在讨论贾平凹的长篇小说《老生》时，自然没有理由在小说结束之际，对附着在此的这篇文情并茂的文章视而不见，尤其是在面对这样一位惯于在“后记”中说明写作缘由的作家时更是如此。我们深知，作者的自叙总会在辩解和补充之中弥补小说的言之不足，其中甚至不乏欺瞒与伪装的陷阱，但对于规定小说意义生产的方式和方向，预设批评展开的可能路径，却具有极为惊人的效力。事情往往是这样，它既是可贵的引导，又是恼人的干扰。因此当贾平凹在《老生》后记里以“曾经的历史”“六十年来的命运”这样鲜明的字眼，明白无误地牵出历史的问题时，所有围绕小说《老生》的批评阐释，都注定要在历史叙述的周边小心翼翼地展开。尽管从某种意义上看，我们面对的可能只是一部并没有标明特定年代的，布满了谶语迷信、巫言传说的故事集萃。

一、历史的逃离与捕获

贾平凹一再声称："如果把文学变成历史，那就没有文学了，就没有意思了。"[①]但他的小说却总是与历史发生隐秘的关联。如有人所言，自《废都》起，"他的每一部长篇，都几乎是一个时代的关键词或照相式总结"[②]。人们也不得不由他的小说思索历史、记忆与个人书写之间的密切联系。在《古炉》"后记"中，贾平凹将《古炉》的写作与"文革"记忆紧密勾连："我的记忆更多地回到了少年，我的少年正是上个世纪六十年代的中后期，那时中国正发生着史无前例的'文化大革命'。""对于'文化大革命'，已经是很久的时间没人提及了，或许那四十多年，时间在消磨着一切"，"我想，经历过'文革'的人，不管在其中迫害过人或被人迫害过，只要人还活着，他必会有记忆"。[③]而一次回乡的经历与见闻，使他产生了把记忆写出来的欲望。《古炉》如此，《老生》亦如此。而后者更是一次大的整理，它试图写百余年中国，即意味着重写《古炉》中的"文革"《秦腔》和《带灯》中的乡村，还有他以前有所涉及，但终究不是重点的革命与暴力等。这种记忆的总结与整理，也自然包含着重新认识和表现现代中国的宏大抱负。[④]

确实如此，当代作家总是对历史心存执念，执着书写独一无二且激动人心的中国故事。在这样一个碎片化的时代，总体性历史已然不可挽回的今天，这样的抱负无疑令人感怀。这种顽固的历史癖，固然与中国人"重史"的文化传统息息相关，即历史作为文学的顽固癖好，证明着只有历史的在场才是伟大作家和不朽作品的完美保障。可问题也接踵而来：经历了

①孙若茜：《贾平凹：原来如此等老生》，载《三联生活周刊》2014年第45期。

②李美皆：《作家六十岁——以〈带灯〉〈日夜书〉〈牛鬼蛇神〉为例》，载《南方文坛》2013年第5期。

③贾平凹：《古炉》"后记"，人民文学出版社2011年版，第602－603页。

④参见王尧《神话，人话，抑或其他——关于〈老生〉的阅读札记》，载《当代作家评论》2015年第1期。

"后历史"的洗礼，文学的庄严表述早已变得举步维艰，新世纪小说的历史叙述其实不得不在"历史化的极限"[①]之处苟延残喘。就此，如何在纯文学的范围内书写历史，把握历史事件与文学记忆，在文学性与历史性之间艰难抉择，便成为至关重要的问题。作家固然对旧有的历史叙述心生不满，试图以自己的体悟重构历史，而复杂的20世纪中国恰好又为作家提供了丰富的素材，但文学性与历史性之间艰难的美学平衡，却是每一个写作者都需面对的棘手问题。这就像杨庆祥指出的："经过20世纪叙事学和新历史主义学派的理论阐释后，历史和小说之间的界限变得越来越模糊。即使小说家努力通过'形式''修辞'等等相对'文学化'的方式来为小说的本体地位进行努力，但是几乎所有的小说家都不得不服膺于这样一种规则，即，任何伟大的小说都指向一种历史，这并不是说小说就是历史的附庸，而是说，小说本身的宿命已经决定它必须与历史纠缠在一起，它从历史中起源，以历史为对象，最后创造历史并成为历史的一部分。"[②]而这种历史重建的努力，一方面在历时性的角度回应着整个当代文学史中文学与历史的症候性关联，另一方面在共时性的层面暗示了中国当下历史的断层和历史观的分化。

在陈晓明看来，当代中国小说的艺术性根本体现在它对历史的处理上，"放在世界文学的框架中来看，汉语小说的贡献主要也体现在对20世纪中国历史的表现上"[③]。而以个人经验穿越历史，重述20世纪中国，亦是最近一批青年研究者讨论的话题。他们认为，近三十年间中国大陆的长

---

①陈晓明：《"历史化"与"去—历史化"——新世纪长篇小说的多文本叙事策略》，载《杭州师范大学学报》2011年第2期。

②杨庆祥：《历史重建及历史叙事的困境——基于〈天香〉〈古炉〉〈四书〉的观察》，载《文艺研究》2013年第8期。

③陈晓明：《"历史化"与"去—历史化"——新世纪长篇小说的多文本叙事策略》，载《杭州师范大学学报》2011年第2期。

篇小说清晰地存在着一次重述20世纪中国的文学潮流。[①]叙述者们在“文革”结束、改革开放展开的背景下，感受到20世纪走向终结的气息，意识到从整体上把握和叙述20世纪中国的时机已经来临，而鉴于潮流兴起与“告别革命”论题的强烈互动，其目的自然是为了“摆脱20世纪历史中的主流叙述”。再加之有关“两个三十年”的讨论，“中国向何处去”成为现实隐秘的焦虑所在，连带着讲述20世纪中国历史也成为热潮。在这个意义上，历史的重述亦可看作历史转折关口的自我审视。而小说以虚构的方式，仪式般地对准“历史与怪兽”，以个人经验穿越已写就的革命编年史，进而总结革命世纪的腥风血雨，试图清偿它的遗产和债务，便具有别样的意义。在这个意义上，我们来审视贾平凹的长篇小说《老生》，便可清晰地领略其历史重建与重述20世纪中国的努力，小说以多文本的“去历史化”的方式，将革命的编年史，还原成民间野史般的流言蜚语、传说逸闻，呈现出历史别样意义的同时，当然也暴露出历史叙述的诸多问题。

在贾平凹看来，《老生》的写作也与一次回乡的经历有关。在《老生》“后记”中，六十岁的贾平凹将小说写作归咎于数年前除夕夜里到祖坟点灯，跪在祖坟前的他感受到四周的黑暗，也就在那时，他突然有了一个觉悟：那是关于生死的感悟。确实，“这是一个人到了既喜欢《离骚》，又必须读《山海经》的年纪了”[②]。从棣花镇返回西安，他沉默无语，长时间把自己关在书房里，什么都不做，只是抽烟。“在灰腾腾的烟雾里，记忆我所知道的百多十年，时代风云激荡，社会几经转型，战争，动乱，灾荒，革命，运动，改革，在为了活得温饱，活得安生，活出人样，我的爷爷做了什么，我的父亲做了什么，故乡人都做了什么，我和我的儿孙又做了什么，哪些是荣光体面，哪些是龌龊罪过。太多的变数呵，沧海桑田，沉浮无定，又许许多多的事一闭眼就想起，又许许多多的事总

①参见何吉贤、张翔、周展安《当代小说创作中的“重述20世纪中国”潮流》，载《21世纪经济报道》2015年5月4日；《“20世纪中国”的自我表达、重述与再重述——重述“20世纪中国”三人谈之二》，载《21世纪经济报道》2015年5月11日。

②贾平凹：《〈带灯〉“后记”》，载《收获》2013年第1期。

不愿去想，有许许多多的事常在讲，有许许多多的事总不愿去讲。能想的能讲的已差不多都写在了我以往的书里，而不愿想不愿讲的，到我年龄花甲了，却怎能不想不讲啊？！”[①]这是一个动情的时刻，其中自然包含着纠结的写作者如骨鲠在喉的郁闷和一吐为快的释然，而在这种重新想与讲之中，纷纷涌来的刻骨铭心的记忆与革命历史的暴力再现终究令人心惊。

在此，一方面在时间的消逝中感憾“世道在变”，进而追忆过往，这固然是极为普遍的个人动机；但另一方面，小说在讲述自己故事的同时，也试图记录一个时代和世纪，并通过他的讲述和记录让历史得以铭刻。《古炉》是这样，《老生》亦是如此。如果说《古炉》聚焦于“文革”这个20世纪中国历史的暴风眼，那么《老生》则试图在更漫长的历史里追溯革命的起源和后革命的余响，这便是对这个革命世纪的完整呈现。在这个意义上，评论者惊呼“他开始在小说中处理真正的历史经验了”[②]。而事实上，面对这部借唱师之口唱出的四个故事，无论是“对20世纪中国历史的一次还愿式的书写”，或是“20世纪中国的‘悲怆奏鸣曲’”[③]，其实都与作者某种老去的心态有关。当贾平凹的祖辈的历史与中国20世纪的历史发生重叠同构时，面对“风起云涌百年过”的时段，“我有使命不敢怠”的个人叙述便具有更加急迫的意义。

陈晓明所说的“晚郁时期”，用在花甲之年的贾平凹身上是极为恰切的。所谓“晚郁”，意再强调“历史沉郁累积的那种能量”，以及由此与“一大批作家‘人过中年’的创作态度的重合”，而其中最为重要的在于，“文学于苍凉中重新扎根于历史，历史又以这种方式给予文学以魂魄”[④]。《老生》大概属于这样的写作。这并不仅仅是一个“一生活得太长”的老者对自己一生所思所想的总结与回顾，而对于历史中的革命而

①贾平凹：《老生》“后记”，人民文学出版社2014年版，第291页。

②谢有顺：《〈老生〉：使乡土的“肉身”更真实》，载《羊城晚报》2015年4月19日。

③陈晓明：《贾平凹长篇小说〈老生〉：告别20世纪的悲怆之歌》，载《文艺报》2014年12月19日。

④陈晓明：《汉语文学的“逃离”与自觉——兼论新世纪文学的“晚郁风格”》，载《当代作家评论》2012年第2期。

言，更有一种“在烟雾里说着曾经的革命而从此告别革命”的凭吊与感怀。一部总结之作就是这样，“总结不是带有强烈文学性的词汇，它质地坚硬、思维中性、声调寻常，不过它却带有时间的属性，一条顺水滑行无情流逝的时间链条被外力拉断或阻滞，带来暂时的停顿和回望，因而一个野心勃勃的视野就值得期望”①。确实，相较于《秦腔》《古炉》《带灯》等贾平凹近期故事一向所主张的在琐碎的细节洪流中把握物象的静与慢，《老生》一反常态地冒险以小故事来搏击大历史，着实令人意外。在《老生》一书中，贾平凹有意识地疏离开那种历史大事件建构起来的20世纪的现代性逻辑，并以此化解历史化的压力，寻求对它的逃脱、转折的艺术表现机制，由此来打开汉语小说新的艺术面向。他尝试以民间写史的“去历史化”方式，试图“以细辨波纹看水的流深”②，实则是充满了野心的自我期许——重述20世纪的秦岭乡村历史，重新捕获更为广阔的宏观历史。

二、游荡者的权力

在《老生》中，贾平凹如此用力的写作，甚至不惜无视历史自身的复杂，或许和某种外向型的写作模式有关，他迫切需要一部辨识度较高的标志性文本。他需要在小说中清晰呈现可以辨认的中国形象，并以最为流行的中国经验来填充最易理解的历史观念。在形式上，最为传统的中国文本《山海经》的刻意显露，正是花甲之年的贾平凹如此急迫的一次人生总结的全部含义。在这个意义上，我们似乎就能理解小说通过《山海经》的强行植入来展开的一种叙事文学的多文本策略。尽管在此，《山海经》的引入有着“思维方式相近”的说辞：“《山海经》是写了所经历过的山与水，《老生》的往事也都是我所见所闻所经历的。《山海经》是一个山一条水地写，《老生》是一个村一个时代地写。《山海经》只写山水，《老

①项静：《一个人的总结——林白〈北去来辞〉》，载《上海文化》2014年第1期。

②贾平凹：《老生》“后记”，人民文学出版社2014年版，第293页。

生》只写人事。”[①]但这种自然与人事的生硬比附，以及希求达致的写出了整个中国的艺术效力，也终究是一种需要作者的辩词才可理解的相关性。而诸如“苦恼的仍是历史如何归于文学，叙述又如何在文字间布满空隙，让它有弹性和散发气味”[②]之类，以参差对照的方式提点故事，通过节奏感的调节，来制造的一种历史辽远已逝的气韵，也是淡漠无定、暧昧不明的模糊感觉。这或许也是南帆所言及的“一种模糊不定的氛围，一种氤氲蕴藉，一种空阔寂寥的‘虚’”[③]的题中之意。然而，以文本的拼贴制造一种多少显得微弱的形式美感，也算是贾平凹对于故事写法的不懈探索，他毕竟是要“以自己的方式写史，想借此回望人和村庄的来处”[④]，其间的辛酸成败也难一概否定。

很显然就历史叙述而言，《老生》早已溢出了主流意识形态的框架，它叙述着记忆中业已死去的历史，那些谶纬迷信和稗官野史，隐而不彰的奇谈、流言与传说。当然，这并不是为了取代旧有的历史，而只是补正史之厥，对主流叙述予以反思。正如王德威所说的，“小说夹处各种历史大叙述的缝隙，铭刻历史不该遗忘的与原该记得的，琐屑的与尘俗的”[⑤]。在此，贾平凹其实也是试图探索被压抑的历史主体，因而在此饶有意味的话题便是小说的历史讲述者“唱师”的功能与意义。

《老生》讲述故事的视角非常独特，它以唱师这个贯穿性的人物为中心，在他将死之际，通过聆听《山海经》获得一丝人性的启发，进而回顾自己一生的见证，叙述人类“在饱闻怪事中逐渐走向无惊的成长史”。“作为唱师，我不唱的时候在阳间，唱的时候在阴间，阳间阴间里往来着，这是我干的也是我能干的事情。”[⑥]小说在此虚设了唱师这个“确实

①贾平凹：《老生》“后记”，人民文学出版社2014年版，第292－293页。

②贾平凹：《老生》“后记”，人民文学出版社2014年版，第291页。

③南帆：《“水”与〈老生〉的叙事学》，载《当代作家评论》2015年第1期。

④谢有顺、苏沙丽：《不仅是伤怀——读〈老生〉的随想》，载《当代作家评论》2015年第1期。

⑤王德威：《想像中国的方法》“序言”，生活·读书·新知三联书店2003年版，第2页。

⑥贾平凹：《老生》，人民文学出版社2014年版，第142页。

是有些妖”的人物，他虚无缥缈、影影绰绰的形象，贯穿了整个故事的始终。他鬼魅般亘古不变的容颜令人心惊，那些阴阳五行、奇门遁甲的小伎俩，正是他得以示人的拿手好戏。唱师见证了无数的死亡，作为神职人员，他一辈子与死者打交道，往来于阴阳两界之间，没人知道他多大年纪，但关于他的传说，却玄乎得令人难以置信。用小说的话说，“二百年来秦岭的天上地下，天地之间的任何事情，他无所不知”，“而就尘世里的事务，他能讲秦岭里的驿站栈道，响马土匪，也懂得各处婚嫁丧葬衣食住行以及方言土语，各种飞禽走兽树木花草的形状、习性、声音和颜色，甚至能详细说出秦岭里最大人物匡三的家族史”[①]。他知道过去未来，预测吉凶祸福，见证生死繁华，歌唱逝者亡灵，“他活成精了，他是人精呀！”这当然只是作者故弄玄虚的笔法，却包含着深刻的用意。唱师的出现，使得小说似乎获得了一种貌似公允客观的叙事视角，并以民间性的方式见证历史，窥破着大历史的神话。就此而言，这唱师是巫、是神，他活在尘世间，却有着穿越阴阳界的能力，这使贾平凹的小说讲述变得别开生面，并进一步印证其小说美学“表现了一种西方现代主义文学的精神深度模式和东方神秘主义传统参炼成一体的尝试”[②]。

这位贯穿性的唱师角色，无疑有着复杂的历史内涵。对于主流意识形态而言，他是“妖孽”，但对于民间话语来说，他又具有某种神性的维度。他就介乎神与妖之间的位置，作为一位间离的入戏者而存在。而这种间离的入戏者的位置，其实也是一位写作者应该具有的位置。小说家要沟通历史与现实，在阴阳两界之间往来，因而小说本身的意义，也犹如唱师一样，它唱着阴歌，把前朝后代的故事编进歌词里，像超度亡魂一样超度历史。因而将唱师的形象理想化，使之玄之又玄，不仅具有隐喻意义，也具有间离的效果，它使得历史的真实性被悬置了起来。

唱师这位大地上的游荡者，颇有些类似于本雅明意义上的时代的异己者，“这些人无所事事，身份不明，迈着乌龟一样的步伐在大街上终

①贾平凹：《老生》，人民文学出版社2014年版，第3页。

②胡河清：《贾平凹论》，载《当代作家评论》1993年第6期。

日闲逛”[①]。他既归属于他所生活的那个时代，同时又是这个时代的异己者和陌生人。他见证着那些清白和温暖，混乱和凄苦，以及所有的残酷、血腥、丑恶、荒唐，洞悉着这个时代的秘密。他似乎具备在一成不变的历史之外开辟出新的线索与可能的条件。毕竟，那些被压抑的历史主体应该被拯救出来，而新的历史写作必须是同胜利者的历史写作格格不入的。伴随着一种显而易见的去革命化、去历史化姿态，小说中革命的过程被描述为荒谬的动乱，一次正义泯灭、邪恶丛生的行动。然而，这样一种概念明确的叙述行动，固然可以把个人、人物从历史的整合性中解救出来，但这种质疑的历史叙述姿态，也只能捕捉叙述者将死之时的记忆片段，将之连缀成破碎的历史，而无法建构一个完整的世代。

将历史简化为无聊的阴谋与血腥、荒诞的暴力和杀戮，尽管对于作者而言，一辈子所记取的刻骨铭心的个人记忆可能就在这里。而将历史讲述为神神鬼鬼的巫言，这是因为后者更具有叙述的快感，但对于以小说写史而言，其中的问题却显而易见。在此，唱师只是一个无所用心的叙述者，他只能叙述那些琐碎庸常的历史事件，将历史简单地道德化，抽象为善与恶，或是将历史描述为绝对的暴力的再现，而对于暴力本身缺乏必要的分析。就像评论者所批判的，“唱师就是替代性外在视角的行使者，他本身就是一个大历史的旁观者或者顶多是被动的参与者。唱师所体现出来的神秘性和乡民对他的敬畏感，不过是普通民众对于他者文化、另类世界的畏惧和小心谨慎的疏远。贾平凹在这里放弃了写作者的主体性，将自己的视角等同于叙述视角，也就是说曾经在批判现实主义、革命英雄传奇、启蒙历史叙事中的知识分子视角隐遁了，只有民众在星罗棋布、犬牙交错的村庄进行着蜜蜂寓言式的布朗运动”[②]。贾平凹也正善于运用“他者化”的历史主体方式，使自己的讲述从容地从某种艰难的叙述境地中逃脱。比如正像杨庆祥的精彩分析所昭示的，《古炉》中“去成人化”的历史主体，同时也是一个“去罪化”的主体，贾平凹正是通过这种方式将“历史责

---

①汪民安：《福柯、本雅明与阿甘本：什么是当代？》，载《马克思主义与现实》2013年第6期。

②刘大先：《小说的历史观念问题》，载《文艺报》2014年12月19日。

任”这一至关重要的写作伦理搁置起来，而罪成了暴力的奇观，对罪恶的记忆则“呈现为一种旧式文人式的抒情笔记”[①]。如果说在《古炉》中，历史写作的具体性（写实性）堕落为日常生活的拼凑，那么在《老生》里，野史、笔记，无从考证的乡野传说，以及神神鬼鬼的逸事，则无情填充了革命本该具有的模样。

唱师运用他看似高明的姿态俯瞰芸芸众生，他如巫师，如神鬼，如佛陀一般，不参与历史的实践，只是永远见证，永远游离。他见证世间一切暴力与痛苦，却只是以犬儒式的冷漠打量着，并且放任自流。这不由得让人想起韩毓海对20世纪90年代中国文学的反思，“什么是价值中立呢？尼采说追求价值中立就是佛陀的态度，佛陀的态度其实就是拒绝对事物表态，拒绝做是非价值的判断，佛陀的智慧就是对世界闭上眼睛。为什么？因为要保命、要长生不老，所以就闭起眼来对世界没有态度，只有价值中立才能长生不老”[②]。故而，唱师成了长生不老的妖孽，他的“一生活得太长了”[③]。

三、“野兽”，或重述革命的难题

《老生》将历史小说化，而革命叙事沦为谶语和传说，被还原成暴力与荒谬的夹杂。老黑为了女人起意闹革命，匡三鬼使神差成为革命功臣，而他卑微的滑稽史，不啻对革命正史的解构与颠覆。在此，以历史还原之名所做的解构工作固然显示出别样的意义，但却只是在20世纪90年代新历史的意义上延续革命叙述，并没有提供全新的历史哲学。因而贾平凹借唱师之口的讲史，固然饱含诚意，但仍脱不了老生常谈的意思。甚至，即使贾平凹自己，也曾在《白朗》《美穴地》《五魁》等匪事小说中展示过如今《老生》中的革命野史，他不过轻易重拾了从前的笔墨。

①杨庆祥：《历史重建及历史叙事的困境——基于〈天香〉〈古炉〉〈四书〉的观察》，载《文艺研究》2013年第8期。

②韩毓海：《关于九十年代中国文学的反思》，载《粤海风》2008年第4期。

③贾平凹：《老生》“后记”，人民文学出版社2014年版，第294页。

另外，小说对老黑之黑的描述，对白土、玉镯首阳山“不食周粟”的隐喻所包含的悲苦和义愤，以及土改中的基层乱象和“文革”中乡村政治的描绘，总觉得无法给人完全的陌生感。在此，革命起源的神话被无情嘲弄，革命的伟大创举被叙述成一般意义上的起事和造反，小人物的兴风作浪，而与以往王朝的民乱故事并无太大区别，这种写法无疑是以“让革命消失的方式表达了对革命的态度”[①]。而改革开放之后的段落，引人注目的还是那些时政或热点事件，如“非典”，如“周老虎”事件的直接拼贴，则又多少显得有些滑稽。正如人所言的，“如果一个作家一意孤行地要与大众传媒在社会效果上一较高下，那它必然会像乔伊斯预言的那样，在进行一场注定要失败的战争”[②]。

小说着力于描绘被压抑者历史的挖掘与呈现，其历史观却显得极为简单，依然秉承的是去历史化与去革命化的历史脉络，其复杂性描绘当然大为减弱。比如革命者无情的杀戮，就被渲染为绝对伦理意义上的恶，而无法包容深广的历史内涵。这一点并不奇怪，事实上，对于这个革命的世纪，对于20世纪的历史，贾平凹更多是在王德威“怪兽”的意义上来讨论。后者在《历史与怪兽》一书中延续对中国文学“阴影面貌”一以贯之的注目和探勘，提出的依然是“足令人心顾虑低回而引以为忧”的老问题——历史暴力及其文学书写。“我所谓的历史暴力，不仅指的是天灾人祸，如战乱、革命、饥荒、疫病等，所带来的惨烈后果，也指的是现代化进程中种种意识形态与心理机制——国族的、阶级的、身体的——所加诸中国人的图腾与禁忌。”他将历史的暴力比喻成“梼杌”这种“外表怪诞，本性凶劣，且好斗不懈”的“怪兽”。在他看来，这一切都源于历史“充斥着乱臣贼子，暴行恶迹的记录”，而“我们人类的每一代都见证、抗拒，也携手制造了自己时代的怪兽”，其极致处，“恶自我增生繁衍所建构出来的历史（或者应该说是反历史），只能平添更多的暴力

①何吉贤、张翔、周展安：《“20世纪中国”的自我表达、重述与再重述——重述“20世纪中国”三人谈之二》，载《21世纪经济报道》2015年5月11日。

②格非：《小说叙事研究》，清华大学出版社2002年版，第16页。

和荒谬”[1]。

确实，我们总是很习惯地将历史与暴力和荒谬相提并论，具体分析《老生》也可发现，恰如评论者黄德海所言，“整本小说，以杀心起兴，以凶心铺陈，以瘟疫卒章”，呈现的是一个“多头怪兽和狮子统治的世界”。它写的是“这个世界礼俗败坏，人活不出尊严，仿佛全都在什么恶兽的掌控之下”的现实与历史。因此这小说，“该算是贾平凹一曲悲愤的‘阴歌’，为百年风雨泥泞送终”[2]。这样的概括当然敏锐指出了文本的现实，但却并没能打开更为复杂的面向。在此需要引入阿兰・巴迪欧关于“历史的野兽”的概念，在“历史与怪兽”之外，去发掘历史叙述自身的生机与活力。

同样是在20世纪的背景中讨论历史与暴力之间的联系，巴迪欧在他的《世纪》中借用曼德尔施塔姆的诗句对“历史的野兽”的阐述其实别具深意。“我的世纪，我的野兽，谁能直接穿透你的眼眸，谁又能用自己的黏稠的鲜血，黏接两个世纪的脊梁？”尽管在巴迪欧看来，对于深陷于历史泥淖的人来说，20世纪是一个“悲惨而恐怖的事件”，“唯一能够来称呼其统一性的范畴是罪行”，而这个“罪恶的世纪”，处处可见的是“无法消退的暴虐”。但暴虐和罪恶并不是历史的全部，“这个世纪同时是囚笼和新生，同时是十恶不赦的恐兽和新生的年轻的野兽”。这里的“野兽”意味着，对于旧的世界来说，新世界是一个绝对的“溢出物”，它与原先的那个世界之间没有那种温情脉脉的藕断丝连般的联系，这是一种“横冲直撞，难以驾驭”的“纯粹的新”。因此尽管“历史是一只巨大而凶猛的野兽，它将我们陷于囹圄之中”，但我们“必须抵挡住他那重若千钧的目光，驯服它并让它屈从于我们的麾下”。而事实上，“对于一个到处流浪而奔跑的野兽而言，这个充满着羁绊的世界无疑是最大的障碍。革命，一定是革命，将这个曾经的世界在野兽那火焰般的身躯中将其燃烧殆尽，让

①王德威：《历史与怪兽：历史，暴力，叙事》，台北麦田出版公司2004年版，第5、109页。

②黄德海：《悲愤的“阴歌”——贾平凹〈老生〉》，载《上海文化》2015年第3期。

野兽将旧的世界连根拔起”[①]。

小说固然包含着一种先入之见的观念，他试图在“历史与怪兽”的意义上，通过暴力的再现的方式，呈现历史之恶，但历史的复杂性在于它自身兴许蕴藏着一股野兽的活力，那种“纯粹的新”能够超过作者既有的观念，以极其曲折的方式呈现历史复杂的踪迹。当然如《老生》所表现的，革命者最初兴许只是一群乌合之众，或打家劫舍的土匪，然而将历史道德化、欲望化固然简单轻率，人物自身的复杂在于他并不会始终随作者的笔墨流转。比如根据刘永华的考察，乡野民间对于革命造反的朴素态度，其实往往体现为对于造反主角超凡能力的赞颂而非诋毁。他们“或是神力惊人，或是步履如飞，或是法术通天，大多身怀绝技，具有上天入地之能”。有的民众虽然也意识到他们是“草寇”，然而，“这里无法看到对忠顺和反叛的清晰界分，对造反也没有指责、告诫的意思”。不能说这些传说在宣扬造反有理，但它们的确不去抹黑造反者，而“搁置对他们进行政治和道德的评判”，这为造反提供了一个相对自由的空间。这种造反观，为民众对中共早期革命者的理解和接纳，提供了一个值得注意的意识铺垫，为中共向乡村的渗透提供了一个相当基本的纽带。[②]我们其实是可以从《老生》中隐约感受到这种朴素的民间力量的。仔细体味小说对老黑的刻画，其实颇有点像《水浒传》对人物的描写。这是一个百无禁忌的新人，字里行间虽包含着嘲讽和挖苦，道德上的败坏也显而易见，但他参与历史时依然体现出复杂的韵味，人物身上有一种不屈不挠的活力。这是与贾平凹小说中由来已久的邪异的力量一脉相承的。尤其是当老黑、李德胜和雷布最后死去的时候，其实都潜藏着一种历史的悲壮感。

当然，就贾平凹笔下的唱师而言，当历史以去革命化之名沦为流言和传说之时，巫言、暴力、血腥与死亡就构成了历史发展的全部奥秘。因此无论是被革命者无辜杀害的普通人，还是革命者自身，最后都无一幸免地

---

①〔法〕阿兰·巴迪欧：《世纪》“中译前言”，蓝江译，南京大学出版社2011年版，第15－16、2－22页。

②刘永华：《造反故事与闽西土地革命》《社会经济史视野下的中国革命》，载《开放时代》2015年第2期。

走向死亡，而苟活者匡三其实只是卑琐的革命边缘人。小说固然通过这样貌似公允的方式，揭示了革命的无情、无耻与荒诞，却以恫吓的方式书写了造反者的悲惨命运，进而诅咒革命者（或暴乱者）不得善终的结局。然而客观上，我们也可隐约从中看到革命主体的塑造过程。在这些乱糟糟的妄想与行动之中，可以见出一份荒诞，亦可看到革命的艰辛。正是在无情的杀戮与死亡中，感受革命“为有牺牲多壮志，敢教日月换新天”的真谛。

总之，中国革命的难题性要求我们要不断地回顾鲁迅关于“革命混着污秽和血”的提醒，在文学创作上，也要直面这种难题性，因此如何理解革命自身必然携带的“污秽和血”，而非简单地在重述历史的潮流中反过来用“污秽和血”整个地取代了革命，这是需要小说写作者认真思索的问题。尽管就《老生》而言，贾平凹基于其写作技艺和生活经验的丰富性，从最污浊混沌的经验层面形成一道自下而上的微薄的光线，最终重返在我们各种观念型构之外的“地方”，进而传神地写出了国家和革命之外的某种“地方性”。这当然体现出作者思考的努力和诚意，事实上也为如何重新面对真实经验、书写真正的中国故事提供了借鉴意义。[①]但遗憾的是，其写作的世界观和历史观却无法产生显著的变化，这不由得让人想起孟繁华对于贾平凹这批“50后”作家的尖锐批评：他们“不再是文学变革的推动力量，他们对这个时代的精神困境和难题，不仅没有表达的能力，甚至丧失了愿望”[②]。确实，倘若不去力求开掘历史的复杂面向，而一味听凭唱师看似高明却不切实际的谶纬巫言，那么“历史必将被记忆的浮尘所掩埋，而那些浮尘堆积如山，终有一天会僭越地宣称它们是我们时代文学对于历史的真切记忆”[③]。

（载《文艺研究》2015年第12期）

①参见陈思《“新方志”书写——贾平凹长篇新作〈老生〉论》，载《中国现代文学研究丛刊》2015年第6期。

②孟繁华：《乡村文明的变异与“50后”的境遇——当下中国文学状况的一个方面》，载《文艺研究》2012年第6期。

③刘大先：《小说的历史观念问题》，载《文艺报》2014年12月19日。

在中国的大街上捡起一截断树枝

——“90后”诗歌印象及其他

肖　水

大约五年前，在离开出生地十几年后，我再度回到那里。那个小镇面目全非，我曾就读的小学残破不堪，敞阔的供销社变成了养猪房，电影院推倒后建成了镇政府的家属楼，街道上一些面目似乎熟悉但始终已经记不起名字的人，与你的目光对视，然后轻易地滑开，没有半点茫然。我再往山里走，去我外祖父外祖母的村庄。他们跟随我二舅进城十几年，所留的土屋在风雨和时间中已经变得低矮，但门前鲜红的对联使它依旧残存了一些生机，毕竟我当村长的小舅在建造他的三层砖房的时候，将它们连在了一起：泥与砖，新与旧。而它的近旁，泥房子倒塌了一大片，我甚至觉得我小舅是住在一片废墟的中央。那些房子的主人要么早早地进入了山间的坟地，要么他们主人的青壮年后代已经想方设法进了城，并决心不再重返这个叫“狸猫坳”的地方。狸猫坳，在湘南的土话里，就是“有老虎出没的地方”。我在祖先的牌位前待了一会，想了想我记忆里的那些烛火、纸钱和往地上浇去的米酒，然后就独自去田间走。村庄近旁的山坡上，本来应该绿油油、水潺潺的稻田，因为退耕还林，歪歪斜斜地插种了很多树苗。树苗就是树苗，稀疏的枝条在夏日的阳光下留下狭长的阴影。在我不远的地方，一个五六岁的小男孩，拖着一截断树枝在前面，晃悠悠地走。我望着他出神。他并没有发现后面的陌生人，不回头地走远，终至消失不见。那条断树枝在干的泥路上腾起的烟，长久地留在我的记忆里。

为什么在对“90后”诗歌发表看法之前，我絮絮叨叨了那么多？这是因为，在我看来，当代的中国比我更年轻的诗歌写作者，可能与我一样，将长期面临“一截断树枝”的境遇，这种境遇在这个小辑里也得到了部分反映。

传统的继子

2000年，黄灿然说，本世纪以来，整个汉语写作都处在两大传统（即中国古典传统和西方现代传统）的阴影下。但在20世纪80年代和90年代，中国古典传统的声音在诗歌写作中的渗入是微弱和不清晰的，而西方现代诗人的译作在中国的流布形成了一种巨大的混响。这种混响到了本世纪对“80后”诗人写作之初，依旧具有压倒性的影响。一个显而易见的例子就是，2002年河北教育出版社推出共51册的“20世纪世界诗歌译丛”，提供了除了中国之外的20世纪诗歌的完整图景，释放着无可逃脱的引力，几乎成为所有“80后”诗人的诗歌教科书。在很大程度上，借由切·米沃什、卡瓦菲斯、曼德尔施塔姆、里尔克、博尔赫斯、伊丽莎白·毕肖普、佩索阿、保罗·策兰、特兰斯特罗姆等人的诗歌文本，“80后”诗人迅速地成长起来。同时，西方现代诗歌的遮云蔽日之势，也将中国古典传统驱逐至最偏僻的角落。2004年左右，西方现代传统对中国古典传统的遮蔽达到了顶点。但其迅速得到清除，最重要的原因是，借助网络的兴起，“60后”诗人真正地崛起了。他们的文本，并非与中国传统有多么紧密的关联，最重要的是与他们的当下生活密切相关。“60后”诗人的崛起，使汉语写作在两大传统之外，积三十年的西方技艺与当下社会生活实践，形成了第三个传统。这个传统重视语言结构、日常经验、独立精神。而“80后”一代，继续将这一传统深化。这种深化最重要的特点是中国传统文化在诗歌写作中的进一步激活。而至“90后”一代，他们身处的环境特点决定了他们的认知特点。他们是首先在网络时代得到完全滋养的一代，他们几乎是全部可以完成大学教育的一代，特别是在大学中完成诗歌教育的一代。这决定了他们获取信息的便利，以及他们视野的开阔。更重要的是，他们是面临三大传统笼罩的一代。这三大传统中，其中三十年来的传统融合了前两者，又非常不同，最重要之处在于它确立了一种自信与自觉。这种自信与自觉表现为，接收西方现代诗歌的平等、自如心态，对中国古代传统的日益珍视，对创造中文诗歌现代性的自觉。我认为，随着三十年来传统的确立，中国古典传统、西方现代传统都会被慢慢吸纳，其中西方现代传统影响力会消退，中国古典传统会以更隐秘的方式呈现。而如何主动剔除对西方诗歌在道德与诗艺上的双重倒伏心态，以此建设汉语诗歌自我主导的、不以西方诗歌为映射的、体现“中国性”和“中国力量”存在的“现代性”，将成为“80后”“90后”重要的课题。通过对“90后”诗人的长期观察，我认为总体上他们对西方现代传统的理解、三十年来传统的理解优于对中国古典传统的理解。这并非坏事，甚至可以说，他们在起点上已经远远高于“80后”一代。但我依旧不免有些隐忧。当然，对生活的深入理解需要时间和阅历，需要对个体和社会的“痛”的体悟，但对中国古典传统的漠然，对当代三十年诗歌的厘清的推迟，都可能会影响“90后”写作的深入。此外，对西方现代诗歌的坐井观天式的疏离亦可能成为所有诗人面临的挑战。

孤独的异乡人

20世纪80年代，诗人的出场方式是在官方刊物发表作品；90年代，诗人的出场抛弃官方刊物，进入民刊盛行的时代；21世纪前十年，诗人的出场借助网络；当下，网络、官刊、民刊渐渐失效，“90后”诗人的出场方式主要依靠几个高校诗歌奖。之所以非常依靠光华诗歌奖、未名诗歌奖、樱花诗歌奖等诗歌奖项，是因为“90后”诗人已集中于大学之中。这点与产生民间写作与知识分子写作之争、口语写作和知识分子写作之争的时代完全不同。“90后”诗歌中，已没有口语的领地，而所谓的民间立场也被学院写作消化其间。“90后”诗人主要分布在大城市，集中在较好的大学。很明显，“90后”诗人中，东部远多于西部，东部又主要集中在北京、上海、南京、合肥等城市及其周边，其中又以这几座城市里的大学生诗人为主要代表。当然，这种粗线条地勾勒对部分“90后”诗人来说是不公平的，因为他们的自我存在被我的武断所忽视，但现实就是如此。这种

“90后”诗人的分布，最重要的原因可能源于教育资源的不公平分配。在中国不少“985”大学里，你已经很难看到真正来自农村的学生了。即使有来自乡镇的学生，大都得在初中阶段就得先挤进市里最好的中学，方有进入好大学的可能。中国诗人结构的变化，将深刻地引起他们写作内容的变化。相对于之前那几代人，在“90后”诗人的写作中，我们已经较少能看到真正的乡村书写或乡土书写了。在本小辑中我所看到的乡村书写，也带着与现实隔膜的意味。当然，当代“城市抒写”的转向的预言，也还没有在“90后”诗人身上实现。在中国，总有一股力在推动着诗人与城市反向而行。那么，“90后”诗人是否就游离在乡土与城市之间？有一种意味深长的表达是——“诗人是属于郊区的”。诗人是时刻要逃离城市的中心地带的，他们是城市的异乡人。对“90后”来说，他们几乎是没有太多物理的“童年景观”的——城市的演进，时刻发生，日新月异，不知不觉，麻木，适应——时间对他们童年的摧毁与其说是物理上的，不如说是心理上的。而对于“80后”之前的人们来说，城市与乡村的隔绝，城市与乡村之间的艰难泅渡，所带来的沉痛的时光感，对他们记忆的摧毁，可能不仅向度是双重的，而且几乎是让人痛彻心扉的。所以，在本小辑里，我们看到的更多的是“90后”独特的“家园意识”——“我”与父母的对话。对爱情的探寻转变为对爱情深刻的怀疑，父母和无私的父母之爱，逃脱以金钱为主导的现代文明、以人与土地的关系为纽结的泛乡野文明，成为急剧变化的工业化时代里唯一值得信赖的事物。但已经长大的、有更多独立思考精神的“90后”绝不是习惯于在羽翼下生活的一群，在父子、母子、父女、母女深情对话的背后，也彰显着他们对城市的背叛：对物质的警惕，对人与人之间冷漠关系的反拨，对自我的怀疑和反省。

我又想起那条在泥路上腾起的青烟的断树枝了，仿佛它此刻是落在了中国的一条熙熙攘攘的大街上。人潮涌动，高楼切割出无数几何形的天空图块，人们低着头走路，或者一边走一边看手机。我在想，谁会捡起它？

（载《天涯》2015年第4期）

西部以西：新疆当代文学的地域经验与书写策略

王 敏

一、西与西极

从地理方位来看，新疆在西部的最西端，是中国的西极属地，这片地域的文学与西部大文学概念中的其他地区间的文学之间有何种差异？这个问题也是1998年朱向前先生对西部文学思考的延续，彼时，他在为韩子勇先生的著作《西部：偏远省份的文学写作》写序时，除了高度评价该作之外，也提到他对西部文学研究的一种期待，即如何增加对有关西部文学内部的丰富性与层次感的思考。认为西部文学需要对西部不同省区的地域差异，土著作家与外来作家的文化差异，作家个体之间的性格、经历、气质、宗教信仰的差异带来的美学风貌的差异进行分辨与挖掘，[①]这为本文定位新疆文学在西部文学格局中的坐标提供了思考的起点。新疆文学在与西部文学一同分享被文学的“中央帝国”的历史、现实、城市放逐和抛弃的无辜处境之外，它如何以它相对“中央帝国”文学叙事的确凿性之外的丰富性，竞争“地域册封”的有效性？

新疆文学创作是对西极之地生存经验的一种集中反映，是绿洲地理的一种文学表述，在生产资源极其丰富与生态环境极其脆弱的不平衡发展中，似乎也囊括了目前文学与文化生活图景中所有热闹而矛盾的话题，如现代性与民族性，移民与原住民，族际交往与族际冲突，生态保护与城镇化，世俗与后世俗化，东部与西部（西部开发与援疆工程），中心与

①朱向前：《在西部坚守》，参见韩子勇《西部：偏远省份的文学写作》前言，百花文艺出版社1998年版，第1页。

边缘等等。新疆文学在西部文学中，像是次子，相对于承袭延安传统的西安文学，在整个西部文学的框架格局中发掘自己的“稀有价值”与“戏剧性”的命运，它比西部其他兄弟省份的文学更关心“出逃者”，收留“流放者”“西迁者”“流配者”“拓荒者”以及“远嫁和亲者”。绿洲与绿洲间地理的断裂使得它在挖掘自我的叙事资源时更注重“探险者”“独行者”“漫游者”“流浪者”“孤旅者”的行为取向与人物精神内核的关系，如对男性精神的崇拜以及对苦难价值的认同。此外，荒野、孤立的村庄、草原里的羊道、僻静的集市、废墟、差异群体的不可交流、个体的孤独也是它津津乐道的内容。这些新疆叙事的新疆元素，无一不是对西部以西绿洲割据这一地理空间的文化认知反馈。李娟的《走夜路请放声歌唱》，刘亮程的《一个人的村庄》，董立勃的《大路朝天》，沈苇的《一个地区》《开都河畔与一只蚂蚁共度一个下午》等，从来没有一个地方的文学迷恋空间的文学表述能与新疆相比，也从来没有哪个地方对时间的漠视、弃置与荒废能够与新疆文学的表述相比。它的辽阔、迢远、荒僻，对时间的遗忘（同时也被时间所遗忘）成就了它文学叙事中的“稀有价值”，并最终变“价值的胜利”为一种作家不自觉的“书写策略”。

的确，西极，西的极致也。西部以西，日落之处，常与寒冷、阴森、孤独、衰败等负面情感纠结在一起，在人们心中积淀成类乎先天性的西部印象：新疆是一片荒凉之地，诱发的永远是苦难和悲壮。在新疆166万余平方公里的面积中，干旱区的面积就占到了120万平方公里，是总面积的70%以上，绿洲的面积大约有13.6万平方公里，占总面积的8%，沙海之中的孤岛，养活着庞大物象作用下的生命体与文学的命脉。这样的地貌一方面在生产着独特的新疆文学空间的视觉图谱（这与西部片中视觉图谱的模式极其相似，如简陋的驿站、原木小屋、沙漠、荒原、小镇和酒馆等），另一方面呈现着个体在庞大的空间里，面对时间的脱序、悬置与消失状态。除此之外，新疆相对于西部其他兄弟省份而言，更鲜明的伊斯兰教文化形态与内地以儒家伦理观念为核心的汉文化有着显著的差异，文化的异质性也在加深新疆文学表述中个体存在的孤独感，以至于产生基于中心城市结构下的社会体的脱序感与面向乡村共同体的认同感都是西部以西文学表述的特点。具体而言，这些面对新疆广袤空间挖掘其“稀有价值”的审美冲动，在新疆当代文学作品的生产中集中体现为“记游与想象”“还原与重新给予”“籍属与认同”“恋乡与怀旧”等四种书写策略。

二、记游与想象

面对这么辽远、宽阔，与周边接壤的地理面貌与地域体验，有的作家选择了记游与想象的书写策略。其实从整个西部的历史来讲，原本就是一片充满流浪性质的土地。这里的游牧民族的生活方式是逐水草而居，他们随季节的变换而迁徙。西部从古至今都与迁徙和流浪有关：戍边和屯垦的将士，贬谪的官员，流放和发配的罪犯，被动的移民，观光游历者，现代支边者，以及因躲避战乱、灾祸、饥荒而西行的流浪者，等等。至今为止，很多人还是这样思考，旅行的地点总要变成一种厌倦了城市文明的自我流放的替代。“故乡在远方”的西去和出塞便成了一条刑罚之路、流放之路、冒险之路、避祸之路、失根之路。而正是这样的一条路，才使得西部作家不遗余力地展现一种寻根意识，或是对宗教的追寻，或是对内心的回归，都是寻根的表现。

记游与想象在李娟的新疆书写中得到了完美的结合。一个汉族姑娘记录自己跟随哈萨克牧民转场生活的日常点滴，这种书写通过内地读者的想象获得了审美的放大和市场的圆满。[①]2010年，李娟写散文将近十个年头，她红了。她的散文《阿勒泰角落》和《我的阿勒泰》开始大卖，有评论说：“李娟怀着对生存本能的感激与新奇，一个人面对整个山野草原，写出自己不一样的天才般的鲜活文字。”[②]2011年，她又陆续出版了《走夜路请放声歌唱》《冬牧场》，2012年出版了《羊道》三部曲。在李娟的文字世界里，她自己就是大自然的一分子，她看待周遭的视线很低。

---

①王敏：《边疆新生代文学如何进入公共视野》，载《文艺报》2015年1月28日，第6版。

②陈熙涵：《李娟，一个人面对整个的山野草原》，引自http://www.china.com.cn/culture/book/2010-07/10/content_20466059.htm。

我刚进入这片荒野的时候，每天下午干完自己的活，趁天气好，总会一个人出去走很远很远。我曾以我们的黑色沙窝子为中心，朝着四面八方各走过好几公里。每当我穿过一片旷野，爬上旷野尽头最高的沙丘，看到的仍是另一片旷野，以及这旷野尽头的另一道沙梁，无穷无尽。当我又一次爬上一个高处，多么希望能突然看到远处的人居炊烟啊！可什么也没有，连一个骑马而来的影子都没有。天空永远严丝合缝地扣在大地上，深蓝，单调，一成不变。黄昏斜阳横扫，草地异常放光。那时最美的草是一种纤细的白草，一根一根笔直地立在暮色中，通体明亮。它们的黑暗全给了它们的阴影。它们的阴影长长地拖往东方，像鱼汛时节的鱼群一样整齐有序地行进在大地上，力量深沉。

走了很久很久，很静很静。一回头，我们的羊群陡然出现在身后几十米远处(刚到的头几天，无人管理羊群，任它们自己在附近移动)，默默埋首大地，啃食枯草。这么安静。记得不久之前身后还是一片空茫的。它们是从哪里出现的？它们为何要如此耐心地、小心地靠近我？我这样一个软弱单薄的人，有什么可依赖的呢？

——《羊道·冬牧场》

2010年冬天，李娟跟随一家熟识的哈萨克牧民深入阿勒泰南部的冬季牧场、沙漠，度过了一段艰辛迥异的荒野生活。上述文字正是她对这段生活的记录，装订整理成其新作《羊道·冬牧场》。2012年，李娟出版了《羊道》系列三部曲。李娟的散文之所以能够得到认同，更大程度上来源于其背后支撑她的强大事物（一个不可让渡的新疆土著身份），以及她将栖身于其中的生活重新陌生化，并重新审美化的诸种努力。简言之，她能主动拉开与她所栖身生活间的审美距离。对此，刘亮程说得好，李娟至今还生活在遥远的新疆阿勒泰山区，跟着母亲做裁缝，卖小百货。她们常年跟随着游牧的哈萨克牧民，这让李娟得以深入牧民的生活，并在他们的饮食起居中，看到一个“制造地理”中的新疆面貌。

为什么一位“山野姑娘”的作品在繁华的都市引起如此大的反响？在全球普遍现代化喧嚣的城市景观中，李娟的文字呈现出另一个现代化时间之外的平行空间，审美化地重构了新疆的本土性和民族性：一个遥远、偏僻、神秘，让人却步却又浮想联翩的地方性，一个有待重新打量并能通过浪漫主义的屡次登陆而不断重生的地方新写实主义，一个通过记游拉伸被城市生活所压缩的都市人生活空间指涉了异域想象的书写策略。李娟的散文，使人们被城市化掏空后的贫瘠想象有了现实的着陆点。①一如刘亮程的《一个人的村庄》，李娟的阿勒泰，也是她一个人视角里的阿勒泰，是语境化后的新疆在作家视角主义立场中的个性化呈现。在李娟的笔下，新疆的阿勒泰“轮回”般地与梭罗的瓦尔登湖重叠，浪漫主义以一种新写实主义的身份，与现实主义混同。

三、还原与重新给予

西地之极，与邻国接壤，有许多差异民族群体的异质文化，与内地文化极其不同，面对新疆地域内的这种异质文化，通过现实还原与主体的重新给予的书写策略去展现族际交往经验的，有两个作家值得一提。一个是王蒙，新疆是王蒙的避难之地，一别京城16年，他在伊犁巴彦岱公社像一个真正的农民那样劳动、生活了8年。其系列小说《在伊犁——淡灰色的眼珠》就是他献给第二故乡——伊犁的纪念品。这些作品书写了那些普普通通的维吾尔族、回族、汉族等各民族群众在特定年月的生活，以及作者个人的亲身经历和生命感触。在王蒙之前,还没有一个当代作家能将新疆兄弟民族特有的民族个性和现实生活这样真切地书写出来。可以说，王蒙关于新疆的文学作品开启了新疆新当代作家对新疆各民族现实人生状态进行关注和表现的现实传统。另一个是董夏青青，2009年7月，董夏青青来到了新疆，成为新疆军区政治部创作室的专业作家。这之于她是一次人生的转折，也是一次写作之旅的全新启程。在新疆乌鲁木齐的独特体验，大大刷新了董夏青青之前的生活阅历。她的生活被新疆重新“给予”了，新

①王敏：《边疆新生代文学如何进入公共视野》，载《文艺报》2015年1月28日，第6版。

疆文化的多元丰富，民俗风情的差异性以及新疆2009年发生的许多社会变故，给予了她全新的素材和全新的思维角度。对她以及她的写作而言，这种“被给予性”是无处不在的。如果未来新疆之前，她对新疆有过种种的想象——这种想象当然能够构成她对新疆生活种种直观的感受——那么，这些想象在她亲临新疆生活，完成对新疆生活的在场之后，得到了另外一种还原。正如海德格尔所言，亲身是存在者自身被给予的一个显著样式。董夏青青的北京移民身份，使得她对新疆体验得到了“亲身的同一性”。这个改变直接作用于她的写作。2009年，她基于移居新疆体验而创作的小说《胆小鬼日记》在《人民文学》2010年第4期发表，小说以散文体的笔法，记述了作者初到新疆乌鲁木齐的所见所感。通过与一个维吾尔族小男孩的不期而遇，进入与一个维吾尔族家庭的日常交往，穿插叙述了父母对自己的惦记与关爱。这里又牵扯到一个话题，审美距离之于创作主体的意义。毫无疑问，董夏青青与新疆的生活是有着绝对尺度的审美距离的，然而她移居新疆所获得的完整的叙事在场，使她保有对新疆生活的亲身同一性，这又使得她的创作不会变成对新疆生活的一种猎奇性记叙。

她的写作在直观尺度上被无限给予，却又能够在“面向实事”上得到一定程度的还原，这是她的《胆小鬼日记》能够被认可的重要原因。同时，作者通过虚构一个五岁的维吾尔族小男孩凯德尔丁与“自己”的对话来结构全文。在凯德尔丁与“自己”充满童趣与情趣的言语交际中，作者让“自己”自然而然地联想到了童年，不能不看重这位小朋友。因为他给了她天真烂漫的温馨，给了她毫无保留的友谊，给了她无须设防的信任。甚至可以说，这样一个不期而遇的异族男孩，反而给她营造出一个心安的氛围，使她虽然初来乍到，却可以拥有一个可以置放不安的“自己”的落脚点。从而能够对这个陌生又心悸的异地的观察与瞭望，具备一个相对正常同时也得修正的视角。由此及彼，异地的生活体验以及对童年记忆的勾连，使得作者难免有了想家之情。

如上所述，这些细节再次证明，董夏青青对新疆生活的还原并不具备她所被给予的那么完全。她必须将这种异域的体验还原到自己所熟知的童年经历和生活经历中去，才能把握住目前生活的真相。也就是说，董夏青青对新疆生活的叙述中，虽然具备完全的主体在场，也在尽可能大的限域里得到了相对多的给予，同时也能够进行烛照自身经历的还原。但是由于这种还原并不具备一定的问题意识在场经历，使得她的叙述并不能真的切入新疆生活的真相。

四、籍属与认同

韩子勇先生在《西部：偏远省份的文学写作》中写道："籍属对一个作家精神与心理的影响远比人们想见的要大得多。从通常的含义上人们以'置身异乡'来观察它。"[①]它意味着"一个人的完成，故乡不仅仅是一个被情感价值泡透的意象，它还是一种判断、一种意识模型和通常人们评断事物不易觉察的隐性干扰（或决定）力量。特别在家乡观念深重的中国，故乡是一种立场、一种批判武器和生硬难化的意识之核"[②]，它往往决定着作家的作品价值。西地之极，会强化移民与客居作家对籍属的认知，会更清晰或者更模糊。

新疆的汉族作家不论是童马这样久居此地，还是像红柯这样的客居身份，都有着身处两种文化（中原传统的儒家文化和西部的草原文化）的特殊境遇，与异质文化（伊斯兰教文化与现代、后现代文化）间的冲突，也使得作家在具体的创作过程中不断选择和碰撞。在这多种文化中究竟选择哪一种作为自己的书写对象，或者如何在文本中进行多元文化的有效融合，籍属与文化认同间的关系始终作用于他们的创作；如何在发掘他乡之美的同时不背离对自己故乡的认同，是他们在创作中有意去调和的。这一点在诗人沈苇的诗歌创作中比较典型。

记得沈苇在自己的简介中直接说："生于江南水乡，爱着新疆沙漠，视地域的两极为两个故乡"[③]，同时在《故乡与他乡》中他说："故乡与他乡造成了我的分裂。但这种分裂并不可怕，有时还十分令人着迷。……

①韩子勇：《西部：偏远省份的文学写作》，百花文艺出版社1998年版，第138页。
②韩子勇：《西部：偏远省份的文学写作》，百花文艺出版社1998年版，第139页。
③沈苇：《我的尘土我的坦途》，新疆人民出版社2004年版，第2页。

有时，天平会倾斜，刻度表会乱跳，重和轻会相互颠倒，但在它们之间，依靠心灵的力量，总会达到一种微妙的平衡。”[①]

“水和沙漠已成为我生命里的两大元素。”“在新疆待久了，我会如饥似渴地思念家乡，思念家乡的小镇、村庄、运河、稻田、竹林、桑树地（那里留下了多少童年愉快的记忆啊），思念家门口的小路、水井、桂花树，一天天衰老的父母……只要回去呼吸几口家乡清新湿润的空气，吃一碗母亲做的香喷喷的米饭，还有炒青菜、咸肉蒸冬笋，我的思乡病就会得到治愈。”[②]在许多诗篇中，沈苇以湿润的、饱含柔情的笔致写到自己的江南故土：“雨水倾向劳作，倾向村庄，缓慢着车轮的转动/我的祖先在雨水中洗脸，向着土地诉说衷肠/我的祖先背影模糊，大片汗水抚慰庄稼/他们在生活的责任中表达/稼穑的寂寞，镰刀和麦穗的锋芒。”[③]（《故土》）“但我从未真正离开过——沿着旧宅的老墙，青苔又爬高了三寸/天井如同从前，睁着一只空洞的眼睛/一只废弃的木桶，张大嘴巴/承受天上偶尔的一滴。”[④]（《多年以后》）他在新疆生活的许多瞬间，无时无刻不在怀念自己的家乡，他会怀念“漏雨的房顶”“镰刀上的铁锈”“母亲蓝布衫上的几个补丁”，怀念青少年时期在浙江湖州老家读书的日日夜夜。然而，在老家待上一段时间，又会受到另一种家乡情怀的牵挂，再赶几天几夜的火车，回新疆去。对于诗人而言，南方、北方，这两个故乡都是如此重要，是他开启每一句诗行无法割舍的两个注脚，两份差异性意义的阐释。沈苇的书写策略背后所隐含的籍属压力，以及他在面对这份压力竭力去调和的一种主体努力，在《移民，他者的人质》中得到了显豁的表达：“原住民是一棵扎根下来的树，移民是一片飘零的叶。移民是经常回望故乡的人，是试图与远方结合的人。所以，

①沈苇：《沈苇诗选》，长江文艺出版社2014年版，第234页。

②转见刘翔《沈苇与他的混血诗》，引自http://www.literature.org.cn/Article.aspx?id－15012。

③沈苇：《在瞬间逗留》，百花文艺出版社1995年版，第5页。

④沈苇：《高处的深渊》，新疆青少年出版社1997年版，第91页。

移民一辈子都在路上，在没有尽头的路上。”[①]

新疆生活带给沈苇的东西是一目了然的，但江南气质给沈苇的西部诗歌带来了同样珍贵的东西——他发现了西域内心深处的女性之心，在其主编的“西域风月”丛书卷首语中，他曾这样写道：“……在西域粗犷、坚硬的外表下，一定藏着一个阴柔、温婉、细腻的西域，藏着一颗柔情似水的女性的心。每当我们想起那些大名鼎鼎的男性英雄的时候，同样要牢记这些美丽动人光华四射的西域女子的名字：十二木卡姆的搜集整理者阿曼尼莎汗、身上散发着沙枣花香的香妃、远嫁西域的汉家公主细君和解忧、在库车河畔治病救人的瑞典女传教士洛维莎·恩娃尔、英国外交官夫人凯瑟琳·马噶特尼……”[②]在他看来，阴性的西域、女性的西域一直被男性的西域书写所遮蔽，这种观点可以看作是作家的籍属压力在文本策略心理认同上的一次观念置换。

值得指出的是，有关籍属与认同关系的表达不唯独在沈苇身上体现，在其他作家，尤其是客居与初期迁居新疆的作家身上也都有所表现。这似乎是他们普遍的境遇，一种文化上的分裂症。对沈苇而言是“一半在雨水中行走，一半在沙漠里跋涉”，对其他作家也是一半一半。沈苇在《一滴水的西西弗斯》中描绘了这种流寓性带来的分裂感和必需的综合调适感：“置身沙漠，一个终结，一个开端；是墓地，也是摇篮；一种新文明的曙光，一种破晓的庄严。塔克拉玛干，一位伟大的教父，接纳了迟到的义子和教子。我看见自己的一半在雨水中行走，另一半在沙漠里跋涉。”[③]当然，诗人也力图去调和南与北、中心与边缘间的文化张力，在身份的籍属压力之外，希冀能够以一种“中和”的美学观念实现“混血诗歌”的创作理想。

历史经验提供的颠沛流浪、现实经验中正在进行的戈壁沙漠里的东奔西

①沈苇：《西东碎语（代诗人简历）》，见沈苇《沈苇诗选》，长江文艺出版社2014年版，第235页。

②沈苇：《女性怀抱中的西域》，见王敏《龟兹物语》总序，新疆人民出版社2006年版，第2页。

③沈苇：《沈苇诗选》，长江文艺出版社2014年版，第240页。

走、写作经验中语词表述的流离失所，使得客居作家的文学表述挣脱了一个地域对另一个地域的束缚，实现了对“另一个我”的认同和表达，从而造成了主体的异化和分离，产生分不清哪个是“我”，哪个又是“我的镜像”的迷惑来。新疆的异域体会给了他们全新的自我建构，他们发现了另一个自我的苏醒。

就这一美学表征在文学写作中的体现而言，著名评论家韩子勇先生有一番精妙的点评，他认为“根”或“家园”在西部文学中应该有更趋于哲学性、神性的沉思。这是一个相反的命题，是因“缺乏”而“强调”的命题，正因为汉文化在这里的分布更漂移、更破碎、更缺乏稳性和持久力，但又源远流长不绝如缕，“根”或“家园”才显得更为迫切一些。[①]因此，对很多客居新疆与移民作家而言，西地之极所造成的籍属压力，在新疆本地认同无法实现的情况下，使得他们会更加坚决与执拗地转向内地，以期寻得一种文化根脉的延续。他们与新疆地域的关系更像是养子在寻求养母的认同，就像沈苇所感慨的“‘在异乡建设故乡’是一个漫长的过程，与此同时，一个一分为二的人总怀着重新合二为一的憧憬”[②]。

五、恋乡与怀旧

如果说前四种方式是作家表达新疆“西部以西”这个地理空间所通用的书写策略，“恋乡与怀旧”则体现出新疆作家对相对“静止”了的新疆时间的一种思考以及对相对“偏远地方”的一种文化保护。也有两位作家比较典型，一个是刘亮程，一个是董立勃。他们两位，一个是乡村时间的朝圣者，一个是对“过度开垦”以期拉平时间进程的市场文化的反思者，二者都在维护一种“相对静止”的家园价值。

从时间的线性发展来看，城镇属于时间的未来，乡村属于时间的过去。乡村是城市的他者。与此同时，怀旧/恋乡还意味着渴求某种属于远方

①韩子勇：《忧伤的漂泊与荒野恐惧》，引自http://wh.xj169.com/literary/ddwx/arts/2004/03/19759.htm。

②沈苇：《沈苇诗选》，长江文艺出版社2014年版，第234页。

和往昔的东西。刘亮程的作品中，始终体现出他对往昔、故去的家园时间的眷恋与维护；他不止一次写到北疆一个叫黄沙梁的村庄成为作者所有的安慰，是他精神世外桃源的栖居地；写到城市生活相对于乡村记忆的无意义性。在村庄里，“我”曾经与虫共眠，是一个通驴性的人，知道一朵花的微笑……有着太多快乐的时光，但这个村庄的偏僻、迟缓、千篇一律促使作者选择了背井离乡。当“我”离故土越来越远，最后成为城市一员的时候，才发现“我的故乡母亲啊，当我在生命的远方消失，我没有别的去处，只有回到你这里——黄沙梁啊。我没有天堂，只有故土”[①]。一句“没有天堂，只有故土”（《只有故土》），道出了故土对于作者的意义。

相较而言，同样生活了十几年的城市经验，似乎与作家无法建立任何情感的联系。城市对他而言只是一个适合身体生活的地方，面对城市，作者始终觉得自己仅仅是一个旁观者，是一个生长在城市表面无根的浮萍罢了。他把耐心赋予乡村的时光，在这里“时光耐心地把最缓慢的东西都等齐了，连跑得最慢的蜗牛，都没有落到时光后面”[②]。（《把时间绊了一跤》）他让无形的时间在虚土庄具有实体，“我们村子里有一些时间嚼不动的硬东西，在抵挡时间。反正时间被绊了一脚，一个爬扑子倒在虚土里。它再爬起来前走时，已经多少年过去，我们把好多事都干完了，觉也睡够了。别处的时光已经走得没影。我们这一块远远落在后面”[③]。（《把时间绊了一跤》）时间也具有生命，“时间在丢失时间”。“当我们老得啃不动骨头，时间也已老得啃不动我们。”[④]（《把时间绊了一跤》）

刘亮程作为乡村时间的朝圣者，对于固守“静止了”的过去时间的美学坚持，在很大程度上消解了城市所表征的未来时间的意义。尽管他在城市已经生活了十几年，但是他的写作始终是对于黄沙梁的回望，城市很少

①刘亮程：《一个人的村庄》，春风文艺出版社2006年版，第186页。

②刘亮程：《虚土》，春风文艺出版社2006年版，第119页。

③刘亮程：《虚土》，春风文艺出版社2006年版，第120页。

④刘亮程：《虚土》，春风文艺出版社2006年版，第121页。

入他的笔端，即使是偶尔的书写，也难掩嘲讽之词。虽然他身处城市，心却始终寄托在乡村，他只是城市中的一个过客而已，城市的文明与他这个村人似乎格格不入，他们属于两种不同的时间群落。在《远远的敲门声》中，他形象地说出了自己对于城市经验的不满，他说在城市里："再后来，我就到了一个乌烟瘴气的城市里。我常常坐在阁楼里怀想那个院子，想从屋门到院门间的那段路。想那个红红绿绿的小菜园。……我本来可以自然安逸地在那个院子里老去。"[①]刘亮程借助乡村时间的书写策略，审美地扼住了现实语境里，新疆乡村城镇化的时间进程，提供了一种之于东部地区时间快速更迭而言，相对静止的时间美学。

概括地来看，就新疆本地性的现实语境，许多作家有关新疆的散文书写往往侧重于民俗、风光与少数民族性的书写与展示。譬如在新疆生活了十六年的作家艾青，他的散文集《绿洲纪事》可视作对新疆民俗、景色描写的经典之作；刘白羽的新疆游记散文《昆仑山的太阳》以及王蒙、汪曾祺、张承志等人关于新疆风景、奇闻逸事的大量书写，都侧重于对一种民俗生活地域性甚或民族性的描写。刘亮程的散文书写则格外侧重相对于东部地区的"时间群落"而言并不同步的"时间秩序"的建构。比如他写库车老城，并没有把笔触过多地落于民俗风情的勾勒与描摹上，而是透过纷繁特殊的民俗事项，在变化的民俗百态中寻找不变的时间节点，进而建构不变的地点结构，从而让我们看到一个古旧的、缓慢的，却又蕴含着文化传承、历史记忆、个人体温的家园形象。

与此同时，刘亮程的时间观又天然地与他的家园意识紧密相连。以村庄为例，借由书写，南疆村庄时间的模型得以被提炼，时间的相对静止又赋予村庄永恒不变的结构，从而能被作为一种相对稳定的家园关系而被主体加以把握。在他的散文中，这种家园意识显豁地表现为一种不变的传统、一种耐受时间变迁的记忆与经验。刘亮程说："在一个村庄活久了，就会感到时间在你身上慢了下来。而在其他事物身上飞快地滚逝着。这说明，你已经跟一个地方的时光混熟了。"[②]（《住多久才算是家》）对于

①刘亮程：《一个人的村庄》，春风文艺出版社2006年版，第258页。
②刘亮程：《一个人的村庄》，春风文艺出版社2006年版，第46页。

刘亮程而言，时间从描写的对象渐渐演变成一种珍贵的资源，从而有了被珍视的价值，他执着守候的“一个人的村庄”，是属于他个人记忆的家园，一个能够实现其个体价值，认同其生活方式的家园空间；就像他笔下那个毕业于新疆大学法律系的买买提，在四处求职无门时，被库车老城收留，让他成为一名剃头匠，尽管现在买买提已经不在那条老街了，但是故土会赋予他一种求生本领，从而与之建立一种契约联系；再如那个还剩下一个烟囱冒烟的铁匠家族的其他成员，也会运用老城给予他们的生存记忆，去寻找一种生活方式；还有那些依靠老城的环境、传统与规约而生活的当地人们，正如散文中买买提师父所表达的“当你在外头实在没啥奔头了，回到这条老街的尘土中，做一件小事情，一直到老”[①]。（《生意》）

老而不朽的时间、相对静止的时间，似乎与家园的结构，包括稳定的人际结构、相对不变的社会关系、惯性成自然的生活方式紧密相关，因此格外让人留恋。在刘亮程的散文中，这种表述俯拾皆是，如“不知道住多少年才能把一个新地方认成家。认定一个地方时或许人已经老了，或许到老也无法把一个新地方真正认成家。一个人心中的家，并不仅仅是一间属于自己的房子，而是长年累月在这间房子里度过的生活”[②]。（《住多久才算是家》）再比如，“故乡是一个人的羞涩处，也是一个人最大的隐秘。我把故乡隐藏在身后，单枪匹马去闯荡生活。我在世界的任何一个地方走动、居住和生活，那不是我的，我不会留下脚印。……我和你相处再久，交情再深，只要你没去过（不知道）我的故乡，在内心深处我们便是陌路人”[③]。（《留下这个村庄》）

总之，在刘亮程的散文表述中，关于时间的独特认识随处可见。有别于其他作家仅将时间作为描写对象的书写策略，他的笔下，时间被视作一种可以衡量事物价值的尺度、一种能够体现家园意识的资源，可被使用、分配、控制、消费甚至是租赁与出售。保护对家乡的记忆，从某种意义上

①刘亮程：《在新疆》，春风文艺出版社2012年版，第52页。

②刘亮程：《一个人的村庄》，春风文艺出版社2006年版，第44页。

③刘亮程：《一个人的村庄》，春风文艺出版社2006年版，第210页。

而言，便是保护一种属于过去生活的时间，进而与刘亮程的家园意识深刻关联。热爱家园与延续那些属于过去的经验、古旧的传统、“过时”的记忆一脉相承，与个体的自我认同血脉相连，就如他自己所言，“我喜欢的那些延续久远的东西正在消失，而那些新东西，过多少年才会被我熟悉和认识。我不一定会喜欢未来，我渴望在一种人们过旧的岁月里安置心灵和身体。如果可能，我宁愿把未来送给别人，只留下过去，给自己”[①]。（《一切都没有过去》）他似乎在以抵抗“未来时间殖民”的方式建构一种封存着恒定的过去记忆的家园神话。譬如他写之不倦的黄沙梁和库车老城，它们都是古旧岁月最好的见证，它们保持着缓慢的变化脚步。黄沙梁是作者曾经的故土，是他生命中永远无法割舍的一部分，那里的人们永远在以脱序于主流时间进程、相对静止的姿态完成生命的消耗。“在黄沙梁，过了三十岁你就可以闭着眼睛活了。如果你不放心，过上七八年睁眼看一眼，不会有让你新奇的事情。”[②]（《闭着眼睛走路》）因此，他才会说“他们不改变。我们变来变去，最后被这些不安的东西吸引，来到他们身边，想问一句：你们为何不变？突然又有一个更大的疑问悬在头顶：我们为何改变？”[③]（《祖先的驴车》）那些相对不变、永不更迭的时间是属于作者个人看不见的传统、秘而不宣的历史，甚至是割舍不了的亲人。“时间在这里不走了，好多老东西都在，或者说许多东西老在了这里，那些几千年的老东西，都能在龟兹桥头等到，等待本身也是古老的，这里的人，一直在过着一种叫等待的生活，在龟兹老城嗒嗒嗒的驴蹄声里，尘土飘起，尘土落下。时间像一个个远路上的亲人，走到这里不动了，到家了。它用一千年、两千年，甚至更长的时间走来，在每一样东西上都留下了路，时间一直沿着它的老路走来，它到来的时候，河滩上的毛驴在鸣叫，桥头卖烤包子的师傅在吆喝，托乎提跟他的徒弟们在谈论女人，时间静悄悄地到来，成为看不见的一部分。”[④]

①刘亮程：《在新疆》，春风文艺出版社2012年版，第42页。

②刘亮程：《一个人的村庄》，春风文艺出版社2010年版，第215页。

③刘亮程：《在新疆》，春风文艺出版社2012年版，第111页。

④刘亮程：《在新疆》，春风文艺出版社2012年版，第202页。

（《牙子》）

事实上，城镇对乡村的征服，恰恰是时间更迭的最终实现。它的本质在于促使个体始终去往相较于过去更具有未来性的身份认同里，通过制造身份的等级秩序以维持线性历史的权威性。刘亮程的写作策略背后，反映出他在力图维持一种相对静止、相对稳定与相对不变的家园价值的努力。他与新疆地域的关系恰巧是一位土著作家与新疆本土的关系，是一种亲儿子舍不得母亲变老的情感。就像他在《住多久才算家》中所说的那样，“我一直庆幸自己没有离开这个村庄，没有把时间和精力白白耗费在另一片土地上。在我年轻的时候、年壮的时候，曾有许多诱惑让我险些远走他乡，但我留住了自己。我做得最成功的一件事，是没让自己从这片天空下消失。我还住在老地方，所谓盖新房搬家，不过是一个没有付诸行动的梦想。我怎么会轻易搬家呢。我们家屋顶上面的那片天空，经过多少年的炊烟熏染，已经跟别处的天空大不一样。当我在远处，还看不到村庄，望不见家园的时候，便能一眼认出我们家屋顶上面的那片天空，它像一块补丁，一幅图画，不管别处的天空怎样风云变幻，它总是晴朗祥和地贴在高处，家安安稳稳坐落在下面”①。

无独有偶，在董立勃的作品中，我们也能看到一种“怀旧/恋乡”的书写策略，他在《青树》与《暗红》中都“有志一同”谈到了西部大开发，提到了“西气东输”以及开采石油和矿石。这固然是小说人物活动的一个历史背景，但同时，作者也提出一个观点，过度开掘在创造巨额财富的同时也会破坏人与自然的和谐共处，会促成人与自然关系的异化。比如他借孙开平之口，谈到西部大开发所代表的面向未来时间的意义相当于当年东部的沿海开放，但这种意义对于青树、周五这样渴望慢生活的人而言没有吸引力。他们习惯了在露天的河流里沐浴，习惯在马上奔驰，清风拂面的感觉，向往在草原上放牧的生活，也喜欢在河边的一个木屋里独处的幽静。这种叙述一方面固然是出于对新疆恶劣的生态环境的自然模仿，另一方面，也是出于作者渴望维护一种“相对静止”的时间序列中，田园牧歌式的家园价值的希望。

①刘亮程：《一个人的村庄》，春风文艺出版社2006年版，第47页。

因此，董立勃小说中人物的活动环境都离不开一条河、一片树林以及对比强烈的雪山和沙漠。这就是小说中人物生活的简笔勾勒了：哪怕远处就是雪山，哪怕举目便是沙漠，只要有河流，有树，人便能与自然相处愉悦，人便能勇敢地活下去，甚而爱上自己生活的地方。这样的自然生态环境让人联想到梭罗的《瓦尔登湖》，而董立勃正是通过人物对西部开发破坏生态的反思，表达了他对家乡时间快速变迁的一种审美关怀。《青树》的结尾，有一段内心独白更是深化了这种对"相对静止"的时间价值的认同："都说这个地方很原始，很荒凉，很偏远，还说这个地方比起沿海来，要落后二十年。还说在这里生活一辈子挺亏的。可我总觉得，一个人生活得好不好，高兴不高兴，幸福不幸福，其实和在一个什么地方没有太大的关系"①，而是和一个人的价值取向有关系，这种价值取向无疑可以追溯到恋乡/怀旧的情结。

总之，西极之地的文学发生，使得这片土地的作家或者借由记游与想象、还原与重新给予、籍属与认同的书写策略呈现极远之地空间地理的冲击，或者借由恋乡与怀旧的书写策略对抗时间的变迁，借由对主流时间的脱序完成对一种相对静止、相对不变的家园价值的坚守。这些书写策略通过提供一种别样的经验类型，实现了对新疆——西部以西文学生产"稀有价值"的话语建构过程。如何评价这种生产"稀有价值"的写作策略，我以为韩子勇先生二十年前在《西部：偏远省份的文学写作》中所言之于今天仍不乏借鉴意义。他指出："偏远省份的文学创作所面临的主要危险正来自这里，他缺乏统一的尺度力量，就自立一些别人所稀缺的东西为尺度，它获得承认的机会相对较少，就把这种不公平竞争转化为另一种不公平的自我想象的成功，用别人不懂不会的'地方项目'来对付另一种普遍的流行的'花拳绣腿'，用'地域册封'的局部有效性来偷换为超地域册封的良好感觉。面对文学的'中央帝国'，偏远省份的文学写作有'外省人'的羡慕、追随、反抗、憎恨与焦灼，这一点所衍生投射于文学写作中的策略和倾向是那样的复杂，以至于我们很难一一确认和指明。"②苛

①董立勃：《青树》，北京十月文艺出版社2008年版，第298页。

②韩子勇：《西部：偏远省份的文学写作》，百花文艺出版社1998年版，第141页。

责之外，颇多期许。它促使我们从西部文学的内部反思西部文学的话语建构，作为文学外部研究的一种方法介入与引导文学生产的指导纲领。它长期以来一直强调的相对于东部地区文学生产而言的“精神在场”“男性神话”“宗教底色”“时间他者”等话语特征。随着新时期社会文化语境的变化以及市场经济日益拉开的区域发展不平衡现实，在说明西部文学的文学属性方面是已经失去活力？

作为结语，我想以新疆当代文学的书写策略为例，将我所思考的西部文学的“西部性”中所呈现出的问题加以小结。当然，这种小结绝不是在否定“西部性”的概念，对于“西部文学”概念提出的历史社会意义以及它所反映出的西部文化的自觉意识对中国当代文学的贡献，无论是历史还是现在都毋庸置疑。

首先，就概念的提法而言，“区域”文学的提法是否要比“地域”文学更为合适。西部文学的提出是基于文学区域间平权行为的一种需要，产生于边缘或者次边缘地区备受中心地区话语压力的一种积极反应，是对经典文学地位的解构。再有，当今之世地域距离已经彻底死亡，再用地域作为概括文学的标准，便显得不合时宜。随着流动人口的增加，地理与行政区域单位在文化学上的破裂，一方面是地域单位、地域活动主体，另一方面是跨地域活动主体（旅居、客居、流寓的作家）、跨地域认同、跨地域的创作空间，跨地域形势与发展进程，后者的空间单元用区域形容和描述更为恰切。

其次，在方法论上，是否能多一些区域间性的文学与文化研究。比较文学与世界文学习惯这种研究方法，只不过它所采用的是外比较，我们也可以化用转换为一种内比较的方法，用以进行西部区域间文学的一种比较研究。一个区域的文学特征需要在与另个一区域文学的差异比较中进行辨析。譬如，界定新疆文学的文学与文化属性，需要在与其西部其他兄弟省份文学的区别中加以辨别，但又要防止陷入二元对立的思考逻辑中。

再次，从身份属性来看，西部文学仍然是一个官方主流文学的提法,它的政治性或者说政治功能一直都远远大于它应该具备的神话性、传奇性与英雄性等美学特征。在现有的西部文学生产过程中，我们是否需要呼吁一种西部美学精神的回归?

最后，从读者阅读角度来看，西部文学相对于东部文学生产而言，在城市经验、类型叙事、女性叙事以及青春叙事方面长期缺位，今后的西部文学生产是否能够在这些领域挖掘素材，实现文学的创意转化?须知，目前中国当代文学的地理谱系中存在的问题在于，东部文学所深刻反思的恰恰是西部文学所长期缺乏的，这也是地域文学发展不平衡的一个客观结果。

（载《当代作家评论》2015年第5期）

“走异路，逃异地，寻求别样的人们”

——改定《心灵史》与20世纪八九十年代“转折”

杨晓帆

1991年《心灵史》出版，如张承志今日所说“它经受了褒贬毁誉的各种顶级的遭遇”。哲合忍耶令人敬畏的“束海达依主义”，苏菲主义与张承志式抒情文体的密合，荒芜英雄走进大西北的孤独身影——无论是跟进阅读，还是就此分道扬镳，在《心灵史》之后，人们似乎已经接受了这样一个完成了的、无须再用作品更新的“张承志”形象。就此而言，2012年《心灵史》改定版仿佛“复活”了时光。

改定版以定价1500元订购的方式，收益10万美元，依照“手递手”的原则全数捐予在约旦的巴勒斯坦难民。张承志做了五次题为《越过死海》的演讲，在回国后的公开汇报中更直接以《从清华园到巴勒斯坦》为题，将此次改定与举意视作20世纪60年代“红卫兵运动”的一次回响。改定版开宗明义，在初版本前言关于追求人道主义与心灵自由的信仰故事之上，明确了它的历史起源：“我是伟大的六十年代的一个儿子，背负着它的感动与沉重，脚上心中刺满了荆棘。那个时代的败北，那个时代的意义，使我和远在地球各个角落的同志一样，要竭尽一生求索，找到一条——自我批判和正义继承的道路。”这样的表白无疑是危险的，可能更加固化当年批评者所谓“原红旨主义”的谩骂。然而时隔二十多年后又一次“为人民”的供述，也提醒我们注意《心灵史》的变与不变。

如果存在一个超稳定结构般所谓张承志的“红卫兵情结”，那么20世纪60年代的历史坐标，为何要迟滞到改定版中，才明确成为重述哲合忍耶教派史的依据？回到《心灵史》最初的创作年代，1984年初入西海固，

1989年9月开始写作，1990年写成交付花城出版社，1991年正式出版。如果说《心灵史》脱胎于20世纪八九十年代之交的历史转折，那么对于张承志来说，它所终结的80年代是什么，这次总结又为回应90年代以来的中国现实提供了什么？从1966年创造“红卫兵”的名字，到1978年创作蒙文诗处女作以笔名“人民之子”携“六八年”理想进入新时期，再到2012年《心灵史》改定版自称“六十年代的儿子”，这三个自我命名之间是否可以完全画等号？如何理解20世纪八九十年代对于张承志的意义，以及《心灵史》在他不同时期思想转换之间发挥的中介作用？

在改定版清晰的起点和终点之间，由初版本保存下来的历史遗址，提示我们注意“重返六十年代”的曲折。或许在后视者的判断中，这是一次不存在“重返”的前定，但早在1982年第一本小说集《老桥》的“后记”中，张承志就已经预言了这条“重返”或者说“重建”道路必须穿越的年代层叠：“但我毕竟生活在八十年代，并可能活到二十一世纪初叶。即便是对老桥时代的描写，我也开始有了复杂些的感受和冷静些的眼光，它们在倔强地迫使我改变和寻找。”20世纪60年代的革命理想若要被顺利嫁接到今天的社会生活中，就必须面对它如何在八九十年代转换的问题。

一、以改定“心灵史”的方式改定“革命”

相比初版《心灵史》，改定版大约重写了三分之一的篇幅，其中前言、后缀以及各门结尾处的诗体改动最大，初版本目录在措辞上也有重要调整。比较以下两段修改点，或可成为讨论“改定”的入门：

1991年版：“全部细节都是真实的，全部事实都是不可思议的，全部真理都是离群的。我企图用中文汉语营造一个人所不知的中国。我企图用考古般的真实来虚构一种几十万哲合忍耶人的直觉和心情。我总想变沉默为诉说。……哲合忍耶的先驱们都实现了艺术般的人生。我只是把这种人生一字一字地抄写出来，并立誓说：我作证，我谨随同几十万哲合忍耶的淳朴人民说：我作证。不是一个信仰或理想主义的个体，是一个在中国奇迹般地存活着的世界在作证。……”

2012年版："全部细节都是真实。全部事实都不可思议。全部真理都离群孤立。即便如此，你企图——投身一个人所不知的中国么？你企图用革命的初衷，去结合一种几十万人的心灵么？……我只是一个民众共同体的转述者，并以笔和它所书写的立誓。……"

除了笔者加省略号的部分基本重复外，在其他段落缩写中，首先值得注意的是"人称"的变化。这不仅仅是在形式上延续了张承志早期小说中叙述者在"我""他""你"之间频繁转换的习惯性动作，它还关涉张承志文学道路的起源性问题——作为抒情主体的"我"如何建立与民众结合的感觉。尽管在两版《心灵史》中，张承志都表达了对自己曾经"放纵于抒情"的警惕，追求"私人的抒发"的消失，或者说"我"的消失，也即作为"人民之子"与底层无间地站在一起，但整体看来，初版本中"我"作为有着急迫表达欲望的"诉说者"，与改定版中"我"作为"转述者"的形象并非完全一致。初版本在表达"我"渴望投身于"多斯达尼"的同时，也不惜笔墨地诉说着这一过程的沉重，"我的文学在无人的荒野中登上了山顶"，"我埋藏了残存的犹豫和疑问"，"我敛尽了最后一点肤浅和轻狂。我不注释，我不怕彻底底丧失理解"，让人感受到"我"执意走上荒芜英雄路的孤独。而在改定版中，我的自白不再是第一位的。与初版本中"营造""虚构""艺术般的人生"这些抽象的抒情笔调不同，如果说是"我"的宗教皈依和对美的理想追求，让"我"一步步走进"多斯达尼"，那么改定版则以"你"开头的逼问，明确了要以"革命"为底色去建立"我"与哲合忍耶的关联。

由此可以推出一个有待分析的假设：即使两版《心灵史》都举意以笔为旗，将真实的哲合忍耶公布于众，它们也有着不同的问题意识与时代焦虑。初版本中"拯救自己的渴望"被替换为"完成生命的渴望"，如果说初版本仍包含着一个起源于"新时期"尚未得到妥善安顿的"我是谁"、"我"往何处去的命题，那么改定版中的自我认同则是已经完成了的。它把问题引向另一端：如何在革命的历史脉络中以哲合忍耶为圆心，去扩大"共同体"的外延，并实践它所包含着的"解放的意识形态"。

相比初版本中血脉奔涌的激烈对抗，改定版要平和冷静得多。例如同样针对《钦定石峰堡事件》，改定版除了揭示被官方掩盖的屠杀真相，还特意补充——“在这里必须提及清政府的另一面”，不能片面地认为“清朝以灭回灭教为国策”。相比初版本对哲派一支的赞美，改定版对于穆斯林其他门宦也有更为公正的介绍。而初版本中的“圣域”“圣徒”“圣战”等可能被指认为“原教旨主义”的词语更被悉数删除，或者说，是在“农民”“底层”“共同体”等一系列更强调阶级属性的概念范畴中被重新释义。例如“圣徒”未必是初版本中“主和人的中介”，“但他往往代表着共同体的‘心’”。初版中直接出现在目录上的“束海达依”“人民的暴力主义”等，也被删改并辅以说明，“所谓舍西德，所谓束海达依——并非意指对他者的杀伐，而只是自己的舍弃。它绝非如西方恶意的宣传是一种黩武好战，而是苦难弱者的最后努力”。关于“同治回乱”的叙述，不再仅仅如初版拟题强调“牺牲之美”，更谈及“乱世”造成的分裂，在反思大汉族主义的同时，要求穆斯林“清算自己曾有的暴戾”，“他们必须懂得：伤害他者乃是违背伊斯兰的重罪。他们必须知道：捍卫与不同信仰的他者之间的和平约定，乃是伊斯兰的天命与圣行”。

这些新的叙述无疑扩充了“哲派”内外认识信仰的通道。改定版后缀长诗中的一句，可引以为注——初版中“我比一切党员更尊重你，毛泽东”，被增补为：

> 我比你的党员更在意你，毛泽东
> 你缺乏他者的常识
> 却留下造反的谶语

即使把两版《心灵史》都视作革命的回响，相比改定版欲以“他者”为中介的自我反思，初版本也更强调后者，即张承志置身于20世纪80年代中后期认为中国人普遍缺失的敢于反抗与殉命的造反精神，要为被孔孟儒学败坏了的中国文明换血，要重新确立“人道”“人性”和“人心”。从这一点看，初版《心灵史》并未完全跳出20世纪80年代“思想解放”与

"新启蒙"的知识谱系。即使初版本中已经命名的"穷人宗教"，也主要是在"世俗"与"宗教"的二元对立框架中获得解释，"正因为这里已经丧失了俗世经济文化的起码生计，所以慈悯的造物主才把彼世的神性优先降于此地"——在这样的逻辑延伸中，不难看出为何《心灵史》在稍晚几年的"人文精神大讨论"中会被正反两方都迅速收编到"反世俗价值观"一翼。

同样是"穷人宗教"的解说，改定版不再停留于抽象的有关精神信仰之纯粹性的讨论。导师马明心"为穷人办教"的新意，在于针对门宦共同体中传统的"穆勒什德与教团信众的经济关系"，实现不能回避贫富与阶层问题的宗教改革，如张承志指出的，"他启发了关于宗教、关于伊斯兰、关于苏非主义在世界上的阶级属性，以及正义性质的思考"。这类似于"阶级政治"中关于"平等"的释义，反对"为钱帛施散而走访念经"，反对世袭制度等，不仅仅是为了穷人信教的"起点平等"或"机会平等"，更是要求"结果平等"。张承志所谓"自沙赫马明心开始的——要让信仰保持活力，要战胜世俗化腐败的举意"，其本质就是要战胜"特权化"，批判可能将特权合法化的制度与知识——而这显然也是张承志思考中"六十年代"革命的初衷，及其臭名昭著的"血统论"致使革命失败的教训。因此，当改定版《心灵史》叙述哲派的信仰及其遭遇的问题和困境时——如潜在的经济剥削、民族国家内部的少数族群认同问题、教派冲突、暴力等等，其实也是在叙述革命的正义性及其危机。

改定版由此提供了一个回顾初版《心灵史》的契机，张承志的所谓"反体制""道德理想主义"等激烈表达，或许并不应当被直接理解为针对"人文精神讨论"中"市场"与"大众"崛起下"世俗权利"的挑战，这种理解固然将张承志及其《心灵史》放到了一代人共同面对20世纪八九十年代社会转型的历史现场，却也忽略了他的异质性，和真正能够有效回应90年代以来社会现实的思想缘起。看上去是居于20世纪80年代"人道主义思潮"脉络上回应90年代，实则可能是提前与80年代的分道扬镳。如索飒同样在"人文精神大讨论"背景下敏锐揭示的，"在美元、港元熏染人心的恶臭之中，张承志正义凛然；支持着一股正气的是他所坚持的彻底的人道主义”，它既区别于美国梦所渲染的普世价值，也不是“文人雅士高挑着优雅的‘人道主义’大旗”，而是有一种以最底层的人民为出发点的“穷人的人道主义”。虽然这种“穷人的人道主义”在初版中尚未获得如改定版中清晰的政治经济学内涵，但它应当被视作张承志携20世纪60年代理想进入80年代以来的一次总结。

需要追问的是，张承志在20世纪80年代内部选择“告别”的原因是什么？而这一问题的反面同样重要：从以“红卫兵—知青经验”为出发点的草原小说系列，到改定版《心灵史》回到“清华园”，在这条看似平滑的历史长线上，初版《心灵史》中“革命”的暂时缺席，对于张承志又意味着什么？

二、溢出20世纪80年代的“我”

李敬泽认为，新时期文学的真正发端是张承志的短篇小说《骑手为什么歌颂母亲》：“它的主题是‘我’与‘我的人民’。‘人民’不再是一个先验范畴，它是个人，是一个‘我’在经验中、在思想和情感中体认和选择的结果。由此，张承志确认‘我’在——我思故我在，一种笛卡儿式的命题成为文学的解冻剂，‘我’的声音从宏大历史和人群中区别出来，它不仅是一个人称、一只书写的手，它成为主体，文学由此与生命、与世界和语言重新建立直接的关系。如果上帝在的话，那么他也有待于个人的独立寻求，这在1978年无疑是一次革命，尽管当时的人们并未领会此事的革命性。张承志从此成为一个特例，《大阪》《九座宫殿》《辉煌的波马》，他在两个方向上与同时代的作家们拉开了距离：他坚持‘我’的个人性，但这个强大、外向的‘我’又是在它的公共性中确立的；他以‘我’的行动和书写见证和拓展对公共生活的意识。”在李敬泽看来，张承志前期小说中的人民认同不仅仅是“红卫兵—知青情结”的怀旧，它还具备了新时期文学的起源性特征，即一个有内面的现代自我的形成。这种判断的激进性在于，它事实上是从确立了20世纪80年代文学主体性观念的后设视角，返身设想个人与社会、私与公的结合关系。它虽然真实地指出了张承志最初同样在新时期意识内部反思“文革”的事实，但另一方面，又简化了张承志在整个20世纪80年代，尤其是八九十年代之交关于自我认同方式的调整。在李敬泽的判断中，应当先以“我”为起点，再在肯定个人的“启蒙话语”之上叠加“人民话语”。但对于张承志来说，这可能恰恰是一种被认证失败的方案，而他二十多年后得以在《心灵史》改定版中继续所谓“公共性”关怀，与其说是对“1978年革命”的继承，不如说是来源于对这一方式的批判与背离。

在1984年初入西海固，1985年开始创作伊斯兰题材小说之前，张承志的“草原”系列带有浓郁的“红卫兵—知青”自叙传色彩。尽管这段历史经验即使在知青一代中也存在着强烈的异质性，它仍被有效地转化为与新时期文学契合的共同情感。在《黑骏马》《北方的河》等早期作品中，“我”“你”和“他”的人称转换时常在叙述中插入强烈的主观抒情，但这些看似是单数的“我”的情感，始终在不自觉地为复数的“我们”和“你们”代言：“我仍然认为，我们是得天独厚的一代，我们是幸福的人。在逆境里，在劳动中，在穷乡僻壤和社会底层，在痛苦、思索、比较和扬弃的过程中，在历史推移的启示里，我们也找到过真知灼见；找到过至今感动着，甚至温暖着自己的东西。”因此，不仅是“为人民”的诉求使得王蒙这代批评家肯定张承志对“昨天”的坚持，回应了新时期初“人性论”和家国重建的主潮；在“今天”如何像白音宝力格重返草原、研究寻访五大河那样克服心灵创痛、完成自我超越，更获得了蔡翔、季红真等同代批评家的共鸣。与后来《心灵史》中焦灼地要求“我”的消失不同，“黑骏马”时期的张承志对于“人民之子”的自我认同显然信心十足。可以比较不同时期张承志对《黑骏马》评价的变化：

1983年：“说实话，在我的意识中，我从未把自己算作蒙古民族之外的一员。我更没有丝毫怀疑过我对这种牧民的爱与责任感，我也坚信他们总在遥远的北国望着我并期待着我实践对他们的没有说过的诺言。”

1993年：“《黑骏马》引发的思考，并没有指向那一方土地的严峻生活。什么人性母性，什么进步守旧，什么哲学文学。我只是怀着过分单纯的善意决定了写它，我又使用了过分软嫩的语言写出了它，它与永远在我眼前栩栩如生的蒙古真实之间，存在着一种巨大的不同。”

张承志曾真切地感谢自己20世纪80年代中期对草原小说的放弃，“因为那个突然的停止，才有了这个突然的实现；因为那时毅然让出了狭隘的一片草地，此刻才获得了用一册《心灵史》刻画一个信仰的中国的殊荣”。可以说，是这次停笔让张承志与20世纪80年代文学主潮拉开了距离。在80年代中后期涉及草原往事的作品中，“为人民”的口号越来越无法统和真实的个人经验，而这些经验也难以像此前一样用流行的“人性论”“文明与野蛮的冲突”“理想主义者的精神漫游”等母题来阐释。写于1985年的《又是春天》，记录了张承志20世纪70年代做民办教师时为了自保而拒绝一个牧主家小孩上学的经历。尽管他以小说《春天》表达了对这个亡命的小瘸子的悼念和悔恨，但文学让“我”感受到的却是羞耻。“按照文学的铁的规律，冲动又被形式改造了”，这句话俨然流露出张承志对文学虚构的怀疑。在诗体小说《黑山羊谣》里，草原义子不得不承认与额吉的隔阂，“当我做知识青年的时候，我首次伤人，是一位穿黑袍的老妇默默的痛苦”。接下去的诗行几乎是对此前“人民之子”的否定：“那是个爱喊口号的时代，我也一样/你认真地喊/你赌气地喊/你用全副精力全套本事花样翻新地喊/你嚷嚷这是老子的旗帜/你宣言这是老子的宗教/你两面翻脸四方为敌你气势汹汹恃勇斗狠/你忘了那一些内容，那黑颜色的/于是你衰老得最快/今天你已身心交瘁/你还打算扯开嗓门大喊大叫——‘为人民’吗？”与同样写于1987年的《金牧场》相似，《黑山羊遥》里开始在书写红卫兵—知青经历之外，插叙他走进大西北、访学日本等行旅故事。尽管后来张承志认为《金牧场》是一部失败之作，并在1994年将其改定为一个更纯粹抒情的文本《金草地》。但这次“失败”恰恰也暴露出张承志必须面对的问题：与20世纪60年代理想相关的个人经验，已经不能再用抽空了历史情境的集体抒情或风景之美来命名。“删改原则——凡日本文化的描写，凡理想主义的设计，凡虚构的小说人物，凡古典文献、空议论、生命云云。”他所厌恶的《金牧场》中“浅薄的美国梦”和“浅薄的人道主义”，呈现出张承志对20世纪80年代形成的一套知识框架与文学观念的失望。而《金牧场》中将红卫兵串联与工农红军长征、日本20世纪60年代左翼学生运动的并置书写，则预言了他将转向的另一种建立自我认同的可能途径。

在20世纪80年代末的最后两三年里，张承志对文学的怀疑越来越激烈。无论是反映知青时代的草原小说，“红卫兵”情结的表露，还是深入新疆的随笔，都可能被变形。“谁都学会了和他们只扯扯‘姑娘追’，只扯扯麦西来甫，扯扯葡萄、哈密瓜、烽火台或者阿斯塔纳的干尸。……文学界里熬成婆婆的小贩小农式的理论家们在说：啊，多么生动的特色！真正写出了西部诗情！”以冈林信康的轨迹为参照，张承志思考着“艺术即规避”，脱离政治固然是对“左派”身份的背叛，但所谓“反体制”思想也可能被体制收编，成为艺术家兜售自己的小道具。1988年写作《荒芜英雄路》，以读《史记・刺客列传》和《野草》为静夜功课，一次次走进西海固；“自去年（1989年）夏天始，我醉心于油画，向着新的沉默而强烈的语言的旅途已经开始了”；同年9月开始写作《心灵史》，并在1990年完稿前夕辞退一切公职，成为真正体制外的自由作家。

从“人民之子”到“荒芜英雄”，如果说20世纪80年代的思想解放与新启蒙曾积极促成张承志反思“68理想”，那么新时期不断以“主体性”“现代化”“回到文学本身”等标准塑形的知识，也成为进一步推进历史反思、真正实践与人民认同的障碍。在这一整体脉络中，张承志皈依宗教写作《心灵史》的选择，就像鲁迅先生所谓“走异路，逃异地，去寻求别样的人们”。汪晖的分析同样适用于张承志：“‘异路’、‘异地’、‘别样’等字眼显示的不是现代认识论的那种主客关系，而是一种并不依托主体而存在的、无法被自我所控制的不确定的世界，它像鬼眼——也就是异于‘人眼’的目光—— 一样，照见了我们生存的世界的朽腐。换句话说，只有通过‘走异路，逃异地，去寻求别样的人们’，才能重新叙述旧生活。……它们表达的是一种并未确立终点的探索过程——真理存在于不断告别的过程之中，而不是存在于确定的地方。”这即是张承志所谓“异端之美”，因为哲合忍耶全然外在于“我”所经历的革命史，所以任何企图以“人民母亲”“青春无悔”等结论直接进入它都将是无效的。而20世纪八九十年代之交写作《心灵史》的意义就在于此，只有暂时放弃那些已经被20世纪80年代规训过的关于“我”的知识，投向一个完全外在于80年代知识解释范围的他者，才有可能找到重释历史与个人的新方法。

相较“人文精神大讨论”中知识分子对20世纪90年代社会现实溢出80年代人文构想的感慨，张承志已经提前进入了90年代。并非80年代“人文精神的失落”瓦解了理想主义，而是80年代主流思想不能再释放“理想主义”的历史活力。或许对于张承志来说，最需要克服的并非历史表层的20世纪八九十年代转折，而是80年代形成的那一套知识框架与文学观念如果未经反省就进入90年代的延续性问题。

三、在“意识形态战”中重勘20世纪90年代

经历了20世纪80年代流动的盛宴，作家必须选择他们进入90年代的不同方式。史铁生于1989年5月写作《我与地坛》，改定于1990年1月，程光炜以“纪念碑”为参照解读“病残”与“废墟”意象，指出相较“30后”“50后”两代作家习惯的“纪念碑式写作”，“地坛”是一次追悼与转向。1989年莫言进入了写作低潮期，甚至以游戏心态尝试把沙家浜改编成武侠小说，1990年夏天在高密县城里百无聊赖，拿着苍蝇拍子驻守在葵花地里打发日子，9月开始写作《酒国》，并于1992年2月定稿。1989年的不同选择，将决定作家回应20世纪90年代以来现实的可能力度，而《心灵史》就是张承志为自己进入90年代设置的坐标。

1990年3月《心灵史》完稿交付花城出版社之后，张承志11月再度以访问学者身份赴日，在岩波书店《世界》杂志开始连载《红卫兵时代》。《心灵史》中暂时缺席的“革命”视角，在一种新的发言位置上被更加激烈地表达出来。1990—1994年访日期间，除了用日文写作《红卫兵时代》外，张承志还于1993年供职日本爱知大学进行“六十年代的世界与青年”系列讲座。1991年海湾战争爆发、苏联解体，所有这些事件构成的国际视野，让张承志感慨“六十年代真的结束了。或者以美国的一个叫克林顿的六十年代反战者当选为总统，从此开始他歧视穷人穷国世界的行为为终止符，或者以我们正式开始总结毛泽东、红卫兵、知识青年，并同时准备新

的反体制斗争为终止符——六十年代终结了”。

这种对于国际形势的体会，还不仅仅来源于一个老红卫兵固执的政治正确性。张承志回忆1989年在日本打工时体会到“漏船过河的恐怖”，出路只有一条，“唯有以学者身份写并获得出版，才能把钱挣到手。否则只有当苦力，而且挣不上多少钱。我的判断是正确的，包括对选题。果然红卫兵的题目成功了；约稿消息来临了”。颇有点反讽的是，后来被奉为“抵抗投降”的理想主义战士，第一次以学术方式全面供述红卫兵身份，竟然是为了“生存”。张承志看破了当时日本思想界和西方学界的需求，“他们热衷中国政治并有瘾于彻底否定它，但骂声一片的印刷垃圾也已经使他们厌烦”，他们“幻想中国变成一堆无能而献媚于他们的小国”，所以自然如20世纪之交日本兴起“满蒙回藏”研究一样渴望看到中国内部的异族发言。于是他以其人之道还施彼身，在《红卫兵的时代》中为革命招魂，在《从回教所见的中国》里用历史真实激烈批判西方将共产主义描写为少数民族灾难的分裂意图。这段域外体验在《无援的思想》中被张承志称作是“暗夜的生活”：“用外国语一本接一本地出书，在课堂上夺来了我需要的口粮”；“在你的每一件企图获得饭费和贫民窟房费的工作中，都隐喻地感到了右翼式的要求”；“海湾战争爆发那天，我通夜守着电视机……我清楚地明白了，美国人完成了他们粉碎伊斯兰世界力量的事业”；“全世界都在盯着想下一个是中国。而中国智识阶级还在继续他们吹捧美国的事业，中国电台播音也操着一股央格鲁·撒克逊的腔调……”1993年毛泽东诞辰一百周年，张承志应岩波书店《世界》杂志约稿写了一篇纪念文章，“对一个作家来说，我初次体验了不能使用母语写作的滋味”，“我没有表达关于革命的反省的自由”。

张承志是在中国的外部进入20世纪90年代的，当国内知识分子群体或许还在80年代的人文理想参照下感受着90年代众声喧哗带来的震惊体验时，张承志已经在海外旅居的现实感中提早窥破了“资本”和“冷战逻辑”布下的重重陷阱。1994年年初，张承志放弃加拿大签证，提前结束契约归国。他迅速被卷入“人文精神大讨论”中，并被扣上了“专制主义”“文化冒险主义”“原教旨主义”“民族主义”“死不悔改的红卫兵”等帽子。张承志事后感慨，“是否左翼思想的表达必须为左翼甚至‘极左’的政治负责；是否关于毛泽东或革命问题的思索必须为毛泽东或革命以及政治运动的一切后果负责；是否关于荆轲的审美等于支持一切‘国际恐怖主义’和一切流血；是否描写了受尽歧视、压迫和屠杀的中国回民的一点心情，就必须对世上的伊斯兰世界的一切现实负责……”张承志没有再在“人文精神/世俗文化”的二元对立中讨论关于“抗战”与“投降”的不同选择，而是揭穿了这场混战的另一关键——中国知识界已然成为“后冷战”世界格局中“意识形态之战”的主战场。并且更加危险的是，当革命即暴力，在“文明冲突论”主导下将伊斯兰妖魔化为恐怖主义等等“偏见”，被默认为“常识”时，这场“意识形态之战”其实已经提前结束，不战而败了。

洞见之后的写作更为审慎。张承志回忆，“在整整一个1995年，没有在写作中涉及我熟悉也是我感情所系的中国回民及其宗教”，这种“规避三舍”的姿态持续到1997年，“我在许多散文中删去人的故事和思考，只留下风景描写”。而此后的写作与长旅，都是自觉加入意识形态之战的知识准备。在世纪末的国际政治局势中清理20世纪60年代的革命遗产，在西方世界内部发现抵抗的他者，在右翼思想中寻找革命的可能，他将眼光投向了日本阿拉伯赤军，批判日本的“亚细亚主义”，用马克西姆·X.替代马丁·路德·金，强调“对待帝国主义的压迫者，只有以暴力反抗暴力”。张承志执着于学习语言，从词源考证上去认识他者，提出了“第一性的史料问题”，在“文明冲突论”流行的时代强调在文明内部的发言，他既批评作为19世纪知性象征的实证主义方法，又反对流行于20世纪80年代的现代主义思潮，真正的历史研究既不是干巴巴的考据，也不是研究者自己的情感迷狂，它是争夺文明阐释权的行动，是创造共同体的实践。不仅仅是纸上的学术，张承志还继续深入草原与边疆，并不断将海外行旅的路线扩张到中西亚、地中海西部和拉丁美洲，以《鲜花的废墟——西班牙纪行》《敬重与惜别——致日本》等写作，在新的世界地理版图上重新讲述与穆斯林休戚相关的世界史。

改定版《心灵史》就是这些思考的结晶。当“意识形态之战”的自觉认识，代替1980年新思潮面对“红卫兵—知青经验”的内在冲突时，作为起点的《心灵史》必然要以“革命”为终点。初版《心灵史》中曾抽象讨论的“信仰”“人性”“底层”等问题，被带入一个更为具体的历史情境中。改定版“前言”从正反两面总结20世纪80年代：一方面，“称为‘文化大革命’的无秩序、经济停滞和以阶级的名义对人性的压迫——已然彻底结束”；但另一方面，新的趋向又在同步发展。第一是一种清算革命的思想逐渐占据主流；第二是经济上的发展主义，一切向“钱”看；第三是官僚体制的修复；第四是人道主义、不同政见沦为文学自我标榜的道具，掩盖实质上的粉饰西方；第五是知识界以重建规范为名，在考据实证中规避现实介入。这些问题的概括不仅是以20世纪90年代以来的社会现实为参照，向前追溯作为萌芽期的80年代，更是以60年代革命理想走向自身反面的历史为参照，向后指明80年代的结构性反复。

相比初版本完成“写什么”的首要任务，改定版在“怎么写”的问题上也有了更多的策略性考虑。张承志非常清楚意识形态之战中讲述革命的难度。例如为了直面“与革命共生的悲剧”，张承志在改定版“前言”中特意添加了哲合忍耶教在1958年受难的历史，但他又特别强调西海固的控诉，与流行的对革命的诅咒不同。在改定版中，张承志还解释了历史下限只写到1920年的原因，“狗尾续貂不仅并无意义，而且有沦为世界资本主义对中国革命的否定工程之一砖半瓦的危险”。一面在中国内部讲述哲合忍耶，小心应对西方借后殖民理论等结构民族国家观念可能带来的现实后果；一面又批判狭隘的民族主义和国家主义，致力于“寺里的学术”，把哲合忍耶所归属的穆斯林共同体，放到“革命中国”和第三世界对抗全球资本主义扩张和殖民扩张的历史延长线上去，强调20世纪60年代革命遗产中的国际主义视野。

而对哲合忍耶“阶级”属性的强调，最终取代了张承志在20世纪80年代语境中更多使用的“底层”“人民”等概念。阶级不仅仅是客观经验层面的某个特定群体，更是一种立场。就像在《狗的雕像》中，张承志回忆插队时因为额吉与牧主沾边的家族关系，受到其他牧民的侮辱，“那时我没有懂得这种罪恶源于歧视，我更不可能想象当时我认为已经被压迫得气闷的牧民，在未来也可能去歧视别人”。“阶级情感是一种模式，而不是客观上可以指定属于哪个阶级的所有个体一直拥有的东西。”反抗歧视、强调他人的尊严，对抗新帝国主义，这些叙述在盛行文化相对主义、历史虚无主义的今天看来显得如此老套，但相比口舌之争，张承志确以他直白的行动，将复杂的思辨作为实践的依据而非障碍，去澄清被污染的知识。再反顾张承志走过的20世纪八九十年代，改定本对日本史学家谷川道雄的引用就更显得意味深长，“现在反体制组织的多数，都是没有共有物的、诸个人的粒子般的集合体。它们当然是资本主义社会生活方式的反映”。如果反体制的出发点始终是个人，那么寻找底层或人民认同就只能是“我”在渴望身心安顿时无法兑现的“乡愁”。朴素的阶级情感才是“共同体”达成的基础。

当我们习惯于以真理在握的语气去捍卫所谓“普世价值”时，张承志就像“皇帝的新衣”里那个说真话的小孩，一把揭开了“意识形态战”的面纱。他的方式或许简单粗暴，但恰恰也逼迫我们去反思自己同样“简单粗暴”的逻辑。就像一些人在张承志表达他关于9・11的不同意见后，投以轻蔑鄙薄的断语，看似占据道德制高点，实际上却是“非历史”的随声附和。正如萨义德就“自杀性爆炸”等极端暴恐行为所分析的，“尽管有其恐怖存在，巴勒斯坦暴力，一个受到极端压迫的绝望民族做出的反应，已经被从它的背景以及导致它的可怕苦难中剥离开来：看不到这一点，就是人性的失败，而人性虽不会让事情变得少一些可怕，但起码可以将它置于真实的历史与地理背景之中来予以考虑”。这即是张承志所强调的，巴勒斯坦问题就是世界的癌，当然要控诉暴力，但必须明白，它并非一个事情的开始，而是一个事情的结果。倘若没有这种历史的眼光，恐怕就只能感慨“人性，太人性了”。

从《心灵史》初版到改定，张承志始终以选择异端的方式从时代中突围。启发读者的并不仅仅是他选择的对象，而是他将自己的知识不断以“历史化”的方式，避免成为某种体制或意识形态制约下不自觉的发言者。这或许就是阿甘本所谓“在断裂与脱节中的同时代性”：“真正同时代的人，真正属于其时代的人，是那些既不完美地与时代契合，也不调整自己以适应时代要求的人。因而在这个意义上，他们也就是不相关的。但正是因为这种状况，正是通过这种断裂与时代错误，他们才比其他人更有能力去感知和把握他们自己的时代。”

（载《文艺争鸣》2015年6月号）

写在文学批评边上

金 理

题 解

这个题目——写在文学批评边上——明眼人都看得出，袭用自钱钟书先生的散文集《写在人生边上》，钱先生在序言一开篇就讽刺一类“书评家”：“具有书评家的本领，无须看得几页书，议论早已发了一大堆，书评一篇写完缴卷。”我在这里的议论对象是文学批评，这项工作与书评家有几分相似，见了钱先生的话不免暗自心惊。幸好接下来钱先生话锋一转——

> 但是，世界上还有一种人。他们觉得看书的目的，并不是为了写批评或介绍。他们有一种业余消遣者的随便和从容，他们不慌不忙地浏览。每到有什么意见，他们随手在书边的空白上注几个字，写一个问号或感叹号，像中国旧书上的眉批，外国书里的marginalia。这种零星随感并非他们对于整部书的结论。因为是随时批识，先后也许彼此矛盾，说话过火。他们也懒得去理会，反正是消遣，不像书评家负有指导读者、教训作者的重大使命。谁有能力和耐心做那些事呢？[①]

真是爱极了上面几层意思，就借来作为标题。首先，下面这篇文章议

①钱钟书：《写在人生边上》“序”，见《钱钟书集》，生活·读书·新知三联书店2001年版，第7页。

论的是我对文学批评的看法，或曰“关于批评的批评”；然而这里并无“结论”“定论”“也许彼此矛盾”，不过是我在阅读时“随手在书边的空白上注几个字”而留下的两则“零星随感”。其次，文学批评已经成为我近年来的一项日常工作，也时常有幸被人目为“青年批评家”；然而我希望永远保持钱先生所谓“一种业余消遣者的随便和从容”，不全是自谦，也借此位居旁观的视界，表达一个年轻人对于文学批评热爱的初心与清醒的反思。

之一批评的感受力和判断力

这是文学批评必须直面的话题[①]，但谈论起来着实困难，因为对判断、感受这样的字眼可能每个人都有不同的界定，言人人殊。“判断”这个词本身在西方哲学史上就有漫长的阐释传统，这且不去说它。有一种意见认为，“批评”这个词在古希腊词义即为“判断”[②]。把文学批评和判断力关联在一起，我能揣测到这么几层意思：文学批评应该有清晰的价值判断，借鲁迅的话说，“自白其心”，把自己宗奉的评判标准和体系，以及在此标准和体系观照之下，作品的等级标示出来。当然这在批评的实际操作中有多种形式，未必需要处理得像判决书那样。韦勒克、沃伦就说“把时间和注意力花费在一个诗人或一部诗上就已经是一种价值判断”[③]了。此外，我们往往习惯于将“印象主义批评”和“判断的批评”（judicial criticism）对举，印象主义强调的是个人感性的心灵对艺术作品的直觉的感受，在此情况下，“判断的批评”则追求依据客观性的原则来做出理性的判断。不过艾布拉姆斯也早就提醒我们以上两种“批评在实际

---

①2012年11月，《南方文坛》主编张燕玲老师主持召开第三届“今日批评家”论坛，论坛主题即“批评的感受力与判断力”。

②〔美〕韦勒克、〔美〕沃伦：《文学理论》，刘象愚等译，江苏教育出版社2005年版，第300页。

③〔美〕韦勒克、〔美〕沃伦：《文学理论》，刘象愚等译，江苏教育出版社2005年版，第300页。

运用中很少表现出截然不同的性质”[1]。

我要举一个例子来说明，“感受”和“判断”的辩证关系，在我的陈述中，大致是个什么意思。翟永明在一篇名为《诗人离现实有多远》的文章中，提到下面这件她亲身经历的事情：

> 2001年4月，在上海同济大学DAAD留学生的一个会议上，我朗读了自己关于母女两代对话的作品《十四首素歌》。朗诵结束后，一位学理工出身的妇女拦住我，责问我为什么不像某些诗人那样用母亲这一形象来歌颂祖国，同时认为我所抒写的“母亲”这一形象是她（她使用“我们”，意即与她一样用惯性思维把“母亲”这一名词指称为某个固定理想的一群人）所“不懂”的。[2]

这位女士显然也是在做出“判断”，将祖国比喻成母亲固然无可厚非，但是这位受过高等教育又有着留学背景的女士（以及她所谓的“我们”），以理直气壮的“判断”将事物的象征符号和事物本身画上等号，甚至前者遮蔽、取缔了后者，这种遮蔽、取缔的力量畅通无阻，强大到排斥任何质疑，从人为的操作变成自然的心理认同。于是任何试图将母亲还原为原始语义、具体形象和私人命名的努力，都会被贬责为“听不懂”“缺乏现实感”“背叛了社会现实”。

“艺术之所以存在，就是为使人恢复对生活的感觉，就是为使人感受事物，使石头显出石头的质感。”[3]在这儿其实也不用援引形式主义关于“陌生化”的理论，文学有时只是要你在最本源的意义上，恢复

---

①艾布拉姆斯：《文学术语词典》，吴松江等译，北京大学出版社2009年版，第101－103页。

②翟永明：《诗人离现实有多远》，见《正如你所看到的》，广西师范大学出版社2004年版，第19、20页。

③什克洛夫斯基：《作为技巧的艺术》，转引自朱立元主编《当代西方文艺理论》，华东师范大学出版社1997年版，第45页。

对“母亲”这个词语独特的个人感受和丰富而朴素的情感。原本应该如此，这只是一个“初级常识”。

这个时代往往要求文学批评提供“判断”（即福柯所谓“下判决的那种批评”），越直截越好。很多读者对“现实”的认识与理解早在进入文学接受过程之前，已经被凝定了。也就是说，“判断”先于文学“感受”而生成，“判断”渐渐被异化为一种粘连着惯性与惰性的阅读期待，人们急于在诗歌与小说中去辨认、搜寻他所熟悉的、与他关于“现实”的“判断”相吻合的符号和象征，而不顾及广袤的生活世界本身以及作者特异的发现与感悟。由此导致的情形往往有两种：其一，一旦自己的理解与作品的呈现有所差异，一旦那些符号、象征消失了，就比如在上面那位读者那里，一首歌颂母亲的诗中竟然没有出现“祖国”的字样和意象，就不由分说地责难文学太“远离现实”，他从来不反思这一现实是否是未经格式化的现实。其二，他往往会将作品的内容、表达塞进自己那个由先在的“判断”和惰性的阅读期待所制造成的容器中，所有的文学叙事都能够被迅速地消费、转化、提炼为这个容器中的模式。还是以那位读者为例，如果一首以“母亲”为题的诗歌中出现了“祖国”，她会觉得很满足，觉得自己理解了诗歌，但其实她每一次阅读都是在重复同样的工作，不会虚位以待地去欣赏、接受那独特的文学发现，只能为我所用地满足自己单调的胃口。这两种情况看似背向——文学对于她而言，一是太不能理解，一是太迅速地被理解——实质都是一样的。

如果“判断”只是在这个意义上而言，我宁可表明自己“无所判断”。这一“无所判断”的状态，让我想到20世纪初鲁迅笔下的“厥心纯白”“白心”（其反面则是“精神窒塞”的“伪士”，参见《破恶声论》），两个概念都来自《庄子》，结合鲁迅的语境可以理解为：“纯白”“白心”是为了鼓励执着于内心的真实状态并真率地加以表达，摆脱僵化的说教制约或貌似强势的“众数”的意见。这不仅是强调声发自心，鲁迅更是在张扬“白心”中含茹的自由畅达的想象力，以及原初性与创造性交相激荡的精神能力。由此看来，这一概念当是中西思想资源会通的产物。比如儒释道三家都讨论的“初心”，李贽揭举的“童心说”，袁枚

《随园诗话》中标示诗人的“赤子之心”。倘若转向西方，首先想到的是尼采，他认为哲学家须有“初次（有创始性地）看察事物”的特性，“他不让种种观念、意见、书籍插在自己与事物之间，他的天性未受俗见的污染，他永远保留着看事物的新鲜的第一眼”。（尼采《作为教育家的叔本华》）批评家同样应该具备以“新鲜的第一眼”看待事物的能力。当然尼采还说过，没有赤裸裸的现实，只有不断被解释的现实。现实一旦进入人的视野，就不可避免落入纷纭的“观念、意见”的网络之中，它们还会按照各自的权力关系结成相对稳定的“解释的循环”，永葆“新鲜的第一眼”何其困难，没有人可以宣称自己是从“白板”开始面对生活、世界的。倡导“新鲜的第一眼”是说，我们至少可以尽量拒绝陈词滥调和僵化的文学教养灌输的符号，从文学的“名教”中逃离，重新置身于“陌生”的文学作品中，置身于新鲜的具体事物中。文学批评应该是创造的、个体的、直接的，在时间中开放、流动，目击本源，“语语都在目前”。

我特别喜欢洪子诚老师《我的阅读史》中谈契诃夫的那篇，契诃夫是一个“孤独的‘无思想者’”，“在他的文字中缺乏决断。我们见到的更多是互相矛盾、牵制，甚至互为抵消的态度和情感”，“它不是指向一种终结性的论述，给出明确答案，规定某种坚硬的情感、思维路线。他从不把问题引向一个确定的方向，他暴露事情的多面性，包括前景。也就是说，思想捕捉各种经验与对象，而未有意将它们融入或排斥于某种始终不变、无所不包的一元识见之中。他不是那种抽象观念、超验之物的耽爱者，他偏爱的，是具体的日常经验和可证之物。他为这个越来越被清晰化，日渐趋向简单的世界，开拓小块的‘灰色地带’，并把这一‘灰色’确立为一种美感形式”①。可能有些朋友觉得这里只是谈文学创作，创作是要“莎士比亚化”不要“席勒式”；但如果批评欠缺了上引洪子诚老师所谓“怀疑的智慧”，可能同样会出现问题。这些年来我一直有一种感觉，当你通过一些批评家自己的言论或媒体渠道，

①洪子诚：《“怀疑”的智慧和文体——“我的阅读史”之契诃夫》，见《我的阅读史》，北京大学出版社2011年版，第46、49页。

了解了他的“立场”之后，每当一部新的作品出版，你往往可以判断这位批评家对该陌生的作品会持何种态度，几乎屡试不爽。我觉得其中也许隐含了一个问题，今天，巴尔扎克、果戈理式的伟大的“现实主义的胜利”已经不复存在，通过生活的实感，以及与此实感、人的感性机能紧密结合的、一丝不苟的文学实践，来扭转先验的立场和判断，——这种情形日渐消亡了。无怪乎苏珊·桑塔格要提出“新感受力”，她发现“现代生活的所有状况”，“钝化了我们的感觉功能”，“毒害我们的感受力”，“我们感性体验中的那种敏锐感正在逐步丧失”。所以，“现在重要的是恢复我们的感觉。我们必须学会去更多地看，更多地听，更多地感觉”，把感性从僵死的程式与教条中解放出来，成长为一种“新感受力”。就像哪里有压迫哪里就有反抗、危险在此解救亦在此潜伏一样，桑塔格在感性领域觉察到了败坏之象，同时也从这里起步寻求希望，而艺术的特征正在于“更新和培养感受力和意识”，“改变滋养一切特定的思想和情感的那种腐殖质”。①

提到“判断力”这样的字眼，往往会联系上康德哲学。我想到的倒是胡风。胡风在他的批评文章中经常喜欢在“思想”“观念”这样的字眼后面加上一个“力”字，创造出“思想力”这样的词。胡风的友人王戎这样理解“思想力”：“所谓思想力，包含有科学的观念（辩证法）和正确的立场（人民大众的立场）……以及社会学的、历史学的科学和正确的结论，但是，更重要的是作家必须根据这些，在实际生活中进行搏斗和冲击，使这些概念的合理的理论和自身的生命结合为一，使思想溶解在自己生命的机能里，使这种思想变化为一种力量……”②一方面强调这种力量的实体性，往往能刺穿教条、概念的空壳而抵达活泼的具体事物与流动的生活世界；另一方面强调这种力量发生的动态性，主体通过文学与客观世界突进、化合、纠正。请不要误会，我绝对不是反对、取缔文学批评中

①〔美〕苏珊·桑塔格：《反对阐释》《一种文化与新感受力》《反对阐释》，程巍译，上海译文出版社2003年版，第 9 、16－17、348－349页。

②王戎：《“主观精神”与“政治倾向”》，见《何其芳选集》第2卷，四川人民出版社1979年版，第30－31页。王戎文章作为何其芳《关于现实主义》一文的附录而收入。

的“判断力”，我只是觉得不妨借鉴胡风的“思想力”来理解何谓“判断力”，“真正的判断的批评并非只做出判断。判断的批评家并不是立法教条主义者”。[①]

之二重回历史语境：“可能”、问题与尝试

今天我们的研究者（当然包括我自己）在讨论问题的时候非常喜欢用“可能性”这个词，其关怀和言下之意兴许出于这样一种认识：历史在发展过程中并没有单一明确的方向，尤其在许多关键时刻完全是开放的，拥有多种选择的可能，充斥着互相竞逐的因子。其中的一些因子“因缘际会”与后来事件发生历史意义上的关联，而其他的因子却一闪而过湮没在历史的长河中。但是今人的研究却不妨去想象历史偶然的脉络中隐而未发的丰富性。昆德拉甚至认为，“一种艺术的历史不光由这一艺术已经创造出的东西组成，而且也由它原本可以创造出的东西组成；既由它所有已完成的作品组成，又由它可能而未完成的作品组成”[②]。在这样一种方法和视野中，近年来最具典范性的研究当属王德威先生的《被压抑的现代性》，他以所谓“自觉的假想叙事”来重返晚晴文学中繁复的实践，考量“一向被视为前现代时期的现代性”，进而告示：“多少契机曾经在时间的折缝中闪烁而过。有幸发展成为史实的，固属因缘际会，但这绝不意味稍稍换一个时空坐标，其他的契机就不可能展现相等或更佳（或更差）的结果。……我们不能回到过去，重新扭转历史已然的走向。但作为文学读者，我们却有十足能力，想象历史偶然的脉络中，所可能却并未发展的走向。”[③]我非常心仪王先生的研究方法，以上那段话我在自己的文章中也一再征引以示敬意。不过我也深知万不可随意挪用，否则难免有差之毫厘

①希普莱：《形式、技巧与批评》，转引自《文学批评术语词典》，王先霈、王又平等主编，上海文艺出版社1999年版，第141页。

②〔法〕米兰·昆德拉：《帷幕》，董强译，上海译文出版社2006年版，第215页。

③王德威：《被压抑的现代性——晚晴小说新论》，宋伟杰译，北京大学出版社2005年版，第8－9页。

谬以千里的危险。比如，深植在“历史偶然的脉络”中的“契机”与“可能”（它们往往昭示着一幅柳暗花明的美好图景），到底是源自客观存在的历史因子的推论（即，这些因子即便是“闪烁而过”但终究是一度存在的，只不过限于客观情势而没有在历史发展过程中充分实现自身），抑或完全出于“想象”？在我看来，王先生方法论主要立意在于击破历史宿命论与目的论，他所展现的“众声喧哗的多重可能”，是一种历史发展的“潜能”，立基于客观存在的历史因子，“原本几乎”要发生而终究没有发生。

重视“契机”“可能性”，其出发点之一是想“挖掘出那些未被意识到的意义并让它作用于今天”[①]，这一思路背后当然是有理论支撑的。在受到福柯、后现代、新历史主义等洗礼之后，我们都很敏感于知识与真理、历史与叙述之间不存在简单的吻合、对等。美国历史学家柯文支持关于历史真理的相对主义观点，承认人类终究无法探知历史真相，“因为我们每个人都势必通过自己的词语与概念，使自己心神贯注之事物影响自己的历史研究，从而限定我们所寻回的历史真理”。但柯文马上接着申明：“但是，限定真理并不等于取消真理。归根结底，一切历史真理无不受到限定，因为历史真理并非体现过去的全部真相，而只体现对事实有足够根据的一组有限的陈述……”[②]我觉得柯文的态度极为辩证，“限定真理并不等于取消真理”，就是在注意到历史被叙述之后依然尊重历史的客观性，真实存在的“过去”和被叙述出来的“历史”这

①〔日〕丸山升：《“革命文学论战”中的鲁迅》，见《鲁迅·革命·历史——丸山升现代中国文学论集》，王俊文译，北京大学出版社2005年版，第47－48页。丸山升先生在指出“很多情况下，身处历史漩涡中的人并不自觉的行为中往往蕴含着重要的意义。而且本来研究的意义之一就在于挖掘出那些未被意识到的意义并让它作用于今天”之后，马上补充道，“只是，不能忘记，这有时最终只不过成为自己的影子在研究对象上的投影”。洪子诚先生在《我的阅读史》中将以上丸山升的意见完整引出，以提醒读者重视其中意义的复杂关联、转折与递进，参见洪子诚《批评的尊严——“我的阅读史”之丸山升》，见《我的阅读史》，北京大学出版社2011年版，第61页。

②〔美〕柯文：《在中国发现历史》，林同奇译，中华书局2002年版，第212页。

二者之间容不得混淆、抹杀，进而，客观存在的“过去”始终制约着历史叙述的边界。

我非常赞同在历史的脉络中寻访“可能性”这一路向的研究，略带犹疑的地方只是在于，今人奢谈“可能性”稍有不慎就会流于“沙上建塔”。毕竟，我们展现“原本能有”的丰富性的依据、回推历史过程的基点，应该是“有足够根据的一组有限的陈述”，而不是任意的想象。心系艺术的历史应由其“原本可以创造出的东西组成”的昆德拉，感慨从塞万提斯到普鲁斯特的欧洲小说敞开着多种可能性，可惜未被后人珍视，“埋葬了许多没有被人听到的召唤”，但是昆德拉所发掘的四种“召唤”无不信而有征、出论有据。①在弥漫着后现代主义思潮的今天，之所以重提回归历史语境的必要，正是为了辩证把握历史发展的多样与必然，既珍视隐而未发的可能性，也尊重历史客观性的制约。

我们所描绘的历史场景，自然无法脱离于我们研究过程中的问题与假设，无法脱离于特定时期研究者心中的关切。但是，在往研究对象上“投影”时，也应该注意“恢复过去自己的尊严”②。要警惕以今日的“无”去在历史上投射“有”（有的时候这种“投射”变为虚造）；或倚借后出的概念工具和思想资源去强求前人，而无视前人在特殊境遇中的根本关

①参见〔法〕米兰·昆德拉《小说的艺术》，董强译，上海译文出版社2004年版，第20－22页。

②后现代历史著述反对一种历史叙事中的“发生学结构”，在此结构中，“现代历史思考在一条历史发展线索中把过去与现在的状态结合在一起”，“历史思考产生了这样一种印象即过去向现在的状态进发”。历史研究中的后现代主义坚决“反对把人类过去的生活形式整合到一个导致我们今天的形式的过程之中”。此处关于“恢复过去自己的尊严”的宣称与尝试，倒也并非浮浅的无稽之谈。参见〔德〕吕森（Joern Ruesen）《历史秩序的失落》，见《历史的话语》，张文杰编，广西师范大学出版社2002年版，第80－83页。

切，以及“视为当然而引为前提的信仰”[①]；“后见之明”或可避免“当局者迷”，但此“优势”也往往导致误解前人，研究所“解决”的问题根本与前人无关，“后世之儒所以论古之多谬者，无他，病在于以唐宋之事例三代，以三代之事例上古”。（崔述：《考信录》）

英国历史学家彼得·伯克曾批评马克思和斯宾塞这两种研究模式“在视野上都有严重的局限”，二者的提出都是为了解释工业化及其后果，但是“对18世纪中期以前历史变迁的解释都是不能令人满意的”，“例如，斯宾塞所说的‘传统社会’和马克思所说的‘封建社会’本质上都是残余概念，是镜子世界，仅仅是‘现代’社会或‘资本主义’社会的基本特征的简单颠倒。诸如‘前工业’、‘前政治’甚至‘前逻辑’等术语的使用是这方面的极端显示。它们显示了一种失败，即无法处理套不进某种特定模式的那些社会的特征”[②]。“镜子世界”般的“残余概念”正是“以今例古”，以今天的特征去框范前代，这种对历史语境体贴不周的现象，在文学研究中也不乏其例。比如，新时期文学在创建自身合法性时曾对左翼文学、社会主义文学的丰富性做过压缩处理。今天的反思者们在清理上述议题时无疑表现出清醒的历史意识，他们站在“新时期意识”（以人道主义和启蒙理论为基本构成）的“外部”，揭示20世纪80年代诸种文学与文化实践的复杂性及其意识形态功能。这本应提示后人不再重蹈覆辙，然而今天又不乏研究者同样在以压缩丰富性的方式处理20世纪80年代的文学，尤其在批判当下文学界确乎存在的不良倾向时，往往将“原罪”一股脑儿地归咎于“纯文学”。“纯文学”“先锋文学”在今天的研究中往往也沦

---

①观念史研究的缔造者罗孚若（Arthur O. Lovejoy，通译“洛夫乔伊”）指出：“往往是那视为当然而引为前提的信仰，而不是那些冠冕堂皇的话语与论辩；那些习以为常，自以为不可免，因而不用一种逻辑的自觉来细心考察的思想方式在决定一个哲学信念的特质，更常是它们决定了一个时代的知识风尚。”转引自李弘祺《试论思想史的历史研究》，见《中国思想史方法论文选集》，韦政通编，上海人民出版社2009年版，第195页。

②〔英〕彼得·伯克（Peter Burke）：《历史学与社会理论》，姚朋等译，刘北成修订，上海人民出版社2010年版，第166页。

为“镜子”般的“残余概念”，即研究者对心目中所期待的理想文学应具备特征的“简单颠倒”。比如，文学理应关注现实，而“纯文学”只是形式游戏；文学原该占有大量读者，而先锋文学的晦涩切断了和普通读者的联系……很难区分这些论断是出于当下文学困境的焦虑，抑或贴近历史现场的客观研究，尽管这二者本就难以区分清楚，但类似论断过度的目的论与后见之明，还是须加以警惕的。这种检讨方式——今天的文学缺什么，就一股脑儿地将“原罪”归咎于“纯文学”当年的“自暴自弃”，仿佛打开了潘多拉之盒——既对“纯文学”、先锋文学缺乏周全的理解，也无法恰切说明今天文学的症结问题所在。

20世纪90年代以来，伴随着公平、正义等呼声，“重回十七年”成为一种寻觅可能性的历史参照方式。然而正如学者所指出的，“这种重回的‘十七年’并不是‘十七年’本身，而是对一种‘十七年’重新想象的方式的展开，具体地说，是因为‘十七年’本身已经携带了反思‘八十年代’现代化想象的批判性力量和动力”①。以不同时代的互相观照来展开反思，为今天的发展提供经验，这是极有意义的研究，正因为20世纪80年代的现代化经过了三十年的实践，暴露出了一系列矛盾与困难，所以，“十七年”的历史资源才变得有意义。但这并不是说，这样的资源在当年真实的历史情境中已得到了充分、有效的呈现、实践。反省失误、寻回另一个时代的理想，以及从今天的“匮乏”出发去附会过往的“丰富”，都得把握好尺度，尊重历史的客观与真实存在。比如说，一段时期以来，一些学人热衷于挖掘“鞍钢宪法”中的积极价值，然而历史学家高华通过实证研究指出：“‘大跃进’期间的鞍钢工人没有争取‘经济民主’的思想意识，‘两参一改三结合’与‘经济民主’不搭界，所谓‘经济民主’只是当今学人理念世界的产物，与当年鞍钢工人无涉。时下某些学人从预设的立场出发，将自己的想象附丽于历史，以某种理想化的态度来构筑过去。按照这种思想逻辑，过往的年代的许多概念都会在‘后现代’闪烁出光辉，因为只要抽去这些概念产生的历史条件和特定内涵，再将其诗化，根本无须费力去‘开

①程光炜：《新时期文学的“起源性”问题》，载《当代作家评论》2010年第3期。

掘’，这样，过去时代的许多概念马上就会熠熠生辉。”[①]在文学批评领域，有论者提出今天的文学界画地为牢，阻碍了从底层成长的文学新人，这当然是个值得严肃展开讨论的问题。不过其树立的理想典范竟是当年的高玉宝、胡万春，这就值得商榷了。胡万春调离工厂从事脱产创作后，每篇作品都在专业作家、编辑的直接帮助下反复修改，这样“终于成长为一个作家”，“其实广大工农兵中间与胡万春有同样理想的人千千万万，但究竟几个人才会有胡万春的幸运呢？”而且，“每县出一个郭沫若”、文学新秀奇迹般崛起、全民献身文学的热望，其“直接起因在于政治；借‘工农兵’的概念，将文化生产纳入党的意识形态领导与控制”，它来自一种特殊时代的文学体制，其实在今天已无法也不必再“复现”了，“它可以把文盲、半文盲强行制造成作家，可以把文学创作变成全民运动，也可以长达十年基本中止专业的文学创作”[②]……

如何解读具体历史语境中的文学，我曾经尝试过分两步走。首先，“设身局中”地了解特定时期的历史要素，在何种社会构成、意识形态与知识状况中，压抑性机制产生，其间人们曲折复杂的精神生活，他们把握了何种新起的契机，尝试了何种策略，获得什么样的效果与意义……对这些都应有“了解之同情”与周彻观察。尤其是通过“回置”来体贴其在当日语境中所承担的机能与创造性，此处“回置”即陈寅恪先生所谓“神游冥想，与立说之古人，处于同一境界，而对于其持论所以不得不如是之苦心孤诣，表一种之同情，始能批评其学说之是非得失，而无隔阂肤廓之论”[③]，在此基础上探析“回置”所得的经验在今天的话语条件中是否具备转化、激活的资源与可能。通过“处于同一境界”，凭着“了解之同情”来体贴“不得不如是之苦心孤诣”——这是“入乎其内”的第一步。其次，“出乎其外”，即寻获一个“外部的批判支点”，通过拉开一定的距离以避免被研究对象“同质化”。此时需要照见的，是某一时期发言者

---

①高华：《鞍钢工人与“鞍钢宪法”》，见《革命年代》，广东人民出版社2010年版。

②李洁非：《工农兵创作与文学乌托邦》，载《上海文化》2010年第3期。

③陈寅恪：《冯友兰<中国哲学史>（上册）审查报告》，见《金明馆丛稿二编》，上海古籍出版社1980年版，第247页。

背后的某种疏漏、“不见”、“结构性知识”或“视为当然而引为前提的信仰”……“回置”是以“了解之同情”来获致昔人的苦心与创造性，但“同情”并不就是“同意”“认同”，（章学诚在《文史通义·文德》中论“文德敬恕”，特为解释“恕非宽容之谓”，而是指“能为古人设身而处地”，“不知古人之世，不可妄论古人文辞也；知其世矣，不知古人之身处，亦不可以遽论其文也”。）到这一步还未完事，否则只是将问题仍然锁定在“境况中”的“特殊的框架里”，我们需要将体验导向一般化。也就是说，避免拘囿在“特殊的框架里”讲述重复的故事，而采取与“原有的思维方式不同的方式思考”，与“原有的观察方式不同的方式感知”，而不仅仅是“证明已经知道的东西”[①]。通过这一福柯所谓的“批判工作”（一种“一般化”“历史化”的工作），我们才能在今天的现实中重述对历史语境中的文学、思想的把握，形成更有效、更丰富的资源累积。[②]

今天的研究者可以不封闭在“特殊的框架”中，从容、冷静地讨论过往某一时期的思想、文学、知识的得失。但我最后想特别指出的是，对其所“失”这一面加以检讨的前提，是尊重、不抹杀其在特殊时期的创获，甚或是失败中尝试的经验。这正如陈寅恪指明的“对于其持论所以不得不如是之苦心孤诣，表一种之同情”之后，“始能批评其学说之是非得失”，或如章学诚所谓“知其所偏之中亦有不得而废者”。特定时期中的文学因其反抗对象、压抑性语境——这也正关联着其在当日意义的呈现——的消失，且“与今日之情势迥殊”，离开了当日鲜活的时代氛围与特点的语意空间，其意义就失去了直接（或不言自明）的有效性，所以在后来的研究中特别容易受到轻慢而“以可笑可怪目之”[③]。其实中国传

①〔法〕福柯：《性史》，转引自刘北成《福柯思想肖像》，上海人民出版社2001年版，第384页。

②详见拙作《“不得不如是之苦心孤诣”与“外部的批判支点”——“境况中”的文学及其释读》，载《南方文坛》2011年第1期。

③陈寅恪：《冯友兰<中国哲学史>（上册）审查报告》，见《金明馆丛稿二编》，上海古籍出版社1980年版，第247页。

统治学素来注重如何遥接作者之心于千百年之上[①]，而我们今天的文学批评与研究，往往相隔数年便摒弃“了解之同情”（“同情”并非是“同意”），不耐烦做“火中取栗”的工作（“火中取栗”的工作探知的是“其所偏之中亦有不得而废者”，故而往往都是繁难而艰巨的），而易于轻率地从整体上判定前一个时代的价值为虚妄，对前人的生存经验与“不得不如是之苦心孤诣”很少周彻地理解与虚心地借鉴。于是一并摒弃了恰恰是在“不得不如是之苦心孤诣”中所含藏的前人在特殊境遇中的创造性。任何一段精神历程都有其价值，不应当被轻易掩盖，人类进入文明社会以后，正是因为有知识和经验的积累，我们才不至于总是从零开始。共和国文学走过了六十年的风雨历程，“用后三十年否定前三十年固然是目光短浅的，但简单地用前三十年否定后三十年也不是一个在知识上和道德上诚实的态度”[②]，而恰是某种“否定”“颠覆”的僵硬逻辑，以及释读、处理文学史的简单方法，造成了丰富的文学传统与贫乏的资源积累相并立的困局，使得我们一再丧失打开、激活创造性资源的契机。

当然，体贴前人的“苦心孤诣”预设了一个前提：古今人之间可以有一种“人同此心，心同此理”的共鸣，但多大程度上能确保这一共鸣超过其差异性的个性，尤其是今天的文化人类学一再教导我们：他人就是他人，“他们并不像我们一样思考”，所以，这个尺度是极难把握而又不得不去把握的。一方面，重回历史语境免不了以今人之心度昔人之腹；另一方面，这个“度”又不能凭空而“度”，如朱熹反复强调的，绝不能“将己意去捉彼志”，须得“虚心”开放，才能“自然相合”。（《四书章句集注·孟子》）最后还是引一段史家的经验之谈作结：

研究历史比较稳妥的方法，也许还是在承认今昔有所不同的基础上，自设为特定时间特定地域的昔人，通过人的共性，返其旧心，以意逆志，论世以知人。从前后左右去读书(人与事也是书)，首先读出昔日的前后左

①余英时：《论士衡史》傅杰编，上海文艺出版社1999年版，第367－369页。

②张旭东、朱羽：《从“现代主义”到“文化政治”》，载《现代中文学刊》2010年第3期。

右来。然后从昔日的前后左右读之，借共性以知其个性，才约略可接近昔人的心态，以再现昔人立说时的场合情景。特别是思想言说的语境，重建当时人思想的规范习俗，探索立说者当下的各种写作意图，或有可能领会特定人物在特定时刻的心意所指。从而真正读懂昔人言论所蕴含的意思，庶几可以接近历史的原状。①

（载《创作与评论》2015年第9期）

①罗志田：《陈寅恪史料解读与学术表述臆解》，见《近代中国史学十论》，复旦大学出版社2003年版，第188－189页。本节论述受到罗先生此文启发，特此说明并致谢。

人性隐微处的鬼气与先锋叙事的印迹

——第六届鲁奖获奖中篇小说观察

王晴飞

本届鲁奖的五篇获奖中篇小说（《隐身衣》《美丽的日子》《白杨木的春天》《从正午开始的黄昏》《漫水》），在风格上各有不同，但多能竭力开掘人物的内心，对于人性的观察进入潜意识层面，从而写出人心中的鬼气，人性隐微深处的光明与晦暗，认识到人性的复杂、庸常、善恶并存的状态。在叙事手法上，也多少都带有先锋写作的印记，显现出先锋叙事介入现实世界的努力。

一、人性隐微处的鬼气

认识到人性中有“鬼气”，是现代以来才可能的事。所谓的“鬼气”，是人性深处那些常常不被人们察觉的、难以言说的，甚至是不敢直面的隐秘，是人性公开部分的背面，阳光下的阴影部分。“鬼”是“人”的他者，是人自身情感与欲望的投射，人类通过“鬼”来反观自身，加深、拓展对“人”的理解。不过过去的“鬼”和现在的“鬼”，古典“鬼”和现代“鬼”也不同，古典“鬼”往往就是人，或者是人类将不愿意与自身相关联的恶移诸鬼身。前者如《聊斋志异》中的诸多温暖了失意书生的花妖狐鬼，鬼性即是人情；而那些凶残鬼则承担了人性“恶”的部分，人类通过这种“切割”，将“善”留给了自身，保持着“人性”光明的幻象。现代人中周作人喜欢谈鬼，不过他的鬼多半也还是古典鬼，即如他自述心中住着两个鬼，一个流氓鬼，一个绅士鬼，其实所指不过是叛徒气与隐士气、反叛风与闲适风而已。真正认识到人心中有鬼的，是鲁迅，他认识到自己内心如大毒蛇般的鬼气，认识到自己有着四千年吃人的履历。这才是现代人的开始。

吕新的《白杨木的春天》中，有一处典型的关于曾怀林内心鬼气的描写。他在遭遇前来讨水喝的猎人时，从对方的眼神中看出了其内心对人的防范与警惕，进而发现自己的内心也早已筑起一座顽固而冷漠的堡垒："发现自己的内心里有那么一个东西，不知是何时筑起的，看样子并非是短时间内才有了的，一定是经过了漫长的堆砌和构筑，才形成了现在这副模样的：像龟又不像龟，似碉楼又不像碉楼，它的铜墙铁壁和牛皮般的围堰首先就让他本人也惊讶不已！更为重要的是，曾怀林觉得自己在此之前已经通过某种肉眼看不到的通道，比较有把握地窥到了那个火尖枪上挑着一只灰黄色野兔的渴得要死的人，像是从门缝里窥探一样，清楚地看到那个人的心里也盘踞着那么一个类似的东西，尽管不是青龙白虎一类的……惊讶之情还没有过去，紧接着就看见了蹲伏在自己心里的那个东西，上面的历久弥新的苔藓和风雨剥蚀的痕迹，证明它并非初出茅庐，而是已有相当的年头了。此外，它的外围好像还涂着厚厚的护壁油，滑腻而光绝"，"它不是一只野猫野狗，大喝一声就可以把它赶跑，它更像是空气般的政治，凡是活着的人，无一不在它的云彩之下"。[①]这个"像龟又不像龟，似碉楼又不像碉楼"而又"不是一只野猫野狗"，无法驱逐的东西，我们不妨称之为"鬼"，它标示着人性的异化，天性的斫丧，人与人之间互相信任的缺失，这本是成长必然的代价。但在正常的年代里，还可以保持在一个适度的范围，而在这种特殊的"批判斗争"的时代里，则会深入骨髓，成为一种精神创伤，一旦沾染，就如影随形，无法祛除。人在不健全的黑暗的社会里，不可能保持独自的光明。

在《白杨木的春天》中，吕新致力于拷问各种人的人性，逼出其内心深处的"鬼气"。一般而言，受难往往会使受难者获得道德上的豁免权，这一方面源于人类同情弱者、被侮辱与损害者的天性，另一方面也常因为这些受难者后来掌握了话语权。而在这篇小说里，作为受难者的知识分

①吕新：《白杨木的春天》，花城出版社2014年版，第25－26页。

子曾怀林并没有得到这种豁免权，他被剥开内心，接受着灵魂的拷问。除了前述习惯性地对人保持警惕和距离外，作为知识分子，曾怀林对于底层无知民众的蔑视，也是他反思的内容之一。在关于他和老宋的交往的自省中，曾怀林就发现了让自己难堪的污秽和“小”。带有江湖义气的老宋，仅仅因为得了曾家一泡童子尿的恩惠，便坦诚相待，事事鼎力相助，而曾怀林对老宋却只可能是表面上的客气，内心深处始终无法与之亲近，甚至不可能请他到家中来吃一顿饭。这种阶层之间的森严壁垒——虽然曾怀林落难了，但是他在社会阶层上仍然是高于老宋这些底层民众的——隔开了人们的内心，使其难以相通，也使他面对老宋们时保持着源自阶层和知识上的双重傲慢。而即便是老宋，他的古道热肠也没有被圣化。老宋是在帮助新迁移来的一户人家打窑洞时被压死的（或者我们可以称之为“牺牲”），可是小说却立刻借着老宋的朋友老龚之口说，这是因为他和新来的人家的女人有着暧昧的关系。[①]吕新时刻对一切关于道德完美的想象与渴望保持着警惕，一旦发觉自己可能将要制造一个幻觉，就立刻迫不及待地去戳破它。老宋的绯闻，或者说道德上的污点，让曾怀林怀念起他时很难过，因为这是他的朋友，而他朋友的形象原本是只属于美好和光明的。不过，倘若我们继续保持着吕新式的拷问，似乎也可以认为，老宋的道德污点一定程度上使得曾怀林心安，因为我们对一个身怀道德污点的人保持警惕，与对一个洁白无瑕的人心怀警惕相比，显然是前者更容易得到自己内心的谅解。所以曾怀林才会如此轻易地相信老宋的绯闻，而又迅速地将其认定为他的污点，并因此调整自己对他的道德评判。吕新式的拷问，常常让我想起鲁迅关于陀思妥耶夫斯基的话：“他把小说中的男男女女，放在万难忍受的境遇里，来试炼他们，不但剥去了表面的洁白，拷问出藏在底下的罪恶，而且还要拷问出藏在那罪恶之下的真正的洁白来。”[②]

《隐身衣》中的鬼气更明显，这也正是格非刻意营造的“哥特式氛围”和叙事空缺带来的悬疑色彩。丁采臣尚未出场，“我”便从蒋颂平口

①吕新：《白杨木的春天》，花城出版社2014年版，第130－131、134－135页。

②鲁迅：《陀思妥耶夫斯基的事》，《鲁迅全集》第6卷，人民文学出版社2005年版，第425页。

中感受到了这个名字的寒意——丁采臣的名字与著名的鬼故事、鬼电影《倩女幽魂》中的宁采臣无端的联系，他的神情瘆人，目光冰冷，魂不附体，连蒋颂平这种江湖老油子见了都会觉得背脊发凉。[①]而“我”初次与丁采臣通电话后，便收到他误发的一条短信，隐约透露出他与秘密社会的关系，丁采臣在与“我”吃饭时，因一点小事便掏出手枪，随后又莫名其妙跳楼身亡，而“我”竟然在丁采臣死后继承了他的“女人”（“我”始终无法判断她与丁采臣的关系，是夫人还是女儿或是其他），并收到他购买音响的尾款。在这里丁采臣始终介乎阴阳人鬼之间，关于他的身世为人有着太多的秘密。同样的秘密也藏在其他人物身上，如那个住在丁采臣家中的女人的身份、身世，脸上疤痕的来历，为何忽然与“我”生活在一起？蒋颂平与“我”姐姐之间到底有何秘密？这些作者刻意留下的隐秘，都增加了小说的悬疑色彩和阴森气氛。

胡学文的《从正午开始的黄昏》中的“鬼”，则是人内心深处的隐秘，那些难以直面又无法摆脱的过去的阴影和创伤性记忆。胡学文的小说，一度是以“实”闻名的。所谓的“实”，首先是所写内容的“实”。他常常叙写底层民众的苦难与悲惨处境，尤其擅长写农妇的命运——农民在社会阶层上处于弱势，妇女在性别上也常处于弱势，农妇可以说是处于双重弱势的地位。他的这一类小说，因为太“实”，有时不免过分关注外部世界，过分关注事件，而在人心的开掘探索所抵达的境界方面，尚有不少可以进取的余地。胡学文曾自述自己写现实的重心，不在现实世界自身，而在人物与现世界碰撞后的心理世界。[②]不过如果单从这一类写“实”的作品来看，人物的内心世界还相对单一，与现实的碰撞所引起的，往往只是如愤怒、痛苦、挫败、执着等单一的情感或情绪，尚未进入人性内心隐微的潜意识层面，也没有充分展示出世界的复杂性。

《从正午开始的黄昏》是胡学文转向人性隐微深处的作品中最丰富的一篇，它是一个关于人性秘密以及人们如何处理自己的过去和记忆的故

---

①格非：《隐身衣》，人民文学出版社2012年版，第46－47页。

②姜广平：《“我想寻找最佳的路径”——与胡学文对话》，见胡学文《我们为她做点儿什么吧》，花山文艺出版社2014年版，第282页。

事，它溢出日常社会常规伦理以外，试图触碰时常被忽略的阳光下人的阴影部分。乔丁同时生活在两个世界里，一个是目前的现实世界，一个是已经消逝而只存在于他记忆中的过去的世界。前者稳定、温馨，合乎日常社会秩序，后者则充满了刺激、不确定性和旺盛的生命力。过去世界里的"凤凰女孩"和关于过去的记忆，如同鬼魂一样紧随着乔丁，使他的内心充满了鬼气，并不断地走进历史里，以带有"仪式"色彩地"出行"，带着幻想中的"她"一起继续以前的大盗生涯。这是一种对逝去世界的寻找，也是悼念和忏悔，"过去"就以这种带有鬼气的方式渗入当下，参与着当下生活的建构。乔丁一直以为这两个世界可以平行存在，永无交集，每当他"出行"归来，便可以将过去的世界封存在身后，不让它干预现在的生活。但实际上只要他的记忆还在，只要他还不能忘却"她"和过去的世界，这两个世界便已经有了交集，只不过没有被别人发现而已。而他在一次"出行"中和与情人约会的岳母偶然相遇，互相窥见了对方的秘密，两个世界终于不可避免地发生正面碰撞。乔丁在对自己的记忆和秘密的清理中，也逐渐地对于岳母的秘密有了同情之理解（之前他傲慢地认为自己的秘密是心灵的，而岳母的秘密只关乎肉欲）。小说即便到最后，也仍然留下许多秘密没有揭开，如"凤凰女孩"的秘密、岳母的秘密，这种留白和对他人隐私、秘密的谴责、追问的放弃，源于对人性更为广大的理解，对人性隐微之处的黑暗和痛楚的同情。

在滕肖澜笔下，人心中的"鬼"是通过庸常生活中人与人之间的小计谋与小算计，尤其是女人之间的斗智斗勇显现出来的。她笔下人物内心的丰富性，总是并不一开始就完全显露，而是在情节的自然发展中，在她的不动声色里，如剥竹笋一般层层剥开，而她也总能在从平淡的生活里不断地抖出"包袱"，制造悬疑，写出一些恐怖和传奇的味道。当然在滕肖澜的小说中，也带有"硬做"痕迹的"传奇"，譬如《倾国倾城》这样的作品，就有类似于谍战剧的设置，有更多刻意的关于外部的矛盾冲突，不全是从生活本身生出来的冲突和源于人物关系的紧张，尤其是庞鹰因报恩心态而愿意为崔海的职场进阶去色诱对手佟承志，以及最终因为动了真情而失败，为双方所弃，也有些落入俗套。《快乐王子》则可以看作是作者内心某一种前现代理想的集中释放，写法也不免放纵，不够节制。与之相比，《美丽的日子》可算是最没有传奇的传奇，是从锅碗瓢勺中写出了高手过招的味道。当然这种高手过招式的描写，有时也火候太过，卫老太和姚虹这两个女人，仿佛两个心理专家，对于自己和对方的心理状态洞若观火。譬如姚虹在通过花园静坐对卫家进行软性威胁时，竟然可以精确地计算到卫老太第一夜不会去公园查看，第二夜才会去，从而选择第一夜在老乡家中睡觉，养精蓄锐。而卫老太也时刻可以洞察自己的内心，知道自己何时可以把控局面，何时已经败给了姚虹。而无论胜败，她们都平和笃定，毫不慌乱，也几乎毫无心底波澜。这种面对世界的笃定和把握，一定程度上遮蔽了她们在这个世界中的卑微处境和无力感，减弱了人物心理的丰富性。卫老太与姚虹这两代女人，既是对立的双方，本质上又是同一类人，都是可以为了生存而果断地放弃一些自尊和道德标准的人。虽然不免庸俗，却自有勇猛顽强的力量。卫老太内心的隐秘，是她在多年前，为了多得一些抚恤金，坚决地在亡夫的厂长前下跪，在转瞬即逝的机会来临时，又坚决地向厂长献身。姚虹的隐秘，则是她一直在家乡其实还有着一个女儿，而她一直隐瞒着，并正在计划着过几年将她接到上海来。不过与前几篇获奖小说不同的是，卫老太和姚虹都不以这“隐秘”为鬼，她们理直气壮地做出最有利于自己的选择——以生存的名义。卫老太的“隐秘”，甚至加深了她对姚虹的认同，因为正是姚虹同样无赖式的坚韧，让她认识到她们是同一类人。卫老太面临姚虹在小公园静坐的软威胁时，两次回想起当年讨要抚恤金的情景，第一次是感叹自己的不容易，第二次便由自己的“不容易”推及姚虹的“不容易”，产生了理解与同情。滕肖澜的小说写法，继承的是张爱玲的路数，不过同样是从庸常生活里写出人性内心隐秘的伤害，张爱玲的笔法更冷酷，更不愿意给笔下的人物留几乎任何幻想性的后路，所以她的人物更孤独，而滕肖澜则多一些温情，不愿意将她们逼上绝路。这种立场和态度，也使得她如自己笔下的那两个女人一般，不以这“隐秘”为鬼，不愿意始终为“鬼”所纠缠，她在层层剥开这两个女人内心深处卑微的阴暗时，又不断地以生存（过日子）的艰难，为之开脱、辩解，设身处地予以理解，甚至进而从她们的心计中看出一种顽强的生命力，于是那种失去自尊换来的生活便也成了“美丽的日子”。

《漫水》是这几篇小说中最少鬼气的一篇，通篇写的多是美好的人性。二十余年来的文学创作中似乎有一种偏见，以为只有写人性的丑恶和黑暗面才算是写到了人性的深处，才是深刻的，所以产生了许多为了写恶而写恶的作品。其实真正的美善和光明亦在人性深处，人性的庄严也需要发掘与建构，在见过了黑暗后而仍能写出不流于浅薄幻象的光明，同样是有力量的文学。《漫水》是一篇《边城》《长河》式的小说，所写的是自足的田园诗一般的乡土社会中美好的宗法伦理。在漫水这个独立的宗法社会里，虽然有代表着国家主流意识形态和专政力量的绿干部的介入，可是他在这个地方显然只是处于异质的从属地位，并没有对漫水造成实质性的影响。代表宗法伦理理想的两个人，有余并不将绿干部放在眼里，慧娘娘则一开始就指出他的错别字（“绿干部”这一绰号即由此而来），而慧娘娘的男人有慧甚至趁夜黑打了他一顿。漫水很大程度上仍然保持着自己的原初形态，保持着长幼尊卑之序（秋玉婆虽然比有余大二十来岁，但因为辈分低，就不免忌惮他）。即便是在国家行政力量强力推行“破四旧”的时候，漫水人依然讲究风水迷信，造屋请风水先生看时辰，死人请道士算日子，漫水人循环往复地遵循着原有的风俗人情生老病死。而有余和慧娘娘之间那种因互敬互重而生的若有似无的好感，经过数十年的淘洗，自然积淀为从心所欲不愈矩的深厚情谊。在现代人眼中，这种节制当然压抑了具有个性色彩的欲望和情感，但因这种合乎宗法社会规则礼法的节制，已经内化为他们自身的伦理需求，反成为一种自然而然的极正当的情感，和谐妥贴地安置在他们个人的人生和整个漫水社会中，并不显出欲望被压抑的焦虑与痛苦。而有余和慧娘娘这两个人，对人、对生命的宽厚博大，更显出一种庄严。

根据文中关于时代的提示，秋玉婆死的时候大约是20世纪70年代中期（出殡时丧伕喊的口号是“砸烂孔家店”和“林彪是坏蛋”），此时秋玉婆六十多岁，有余、有慧等人大约四十岁。按理说，在那个时代前后，阶级斗争的氛围应该是充斥着中国的每一个角落，而漫水竟然可以大体保持着和谐的宗法伦理，这不能不说是一种架空的写作。但我们不必将之定位为“瞒和骗”。“瞒和骗”的写作是在产生“瞒和骗”的社会基础上，粉饰或是无视按照这种社会基础的发展逻辑所必然衍生的后果，制造一种虚假的美好幻觉，使人沉醉其中，失去反抗的勇气乃至根本不会萌生反抗的念头。而《漫水》式的写作，则是索性撇开这种社会基础，自造一种美好的桃花源式的乌托邦。这种乌托邦式的写作本身，对那种外来的“阶级斗争”伦理就是一种批判。

《漫水》中坏人不多，如有余对绿干部所说，“我活到四十多岁，漫水老老少少两千多人，我个个都晓得。讨嫌的人有，整人的人有，太坏的人没有。整人，都是跟你们学的。过去，漫水也有整人的，那叫整家法。有那忤逆不孝的，关到祠堂笼子里，笼子外放一根竹条子，哪个都可以去打他的屁股。我长到这么大，只听见过去整过一回家法。你们蹲点蹲来蹲去，整过多少人？”可见在有余看来，即便那些因觊觎慧娘娘而撺掇有慧参军的人和喜欢嚼舌头捕风捉影说别人隐私的秋玉婆，都也只能算是讨嫌，而算不得坏人。而且倘若不是这种“整人”的外来的政治力量的介入，漫水在自然的宗法制度下，几乎可以达到无为而治的境界。土改时最红的人，正是那个唯一受过家法整治的人。[①]可见这种外来的“整人”伦理，与宗法伦理是恰相反对的。

如此看来，漫水人几乎一个个都活得清白、坦荡、自然，心中无鬼，然而在篇末终于还是出了一个（内）鬼，就是漫水两位完人有余和慧娘娘联合培养的强坨。强坨并不是宗法秩序的叛逆，他懂得孝顺父母，只是缺乏经济能力，媳妇跑了，修新屋又亏了账，没有力量给爹妈割老屋，因而伙同外人偷了象征宗法秩序的龙头杠。这一个类似于吴组缃小说《天下太平》中的情节，大约可以视为一个隐喻。即这种架空的理想化的宗法社会想象终将破产，也说明这种宗法社会伦理的理想化幻象只能从审美层面对人有抚慰作用，而从现实的逻辑和历史的发展规律来看，它都根本无法抵御更无法挽救世道人心的崩颓。

---

①王跃文：《漫水》，湖南文艺出版社2012年版，第36页。

二、先锋叙事的印迹

本届鲁奖中篇小说奖的五位得主，有两位是以先锋文学创作闻名的。实际上，自从先锋文学思潮出现以后，小说写作已经不可能回避先锋的影响。先锋作为一种姿态和方法，有助于我们深入理解世界，开掘人性隐微，已经渗入当下小说创作的血液里。近年来，小说创作有向现实回归的倾向，但是，经过先锋洗礼的现实主义，也不可能是以前的现实主义。不过，先锋小说作家之前的探索往往是在一个架空的文本世界里，当他们面对当下同样复杂多变的现实世界时，先锋的遗产如何转化到现实题材的创作中，这也是先锋作家需要面对的问题。

《漫水》和《美丽的日子》是两篇从叙事上看起来最没有先锋印迹的作品，但也都不可能是纯粹传统现实主义的笔法。《漫水》中时空交叉的写法，将过往与当下交织在一起，让人感觉那些过往之事像是余公公和慧娘娘两位老人的回忆，叙事节奏又如流水一般缓慢，使通篇笼罩着淡淡的朦胧的诗意，既有古典之美，又有现代技法。《美丽的日子》也有类似之处，它在卫老太与姚虹斗智斗勇时，两度使卫老太内心想起数十年前的隐秘，既有层次地抖了包袱（滕肖澜的小说总是要抖包袱的），制造了悬疑的效果，增加了卫老太人物的丰富性，也为她对于姚虹的“不容易”产生理解提供了可能。

格非的《隐身衣》在技巧上仍然保留了此前先锋写作的特征，譬如“哥特式”恐怖氛围的营造，大量的叙事空缺，处处伏下悬念而终于无可索解。这与他早年的《褐色鸟群》等小说既有相似之处，又有不同之处。《褐色鸟群》作为一篇典型的先锋小说，通过迷宫式的支离破碎的叙事，暗示记忆的不可靠，真相的难追寻，意义的荒谬和人类生存的荒诞感。而这样的小说，更重要的意义在于“破”而非“立”，它的重要意义在作为陈旧的庸俗现实主义小说的对立面出现时显示得更为充分——在那种现实主义的小说中，真相和意义是坚硬的，早已为思维定式和意识形态的需要所固化。

而作为一篇涉及现实题材的小说，《隐身衣》显然是想传达一些意义的，比如“事若求全何所乐”，比如“睁一只眼闭一只眼”，“生活还是他妈的挺美好的”，等等。这种意义，当然是很平庸、浅俗，而即便是这一意义，在传达时也是如此的笨拙，如此的捉襟见肘——它与整个小说的氛围并不契合，明显是作者意图的生硬楔入，以至于只好反复通过剧中人物之口“点题”。而那些无法索解的悬念，大量的叙述空缺，也不再具备先锋的意义，反而在显示出作者对于这个虚构的现实世界的不耐烦，对于叙述的随意和态度的轻浮：他并不愿意深入探究世界与人心的隐微。譬如小说中的玉芬，从一开始便被定为一个“荡妇”的角色，（“我”的母亲初次见玉芬，便称之为“卖相好”，“没有定盘星”，“从头看到脚，风流往下跑；从脚看到头，风流往上走”。[①]）而后来的玉芬，果然一丝不差地沿着既定的“荡妇”之路前行。这标志着一部现实题材小说的失败。这些先锋手法的滥用，不仅没有显示出先锋的意义，反而埋葬了自身的意义。《隐身衣》的另一大特征是大量古典音乐器物知识的“乱入”，这种“乱入”也是很生硬的，无缘由的，与作品本身并无必然关联，仅仅因为作者恰巧知道这些而已。这种放纵式的写作，显示的是一个作家写作的不加节制和面对作品与读者的傲慢。

在这篇小说中，所谓的技巧已经成为横亘于作者和世界与人心之间的一道障碍，它隔开了文学与生活，使作者倦于深入地体察世界表层以下的东西。

吕新的《白杨木的春天》也是一篇典型的带有先锋意味的小说。如果单从题材来看，小说写的是一个老题目，一个关于20世纪六七十年代知识分子下放经历的故事。此前同类题材的描写，往往落入一种套路之中，人物与情节设置类型化，正邪截然对立，通篇只有一个声音。这当然可以反映出一定程度的社会真实，但也过于简单，忽视了社会断裂层面的暧昧性和人性深处的复杂。《白杨木的春天》便是在这一点上表现出不同，在这里同时出现多个声音，几乎每一个人物的内心都会得到认真的对待，设身处地的理解。那些配角们不再仅仅是烘托主角的工具，而是有了自己的生

①格非：《隐身衣》，人民文学出版社2012年版，第20－21页。

命和情感行动逻辑。小说中有一种人，即是那个年代里那些迫害别人的政策的忠实执行者。作为反面人物，这类人在同类题材的小说中，往往是被符号化的，而在这篇小说中，作者的笔触也进入他们的内心，赋予他们表达自己声音的权利。譬如专案组成员明海，他对知识分子充满了偏见，甚至对他们的生活隐约表现出一些嫉妒，可是他自有属于自己的丰富的内心独白。他对于传说中将微型发报机隐藏在牙齿缝中的敌特，保持着一份敬意，并由此反思自己在“革命”中所得之多与付出之少，从而以自己淳朴得有些可笑的方式努力革命、善待他人（当然这“他人”只可能是他的“革命战友”，而不包括阶级敌人），[①]因而有可能获得我们一点最低限度的理解与同情。在具体的写法上，他极力弱化情节，叙事节奏缓慢，常随人物意识流动，仿佛几乎无事的悲哀。实际上，当然“有事”，譬如韩松长的告密、车耀吉和老宋之死等情节，在别的作家那里就完全可以写得惊心动魄，而吕新将这些有可能的“惊心动魄”全部稀释在缓慢的叙事之流中，并可以完全不顾及情节的进展，以及读者的阅读障碍，时刻准备在任意一个叙述点停留下来，将人物及其内心无限展开，反复辩难，拷问其灵魂。这是一种类似于路翎的《财主家底儿女们》式的写作。

胡学文的多数小说，不仅仅是在题材和对世界的认识上偏“实”，在叙事的方式上，也是如此。虽然有评论者指出胡学文的许多小说因对现实的逼近，也因对不合理现实的揭露，而具有一定的荒诞色彩，但就整体而言，他的大部分小说还是中规中矩的写“实”的路数。所以他的作品常常是直接与酷烈的现实和被侮辱被损害者的命运短兵相接，不躲不闪，以厚重取胜。这样的“实”，是胡学文的长处，也是他的缺点，因为太“实”，有时不免显得笨拙，缺乏一点轻灵和从容。人物也往往只是推动情节或事件的动力。而许多时候，在情节上也带有比较明显的“刻意”的色彩，如《婚姻穴位》的结尾，通过一次偶然的车祸让刘好身亡，便有刻意制造悲剧的嫌疑。《一个谜面有几个谜底》中的老六，竟然让自己的妹妹离开多年的男友，到一个已婚教授家中做钟点工，让她试图通过色诱的方式成为真正的城里人，这种异想天开的做法也是不符合人情之常的。

①吕新：《白杨木的春天》，花城出版社2014年版，第48－49页。

而胡学文另有一类比较“虚”的作品。所谓的“虚”，其实是虚实相间，“虚”是从可以容易表达的外在现实世界转向更难捉摸的人心，从此前关注最多的底层社会现实和道德伦理层面，转向人类精神深处的隐秘与分裂。这类作品笔法灵动繁复，介乎虚实之间，意旨也更为丰润，对于世界的认识也不再那么单一。这类小说，集中在他的小说集《我们为她做点儿什么吧》中，或提示叙述的不可靠（《五月九日》），或写出真相的难知（《背叛》），人与人之间信任的薄弱（《审判张吾同》），微妙而尴尬的处境（《自行车》）等等。《从正午开始的黄昏》是其中的一篇，它在故事的叙述上，以现实世界为主线，将记忆中的世界以片段化的形式穿插其间，可谓奇正相佐。通篇使用第三人称“他”，其实是以乔丁的视角在讲述故事，也可以看作是乔丁的内心独白，尤其是牵涉到他和“凤凰女孩”过去的经历和现在他带着幻想中的“她”一起去的情节，更带有呓语色彩，显示出记忆的梦幻性和乔丁精神分裂式的臆想的虚幻性。在两个世界的故事交替进行中，过去的世界不断在现在人心中闪现，两个世界从平行到交会，最终发生碰撞，虚实之间的区分从清晰到模糊，再重回清晰，胡学文的叙述始终在轻与重、外与内、虚与实之间保持着良好的平衡，显示了手段的圆熟。

先锋思潮对于文学的贡献，主要就在于拓展了表述的空间和表达的形式，这不仅仅在于叙事手法的试验，更在于对旧经验、旧形式及其背后的意识形态的批判，对世界与人性复杂程度的探索。而当先锋文学所指向的经验、形式、意识形态已经破产或者无法批判，面对新的形势和经验，先锋作家如何由“破”向“立”，建构自己对世界的认识，先锋的遗产该如何继承，这是先锋以后的作家需要面对的问题。

我　　　们

更好或更坏的未来

王 瑶

一、谁是莫洛克人？

一百多年前，H.G.威尔斯在《时间机器》（*The Time Machine: An Invention*, 1895）中描绘了一幅可怖的未来图景：时间旅行者来到八十万年之后的世界，发现维多利亚时代英国的富人与穷人已进化为不同物种——美丽娇弱的埃洛依人住在地上宫殿中，过着无所事事的颓废生活，居住在地下的莫洛克人则趁黑夜降临时爬出来，捕食毫无抵抗力的埃洛依人。这种互为镜像般的双重结构，构成恶托邦的经典形象，因为只有在来自莫洛克人噩梦般的凝视之下，生活于田园牧歌中的埃洛依人才会开始忧虑自己的命运。

正如科幻作家布莱恩·奥尔迪斯所说："多年以来，只要涉及未来，无外乎就是攻击或者捍卫威尔斯。"《时间机器》所勾勒的这幅未来图景，在20世纪科幻小说中始终如幽灵般徘徊不去。科学技术的发展并不能解决公平问题。环境污染、核辐射、基因工程、全球变暖……享受高科技福利的永远是富人，穷人则不得不承受其恶果。

在发表于2005年的《赡养人类》中，中国科幻作家刘慈欣描绘了一颗名为"第一地球"的外星球。在那里，科学技术的发展，使得"知识、智力、深刻的思想，甚至完美的心理和性格、艺术审美能力等等，都成了商品，都可以买得到"，由此，富人和穷人逐渐分化成不同物种：

> 就像穷人和狗不是同一个物种一样，穷人不再是人了。

> ……对穷人的同情，关键在于一个同字，当双方相同的物种基础不存在时，同情也就不存在了。……这是人类的第二次进化，第一次与猿分开来，靠的是自然选择；这一次与穷人分开来，靠的是另一条同样神圣的法则：私有财产不可侵犯。
>
> 这条神圣法则，由一个叫“社会机器”的执法系统严格执行，穷人一旦使用了属于富人的资源，就会被执法机器人“依法制裁”。许多年后，整个星球的财富和资源都集中在唯一的“终产者”手中，剩下的二十亿穷人则生活在全封闭住宅中，依靠“自给自足的微型生态循环系统”维持生命，连呼吸外面的空气都要向终产者付钱。当循环系统内的资源不足时，穷人只能选择跳入“资源转换车”中，将身体分解为水和其他有用的资源：“一盒有机油脂、一瓶钙片，甚至还有硬币那么大的一小片铁。”

刘慈欣笔下的“第一地球”，或可以视作对威尔斯《时间机器》的一次致敬。不同之处在于，“第二次进化”不再依靠自然选择之力，而是由科技与资本的法则推动。“文明进步”的步伐越大，埃洛依人与莫洛克人的两极分化速度也就越快。

或许正像阿兰·巴迪尤在《共产主义设想》中所说的：“从许多方面看，我们今天更贴近于19世纪的问题而不是20世纪的革命历史。”只是，我们已不再能够像时间旅行者一样，为八十万年后的人类命运忧虑叹息。

我们正在变成莫洛克人。

二、世界是不平的

科幻小说中的“惊奇感”（sense of wonder），究其本质而言，来自两个世界、两种文化、两种认知范式或者“感觉结构”之间戏剧性的遭遇。与“现实主义”文学相比，科幻的优势正在于处理这种视角转换所带来的“陌生化效果”，并通过高度凝练的具体形象，来传递抽象的生存经验——正如埃洛依人与莫洛克人这组双重镜像一样。

在今日好莱坞科幻电影中，“地下”与“地上”这样两重世界之间的天差地别，已变成最震撼人心的空间造型和视觉奇观——那是新版《全面回忆》（*Total Recall*，2012）中分处于地球两极的“新亚洲”和“不列颠联邦”；是《饥饿游戏》（*The Hunger Games*，2012）中贫困饥饿的“十二区”和富饶“都城”；是《逆世界》（*Upside Down*，2012）中重力相反的“下层世界”与“上层世界”；是《雪国列车》（설국열차/*Snow piercer*，2013）中的“末等车厢”和“头等车厢”；是《极乐空间》（*Elysium*，2013）中污染严重的地球贫民窟与有钱人居住的“极乐空间”太空站。

在郝景芳的《北京折叠》中，“第一世界”与“第三世界”之间不是被茫茫太空隔开，而是被折叠在有限的空间中。这幅图景或许更接近我们当下的生存经验——今日中国，乃至于今日世界，与其说是“地下”与“地上”两个世界之间的隔绝断裂，不如说是各种各样异质性的世界犬牙交错地挤压在一起。

在此意义上，我更愿意用“平坦的”和“不平的”这样一组形象来描述今日世界。一方面，对于抱着iPhone和iPad长大，生活于“数码乌托邦”中的都市青年而言，“世界是平的”，似乎是一种再清晰不过的事实。只要有Wi-Fi和智能手机，我们就可以随时随地获取国外网站上的最新资讯，可以免费分享名牌大学的MOOC，可以和其他国家的朋友通过微信和skype聊天，而智能翻译软件则迟早会解决一切语言障碍。未来世界，似乎注定是一个平坦、均匀、拥挤且亲密无间的“地球村”。然而另一方面，在这样看似平坦的世界中，其实存在着许多巨大而深刻的鸿沟。当我们每天穿过街道和大楼时，似乎从未想过要跟那些打扫卫生的清洁工人、那些路边的小商小贩们打个招呼。他们来自我不知道名字的农村或小城镇，说着我听不懂的方言。我与他们仿佛是两个世界中的人，每天擦肩而过，却不知道如何开口交谈。

这样两个世界，彼此间没有对话的可能性。那些自以为生活在一个平坦的地球村里的人们，注定看不见一望无际的地平线之下那些巨大的鸿沟与裂缝，看不见另外一些人在沉重的现实引力之下，过着难以想象的生活。就像看不见身边那些身穿清洁工制服的农民工一样，我们早已习惯了对这样一个不平坦的世界视而不见。

三、跨越边疆

在刘慈欣的《赡养人类》中，“第一地球”上被逼到绝境的二十亿穷人们不得不背井离乡，搭乘飞船来到地球寻找新的生存空间。他们宣布，全部地球人类将被迁移到澳大利亚的保留地，由“第一地球”文明提供一切生活资料，平均分配给每个人，分配标准则参照目前地球人类社会最低生活标准。为了尽快消除地球上悬殊的贫富分化，由富人们组成的“社会财富液化委员会”开始不顾一切地向穷人们派发巨额现金，并雇用杀手去干掉那些不肯收钱的穷人。小说中最为黑色幽默的地方正在于此：地球人类曾为之浴血奋战却未能成功的“共产”和“均贫富”，最终竟只能在另一群受压迫者的强大武力胁迫之下得以实现。

刘洋的《单孔衍射》，在看似玄妙的物理学外衣之下，其实讲述了一个同样荒诞的“世界大同”故事。由于强大的外力干预，人类社会不得不重新洗牌，资本主义的历史竟在一夜之间终结。我们其实并不希望这样的未来能够实现，它就像一重黑色镜像，映照出我们当下已无力撼动的现状，与此同时，也指出打破“现实原则”逃逸往别处的冲动。在这样的“科学幻想”中，我们看到的是被压抑的乌托邦愿望，是来自地下的莫洛克人对于埃洛依人的绝地反击。

在《未来考古学》（*Archaeologies Of The Future: The Desire Called Utopia and Other Science Fictions*）一书的序言中，弗雷德里克·詹姆逊指出，当前晚期资本主义在全球取得普遍胜利的情况下，相对于资本主义似乎没有任何另类选择，任何一种替代性的社会—经济制度都尚未浮现，亦没有可实践性。在此状况下，乌托邦的意义不仅仅是提出并构想某一种不同于资本主义的组织方式，而应该将其看作一种方法，其意义在于揭示我们对未来想象的局限。想象彻底不同于当下的“另类”（alternatives）

总是困难的，而更困难的则是让广大读者去接受那些另类想象。“也即是说，乌托邦至多可以用于否定的目的：它让我们更清楚地意识到我们所受的思想与意识形态的禁锢。”

这向我们提出另外一个问题：今天的科幻，除了描绘形形色色的“坏未来”之外，是否还有能力想象一个更好的未来？

在我看来，科幻小说的核心魅力，正在于打破种种思想的限度，去用此前被认为不可能的方式思考，去认识“未知”，去理解“他者”，去走出“常识”所划定的小圈子，去探索种种可以理解与不能理解，可以言说与不能言说的事物之间的边疆地带。在此过程中，理性的“认知”和情感性的“理解”同样重要，唯有这样，才能帮助我们平衡“科学思辨”与“人文艺术”之间的紧张关系——通过理性而唯物的科学家眼光，科幻将个人提升到宇宙的高度上去认识人类；与此同时，人文艺术的维度，则要求我们肩负起理解每一个陌生人的道德责任，鼓励我们对于未知的好奇，对于差异的尊重，以及跨越边疆的勇气，从而进入形形色色的他人世界。

在当下这个重要的历史时刻，我愈发相信，要变革现实，并不能仅仅依靠科学技术，而更是叫千万普通的男男女女老老少少知道，生活应该更美好，也能够如此，只是需要想象力，需要勇气、行动、团结、爱与希望，需要一点对于陌生人的理解与同情。这是每个人与生俱来的可贵品质，也是科幻所能够带给我们最好的东西。

（载《小说月报》2015年第4期）

人与城
——蔡东论

岳 雯

当年轻的小说家蔡东在深圳这座同样年轻的城市居留下来时，她重新开启了曾经一度中断的写作。很难说清到底是什么促使她在生活之余以小说为业，或许是深圳蓬勃的活力让她感到有创造之可能，抑或是面对庞然大物一般的城市的无力感让她觉得有倾诉之必要？不管怎么说，她在文字的世界里耐心地浇筑一砖一瓦，搭建一城一池，让一个个人物走进她的世界，自如地生活起来，直到成为她血肉的一部分。是的，这过程如同上帝之创世，我虽然并未经历过，但相信其中必有隐秘的快感，也有创造之后的空虚。当然，上帝并未向我们显形，我们只能从凡人身上揣度上帝的模样，就像现在，我只能从蔡东小说人物身上去悬想这位我并不熟悉的小说家一样。

一

就像许多小说家会在不同的小说中使用同样的情节一样，在我看来，有的小说家笔下的人物，仿佛是小说家本人不同的分身。他们在不同的地方过着看上去形态迥异的生活，然而却有着基本一致的灵魂，甚至，读得多了，作为读者的我们基本上能预测小说人物对某一事件该如何应对。不，这不是毛病，或许，这样的人，这样的主题，就是小说家情之所在。他拿起笔来，无非是为了抵达在他心中盘旋已久的景象。那么，对于蔡东来说，她至为钟爱的是这样一群人——他们大抵有着光鲜的衣着，无忧的生活，也许可以用中产阶级为他们命名，但是他们的内心显然与深圳这座热气腾腾的城市并不合拍，只有他们内心知道，其实他们早就放弃了对所谓成功的向往，闲适地、有情有调地活着成为他们生活的目的，似乎有几分为生活而生活的意思。然而，他们的内心真的接受这一切了吗？或者说，生活允许他们这样活着吗？

《无岸》里的柳萍就非常典型。从外面看上去，她颇为自己的生活自得——"在这一座永不匮乏的梦幻之城里，她每个周末都外出购物，高兴时买东西，不高兴了还买东西。她熟悉各种品牌追求生活品质，颈上白金链子松松地挂个碧玉坠儿，手腕上一圈绿莹莹的翡翠镯子。"这是物质上的。精神上的也不缺。"书案上永远摆着一类书，李渔的《闲情偶寄》，袁枚的《随园食单》，文震亨的《长物志》，王世襄的《锦灰堆》，生活禅，性情，写意，玩乐的雅兴，琐碎的情趣，轻灵地过渡着现实和诗意。"这似乎让人艳羡。然而，只有柳萍自己才清楚，这种对生活品质的追求其实是以对某种所谓成功的生活的放弃得来的。假如有一只摄影镜头，假如这只镜头从柳萍的居家内部转移到职场，我们就会发现，其实柳萍的生活远谈不上辉煌。在柳萍任教的学校里，就有"社科双姝"的存在，昭示了另外一种人生路径。她们是成功者，是柳萍暗暗羡慕的对象，至少在柳萍壮盛时期，给自己规划的是未来是"社科双姝"式的，而不是现在柳萍这样的。那么，在哪条道路上出了岔子？蔡东没有明说，只是含蓄地说，"过了几年知己知彼了，便自觉地、懂事地退出了评优评先的行列，至少还剩个姿态"。"知己知彼""知"的是什么？实力上的差异？换句话说，当柳萍在竞争中处于劣势时，不得不选择了往后退的姿态。看似自主的选择，其实全部来自不得已。

像柳萍这样失去了努力的心劲的还有《木兰辞》里的陈江流。陈江流的"后退"缘于创作能量的消失。他不能像他梦想的那样成为优秀的画家。于是，他索性放弃了绘画。因为他担心被评价为"一个没有天赋但颇为勤奋的美术教师"。

张亭轩是《净尘山》里的配角，与柳萍、陈江流也是一路。作为音乐教师的他与陈江流一样无法在艺术中寻找到安慰，毅然决然地宣布了辞职，从此过上了无所事事虚度光阴的日子。如果说柳萍将生活的艺术当作逃避真实生活的屏风，那么，张亭轩的“屏风”是“攻柳体、习花鸟”。

蔡东对这一类人的生活哲学概括得十分精准——“她软弱善良，又缺乏斗志和勇气，多年来过着一种消极自保的生活，秉承着能绕行就不直走的哲学。”怎么说呢？如果用世俗的标准，这一类人大概都是失败者吧，正如杨庆祥所指出的那样，“他们的失败并不仅仅在于他们在现实面前退步，更在于内心世界的溃败，他们完全不能坚持内心的法则去生活，相对于世俗的成功而言，这是更大的失败”。这些年来，失败者已经成了小说中十分显豁的形象。不过，小说家对待“失败者”的态度并不一样。比如格非，显然赋予了“失败者”以崇高的文学的价值，他说，“文学就是失败者的事业，失败是文学的前提。过去，我们会赋予失败者其他的价值，司马迁在《报任安书》里列举的失败者被赋予了很高的地位。今天失败者是彻底的失败，被看作是耻辱的标志。一个人勇于做一个失败者是很了不起的。这不是悲观，恰恰是勇气”。相比之下，蔡东要实际得多，她看到了生活对于“失败者”的侵袭。

二

对于柳萍来说，在想象中为自己构建的理想生活突然露出真实的棱角是收到女儿的入学通知书。这直接宣告了柳萍生活的失败。起初，我百思不得其解，就算柳萍心疼女儿，不愿意让她面对千军万马中的一条路，何至于要让自己失败的人生作为全部献祭，让女儿泅渡过河。我甚至认为，蔡东是有些小题大做了，这个核，貌似撑不起失败这个主题。只有在接二连三地在蔡东的小说中辨认出柳萍们的面貌之后，有那么一瞬间，我突然明白了。柳萍们其实在内心深处早就承认了自己的失败，他们对这个事实心知肚明，所以，击倒他们的，也许就是那么一根稻草。毕竟，营造出来的生活的幻象是如此不堪一击。所以，在《木兰辞》中，陈江流和李燕都无比欣赏邵琴，在他们看来，“她极具社交智慧，于取悦、攀附、献媚、钻营之外独树一帜。她掌握了‘虚名可以实用’的全部精髓，艺术的包装，闺秀的风范，最小的人格牺牲，最实在的收益。陈江流想做而未做的，做了也未必成功的，在她那儿，都实现了”。其实，岂止是他们，几乎蔡东小说里的所有失败者都羡慕这样的人。所有的失败者都在喃喃自语，“功名利禄那条路，才是滋补理想的唯一的正途”。

失败者的心声，叫人凛然而惊。在蔡东的小说里，原来每一个出世的人，都深藏着入世的梦想。通过否定之否定，这个时代的价值观呼之欲出。原来，我们这个时代，给失败者所留出的空间真心不大。他们不过是在自欺欺人与粉饰太平中遥遥地呼应这个时代。同为“80后”的小说家马小淘也有一个短篇，叫《章某某》。与蔡东的小说人物一径往后退不同，章某某是一个执意要通过奋斗改变人生的人。然而，她的奋斗落在“我们”眼里，简直就是个笑话。在小说的结尾，这个因为不断改名字而没有了自己的名字的姑娘最终精神分裂了。这是今天的小说家们共同感受到的现实——成功学甚嚣尘上，沿着时代所指引的成功学的道路前进，最后疯了；被成功击退的那些人，心里更是要多凄惶有多凄惶，那一点子可怜的自我早就烟消云散了。

然而，我始终摸不透蔡东的态度。在《木兰辞》里，她似乎也有些赞赏邵琴来。甚至将李燕的改变看作可喜的进步，认为是女人而不是男人顶着内心的压力积极往前进。从某种意义上说，女人比男人更坚韧。可问题是，“名媛”邵琴就真的保住了最珍贵的一点内核吗？对此我很是怀疑。当然，在蔡东小说里还有另外一类人，他们始终在兢兢业业地活着，仿佛活着本身，就耗尽了他们全部的心力。

比如，《断指》里的余建英就是如此。深圳这座城市，仿佛是和“断指”这一类事情联系在一起的。深圳诗人郑小琼的话言犹在耳，她说“珠江三角洲有4万根以上断指，我常想，如果把它们都摆成一条直线会有多长，而我笔下瘦弱的文字却不能将任何一根断指接起来”。作为打工妹，郑小琼是从打工者的视角去审视那些断指。小说家蔡东却出乎意料地绕到了事情的另外一方，“黑心老板”身上。于是，我们诧异地发现，原来，“失败”是大家共同的宿命。比如，《断指》中的老板余建英，就是彻头彻尾的失败者。这样一位年近五十的中年妇女，本来应该清闲享受人生，谁知道，此时，生活才向她露出了狰狞的一面。老公的风流韵事将余建英的家庭摧毁了，经济上一落千丈不说，被人耻笑其次，更重要的是，经此一战，余建英确认了男人并不爱她的事实。可是，就是不爱，生活也得过下去啊。余建英学会了点头哈腰，学会了借钱，甚至不得不为了还清欠款投身小作坊。更大的魔鬼接踵而至。余建英遭遇了雇佣的亲戚小芬在操作中的断指。接下来的战役是两败俱伤。小芬永远失去了健全，而建英，遭遇到亲情的背叛，体验到生活的无情之后，以及一无所有之后，是无法偿清的罪孽感。顺便说一句，这一篇大约是蔡东最接地气的小说，特别是余建英所尝试的毕生难忘的小解方法，透露出一个知识女性的自尊要强，以及笼罩着这自尊和要强上难以言喻的悲凉。

与《断指》类似的，是蔡东美誉度最高的小说之一《往生》。这是一个儿媳照料公公的故事。衰老与死亡在小说的字里行间氤氲，聚合在康莲慈悲得近乎神化的气息中。与余建英一样，康莲努力挣扎着活着，谁都知道，这挣扎有多艰难。最后，康莲只能依靠“往生”一词所带来的幻觉安慰自己。生与死，就在一瞬间。同样努力活着的还有《净尘山》中的张倩女。她的活，付出了身体的代价，肥胖成为她的羞耻。她和所有失败者一样，不知道往哪里去。

现在，我大约有一点点了解了蔡东，她以她的血肉，滋养出这些失败者。她深入骨髓的悲观主义，让这些失败者们无路可走。

三

为了理解柳萍们，我们还应该看一看，蔡东的小说人物们生活在哪里。

蔡东的小说有着醒目的空间存在感，小说人物无一例外在深圳和留州。这是一对奇怪的组合，深圳，是实有所指的城市，我们都知道，小说家蔡东就生活在这里。而留州，显然是一个虚构出来的地名，在蔡东的小说里，这是一个小的内陆城市，生活节奏相对缓慢，然而，却也在改变着。不能离开深圳谈留州，就像不能离开留州谈深圳一样。深圳和留州，一实一虚，共同构成了小说的空间感。哪怕是某部小说的具体情节只在其中一个空间发生，但是，另外一个空间隐隐存在着，暗中支配着小说的走向。这真是一件奇妙的事情。

或许，在蔡东看来，这样的价值观来源于这个年轻的、一往无前地朝前方飞奔的叫作深圳的城市。每个来到这座城市的年轻人，倘若不能跟随它的速度，就会被它抛弃。《天堂口》里的“我”，就是为了拯救爱情来到这座城市。在“我”和铁帅衣食住行中，“我”屡屡面对深圳开始抒情——“深圳像一个处于青春期的少年，野性、躁动、富有侵略性。……这里有精妙的骗术、老谋深算的商人、造诣极高的投机家，这里盛产机遇，是思维活跃的年轻人的圣地。深圳欢迎野心勃勃，拒绝乐天知命，暴富和锒铛入狱汇流而成深圳的都市传奇。”显然，这是一座居大不易的城市，或者说，所有的都市无不居大不易，高昂的物价，迅捷的节奏，对于来到深圳的人们而言，活着成了第一要求。对于《天堂口》中的王果来说，深圳不仅意味着上述这些，还有失窃、真币被调包的创伤经验，所以，只有在离开深圳的那一刻，她一直倒悬在半空中的心才会落在泥土中，才会有如释重负的安全了的感觉。王果如她所愿地顺利拯救了爱情，可是，作为读者的我们，却开始忧心他们的未来，这对年轻人，真的能在深圳过上他们向往的生活吗？《净尘山》中的潘舒默同铁帅的生活，简直是一个模子刻出来的，这个只有两件衬衫的男人，只能依靠身体的热乎气一点一点烘干衬衫，与他想象中的深圳，其实离得很远。

对于他们来说，福地似乎只存在于他们遥远的家乡留州，就像《福地》中的傅屯，就像《净尘山》那个停留在想象中的净尘山。然而，留州的意义是提供另外一种可供想象的空间，对于蔡东的小说人物而言，他们早就丧失了重新开出新的生活空间的能力，留州，只能无限地虚下去。

对于深圳和留州的空间想象，大抵已经构成了今天我们的现实感。我们正是被困在这样的处境中，进退不得。蔡东深深地理解这一切，但并无超越的可能，所以，她的小说结尾，大多是无言的叹息。当然，我们不能强求小说家提供解决问题的方案，可是，他们的想象力，或许能带着我们在天空中飞一会儿？

（载《南方文坛》2015年第6期）

石子投在水中

——于一爽《一切坚固的都烟消云散》

项　静

于一爽的小说和创作谈，还有散文集以及一些微博、博客片段，其实是一个整体，它们互相缠绕，自成一体。你会发现所有可能被想到的问题，她都让小说中的主人公或者自己在别处说出来了。“别再谈论写作了以及未来，因为它是一件正经事儿，我知道我的问题挺多，我也不想说正是这些问题构成了我，这些都是借口。可是难道，现在不应该去动物园散步吗？”接着，小说中引用了一句歌词，在动物园散步才是正经事。（《动物园》）如此这般，对于想指摘问题的人，毫不客气地让人免开尊口。布罗茨基说追忆往事有时候像是伸手去抓篮球的幼童，两只手总是不停地滑脱开去，对一个守卫得当的作家的理解也是，这个篮球会在每一次碰触到的时候，非常正确地滑走，落在不远的地方，诱惑你下一次再去抓它。当然最好的避免失败的方式是站着不动，原地欣赏表演，之后你的还是你的，我的还是我的，彼此无损。当然这是非常丧气的话，大家都很安全，上下都很平坦。但也正是这种以守护城墙似的以守为攻的写作，隐含了超于一般的激情、真诚和爱，以及它们可能的无法自成。

于一爽的小说都不那么像小说，她不那么煞有其事告诉别人你在读的是小说，而在我们这个虚构热情大于虚构能力的时代，所有不像小说的小说写作都可能是值得珍惜的偶遇。《分手》的开头跳出一句跟剩下的故事没有一点关系的话，“所有写下来的就是发生过的”。这句话像是有意撒落到故事中的去的，随性而至，意义不明，它们可能是作家在有意驱除虚构的魔障，也像是调戏读者，又或者是一种自我撇清，绝不夹带任何灵魂、精神、时艰等附送品。无论如何我们得承认，这种小零件和花边性的句子都有一种漏网之鱼的欢快感。这句话又有一种语义上的含混，没发生过、经历过或者无法真正理解的生活的不能写，那本质上是写作的虚伪?或者“写下”这个动作是如此隆重，写作不是模仿世界，而创造一个世界。卡尔维诺说，人们写作时说的每一句话都不可能与写作本身无关，所揭示的真相都绝不会与事关写作艺术的实情无关。这是对于一爽的序言“因为我刚好那样生活，我就只能那样去写”最好的诠释。

《一切坚固的都烟消云散》有一个出版说明：本书描绘了现代生活中的一类人，他们基本上把自己置于生活的边缘，过一种害怕伤害、颓废而空虚的日子。他们中的两性关系真真假假、分分合合，在这种关系中寻找情感的逃避，并获得一种存在感。这个貌似谦卑，并后撤一步应承“不是生活的全部”的说明中，其实是在非常正式地宣称另一种边缘的“写实”及其存在的正当性，“揭示了传统价值观在社会现实生活中发生裂变的重大课题”。关于这一类人和生活的正当性，于一爽在《头等舱》创作谈中也有正名，“在这个时代，这个城市，尤其是在北京这样一座城市，当无数的外来者在写如何跑步穿过中关村的时候，我对北京的全部理解就是：因为它是一座政治权力太集中的城市，所以灯下黑，所以有足够的生存空间提供给寄生虫们”。以传统价值观的裂变、重大课题等词语去对接攀连于一爽那种非常个人化叙述的生活痕迹，中间有很多次滑脱的可能，但总还是不落窠臼。因为于一爽在粗糙、不恭的小说语调外面是有一种相对于其他存在方式的“理解”。一个拥有对立面的说话者、小说家，他就不是真正的随心所欲者，无论旁逸斜出到哪里，无论解构到哪里，还是有一个归途的，终归会走到自己的怯懦与爱的地标上去。

二

于一爽小说的开头几乎都没有故事开始了的预兆，就像毫无防备的情况下一个猛子直接扎到冷水里，有一种遭遇事故中场的刺激感，好像不小心透过窗户看到了别人家的活色生香躲闪不及一样。《鸡脖子》是这样开头的：三个人。一男，两女，在一块儿啃鸡脖子。《看电视》的开头一句是：余虹和刘明闹了大半天别扭之后，刘明突然问刘虹饿不饿啊？余虹点了点头。我们会对这样开始的小说世界心领神会，全盘接受。因为世界的确就是这样开始的，不是每一个故事都需要洞悉一切的全盘指挥者这样的叙述者。

小说中出现频率最多的表达情绪的词是“恶心”和“滑稽”，仔细检阅会发现，这两个词以及它们所代表的那种睥睨生活、拒绝和解、看穿世界的语气，几乎贯穿在所有小说中。比如，刘明会直言不讳地说，让事情看上去恶心的是，有一些女孩还愿意跟他聊聊人生，这真是让人烦躁；（《打炮》）在分手的关头，刘明说出“觉得再也不会再见了”这样的话，余虹的反应是，作为两个成年人，就算两个人做过爱，也不反感，但也不能不觉得恶心；（《分手》）当有人告诉刘明，余虹脑袋削了一半儿的时候他也只是觉得一阵恶心。（《同学聚会》）“恶心”这个词在北京方言中常用的，在文艺青年中则以萨特的《恶心》而扬名，那种对露出来的生存的感觉，主人公洛根丁感到浑身不适，开始了恶心感。也就是从那时候起，他意识到了自己的存在，恶心是对现实世界的体验，是因为认识到自己存在的荒谬感而生发的生理反应。萨特说，人只要认识自己的存在，就永远会有恶心感。世界的无意义带来的生理反应，不适感，在恶心的道路上于一爽并没有走萨特那么远。基本上是在两个层次上，一个是直接的生理反应，一个是在反拨那些“生死”“诗意”的时候。滑稽也是在这个反拨那些习惯性的爱情、感情的意义上出现的，两个人关系中最刻骨铭心的部分往往是最滑稽的部分；（《分手》）有时候能和过程一起保留下来的应该是某种滑稽，而非感情本身，年轻的女孩子总是能记住这些滑稽。（《打炮》）

这是一个同义反复的过程，包括那些习惯性反问和补刀式否定的句子，“他再也没机会知道别人是爱他的钱还是其他，可是其他就一定比钱更值得爱吗？”（《单一的生活摇摆的性》）在酒吧遇到一个姑娘，“从第一眼开始，这是一种直觉，我想她是那样的姑娘，我从不认为这样的姑娘轻浮。因为不轻浮也没有任何价值”。（《打炮》）在遍地冷酷戏谑的语调中，小说中还是有一些把持不住的“认真的时刻”，那些可能属于“刻骨铭心”的部分，饭局中的康欣欣突然说出：“我是以什么样的心情在跟你们喝酒，不过你们怎么可能知道呢？”后来她就哭。“我”被她的眼泪弄得也觉得自己很苟且，“这个疯狂的世界正在努力把一些人甩出去，让他们站在生活的边缘，抓不到任何稻草。当我这么想的时候，我甚至愿意接受康欣欣，哪怕是作为最亲近的人，去照顾她。可是很快，我又觉得自己真是疯了”。在作家习惯性地解构和嘲弄大词的氛围中，也会突然闪现对这些大词的钟爱，比如在一起混的朋友中，“我”最看得起的就是曹大力，“我”觉得他内心有巨大的痛苦，这种表述非常可疑，叙述者要迅速挽回。“可是，我其实跟曹大力并不常见，一般来说，如果曹大力不见我，我也不主动见他。有时我想，他装得跟世外高人似的，哪儿能对我那么周到啊。”这是一种降调的叙述，升调的开端，好像眼看着眼泪和同情、理解就要把自己带到岔道上去了，随后要努力画一个圆，把那种不合规则的对人突然而生怜悯、“痛苦”、“看得起”赶紧又给补回来。因为说到底，“我”还是认同曹大力的话：向上的路和向下的路是一样的，活人死人都够多余。人不要同情自己。当我们想离去或者被迫离去的时候，我们就离去。但是，一切努力都是徒劳的。

于一爽的小说在同龄人的写作之中有卓然而立的风格感，但并没有提供什么新的文学质素。因为文学并不是日日新、唯日新的领域，也不是空穴来风的领地，它是整体文学环境中每一个写作者自身和周遭多种元素的重新集结。于一爽多年浸染于京城文化圈，加上南京写作群体对她的影响，即使她不说，每一个对当代文学有所了解的人，都能嗅出她文字中的北京味道，断裂者一代的文字风韵。师出有名以及自觉地建造和完满自己的文字世界，在那些故作高深、盲目追风的同行中间是诚实和勇敢的文学行为。当然，每一个内部可以自我完满的世界都有可能走向精致和高贵，世界当然是需要交流的，但自言自语之美和需要警惕之处正是在于它的断绝之处，每一句话都有渊源，因为找得到立身的理由。

二

于一爽在散文集《云像没有犄角和尾巴腿瘸了的长颈鹿》有一段话，谈作家张弛的作品，看起来更像是自己的小说“宣言”：小说讲了什么都不是关键，因为可以想象，故事无非就是那些故事，甚至都没有生死这么痛切，不过就是一些欲望和虚荣之类的。因为号称写的是文化圈的事儿，所以情节上串了一些文化活动，当然你要非说那些活动没什么文化其实也行，因为这里面的姿势主要是互相抚摸，也有不少沽名钓誉……所以小说提示的是一个生活形态，混的过程不是说有什么意义，而是和三教九流在一起所付出的这个时间中，身体里面浸透了各种各样的故事、千差万别的欲望，还有什么声音啦画面啦。而这一切构成了一个当代经验，这个过程复杂多义。

生活形态和当代的经验是什么呢？应该不是作为旁观者我的世界，而是那些被于一爽写进小说里去的年长于“我”的一代老炮们，他们身上发生的事情。于一爽说：“拿朋友写进小说主要在于我实在无所事事，而且觉得这不是一个罕见的事儿，我从来对罕见的事儿不感兴趣。我只感兴趣在她身上到底发生了什么。”（《酒店》）全世界都是一对叫刘明和余虹的男女，他们出现在所有小说里，有一种生生世世，死而复生，肉体不灭的效果，也就是这本书原来的名字“因为他们都是夫妻”。有一本网络上比较有名的小说书名是《这个世界是属于瘦子的》，瘦子可能也等同于对世界做减法，减来减去就剩下男女两人这样的世界根本，这样的减不掉的枝丫。他们都是作家周围的真人，他们“一个个都自我放弃，但是又深具智慧，自己玩自己，就算是角色扮演，十几几十年，也算难的了，有时候和这帮人待久了，觉得对于生活来讲，投降是唯一的真相，突围的都是傻×”（《三里屯》）。他们的生活日复一日没有改变，“我们认识有两年了，没发生过什么惊天动地的事情，大概以后也不太可能发生”（《地三鲜盖饭》）；“生活就是这样，每天如此，今天做完的事情，明天机会再做一遍”（《自行车》）。

当然他们生活中还有三件出现频率最高的事情，喝酒的饭局，男男女女（性爱或者类似爱情的东西）和死亡。于一爽在《一切坚固的都烟消云散》的序言里说："所有人物都会喝酒，谁都不知道酒是什么。我也不知道酒是什么，这也是我一直喝酒的原因。"关于喝酒这件事，无论作家怎么撇清"不会带着心事喝酒"，关于喝酒是什么始终迷茫，但她毕竟还是在《云像没有犄角和尾巴腿瘸了的长颈鹿》里写出了四十几场饭局的清单，在这种具体暗示无限的清单中，饭局和喝酒已经不是它之所是的东西。喝酒的文人形象一直都是文学家们钟爱的表达方式，但愿长醉不愿醒。布罗茨基在《小于一》里有一种对麻醉自我的解读：极权主义有某种好处，就是向个人暗示他自己有一个垂直式的等级制，意识高居其上，因此我们监视我们内部正在发生什么事；我们几乎向我们的意识报告我们的本能。然后我们惩罚自己。当我们弄明白这种惩罚与我们发现的内部那个下流胚不相称时，我们便求助于酒精，喝得烂醉如泥。而鲁迅在《魏晋风度及文章与药及酒之关系》一方面是对魏晋风度解读，另一方面也是在说他们无声的反抗，"何晏王弼阮籍嵇康之流，因为他们的名位大，一般的人们就学起来，而所学的无非是表面，他们实在的内心，却不知道。因为只学他们的皮毛，于是社会上便很多了没意思的空谈和饮酒。许多人只会无端的空谈和饮酒，无力办事，也就影响到政治上，弄得玩'空城计'，毫无实际了"。于一爽写的大部分都是文化人的互相按摩，布罗茨基的自我麻醉和鲁迅的"无端的空谈和饮酒"，各种深意应该都在喝酒的描写中，但那是从来不需要批评的世界，是一个需要互相怜悯和投掷热爱的世界。但是鲁迅对所谓"田园诗人""山林诗人"陶渊明的说法很有意思，"完全超出于人间世的，也是没有的。既然是超出于世，则当然连诗文也没有。诗文也是人事，既有诗，就可以知道于世事未能忘情"。这也是堵住虚无主义的一条路径，完全的虚无也是没有的，否则就不会有"清单"，以及清单背后对那一群人的爱和观照。

序言里还有一句话："因为强烈的死亡意识所以伴有强烈的性意识。并且谎话连篇，不是为了骗人，是不想让别人了解自己。但仅仅为了不让别人了解就骗人，是不是代价太大？她自己也没想清楚，但是我先给他们写出来了。”在这段话里，几乎可以看到她的写作逻辑，强烈的死亡意识，或者说对死亡的恐惧，以及由此而来的强烈的性意识，对性的视若寻常，对爱的能力之丧失。最后一个重点是，“我先给他们写出来了”，“写”这个字应该加上着重号。这些思绪和概念发自自身，但它们在故事中却是附魂到一群“老炮”身上，这是把这个不透明的世界和人生交付给信任和欣赏的一群人身上，并以他们作为自己跟这个世界感情关切之汇合点：“他们善良，软弱，因为害怕被伤害，所以总是很刻薄。当然，这种人不会太多，太多的话，这个世界就完蛋了，而如果一个也没有，我想我会非常失望。”这大概也是于一爽最谦卑真诚软弱的话，也是最有年龄意识的话，把一群与自己攸关的“老人”推到前面去，通过他们这种介质表达自己，“自己”混迹于他们之中没有清晰的形象，或者说是隐晦不明的，虽然我相信许多人可能正是奔着这个“自己”来阅读的。

于一爽的小说中几乎没有抒情段落和判断句，也很少有肯定性的句子，但她在其他文字（创作谈或者评论）中又是一个如此喜欢说肯定句的作家，这种自我分裂也许真是她的担忧之在。“担心别人看不懂”，比如她在小说中经常把死亡随便打发掉，不是“恶心”就是“差点笑出来”，居然说出“生死那么痛切”这样具有判断性的话。于一爽的小说中涉及男女之事，如果可以借用爱情这个词形的话，它们也只是插曲性质。她在《头等舱》的创作谈里说：“因为过于认真就会失去，害怕失去，所以打算一开始就毁了自己和对方。一句话——所有人丧失了爱的能力。”既然是丧失了爱的能力的一群人，那么爱情就从来不是一个完整的故事，是首鼠两端、浅尝辄止、欲拒还迎、欲罢不能，但小说中呈现的都是爱情痕迹。余虹无意中透露自己电子邮箱的提示问题写的是——爱情是什么。余虹死后，“我突然有点后悔，我们在一起的一年中，差不多见了十几几十次，我都没问过余虹到底喜欢我什么，或者她压根一点儿也不喜欢我。我甚至进一步想到跟余虹做爱的细节，而现在这个人早已化成粉末”（《自行车》）。无论是喝酒、死亡还是爱情，在作家的抱负与小说中的具体呈现之间，如果真正有一个连接方式或者是卸下负担的方式的话，那应该就是痕迹了。毛姆的小说《刀锋》有一句话，生命一朝结束之后，这一生留在世界上的痕迹，不比石子投在水中留下得多。如果文学的最终敌人是这一生的漫长时空，在生命的痕迹中去做功课，明知其虚无依然要写，这是你对这个世界的感情，就像《自行车》里的老土，他对世界的所有感情都表现在他的粗俗上。

三

于一爽小说所提示的重要的甚至不是当代经验，而是当代经验的呈现方式，每一个人都在宣称拥有自己的当代经验，而且这几乎无可辩驳。在众声喧哗的时代，不同人群的分野越来越明显，没有人甘愿去倾听他人的故事，有的声音高过其他的声音，但这并不能说它就是最有价值的当代经验，也不是每一个人的当代经验真的都如自己想象的那样独特。当代经验不是一个大而化之的虚幻之物，它需要落实到小说中，需要作家寻找到表达经验的方式，这甚至也是一种当代经验。卡尔维诺在写作之初，也曾经把表现他们的时代当作是每一位青年作家必须履行的责任，他也曾满腔热情地尽力使自己投身到推动20世纪历史前进的艰苦奋斗之中去，献身集体的与个人的事业，努力在激荡的外部世界和那时而悲怆时而荒诞的景象与我内心世界追求冒险的写作愿望之间进行协调。但他发现外部世界非常沉重，发现它具有惰性和不透明性。如果作家找不到克服这个矛盾的办法，你的当代经验可能就无法呈现出来，或者呈现出跟别人并无差别的外形，而外部世界的惰性和不透明性会立即反映在作家的作品中。这句话的意思跟最近一句非常流行的尼采的话应该是同义的，“当你凝视深渊的时候，深渊也在看着你”。

作为第一部小说集，其实没有什么可以指手画脚的，因为许多人的写作开始是很偶然的，过程不仅仅是“复杂多义”，而且其中的意象和幽微也是通过我们想象不到的“由我心传至你心”的过程，谁都无法预判被某个人的写作收留的东西要走到哪里去。但隐隐地在畅快的阅读之后，又会觉得这肯定是一个非常舒服的写作方式，很容易滑入慵懒，在一个非常容易占据制高点的位置。比如，于一爽很喜欢反问，在前言中她和作家苏瓷瓷聊天，“文体的界限是不是也在模糊”，“如果只是写一个故事，什么也不表达呢”，这些都不是能够轻易被驳倒的立论，但却都是一个非常容易的提问方式。相比来说，我更赞赏实践这句话，而不是轻易说出这句话。一次性的任性的立论，就像毛姆说小说家如何描写一个人的外貌，这是所有小说家都觉得最棘手的一件事。最普通的方法当然是一本正经地列清单：身高、肤色、脸型、鼻子的大小、眼睛的颜色。还有作家喜欢用写意的手法，完全忽略客观事实，写到人物样貌时，妙语连珠，只用一两句隽语，或者只通过描写几个活跃的旁观者对他容貌的反应，就能让读者在心中构建出一个人物形象来。但毛姆说，这样的描述也就止步于此了，没法再深入下去了。他觉得那些作者对自己所塑造的人物根本没有勾勒出一个清晰的形象，只是他们写得轻松活泼，便掩盖了外貌特征有多重要。他们是在逃避困难。究竟怎样是好的小说或者好的人物外貌描写方式，毛姆没有给出答案，但批评了两种方式，又提出一个高级的要求：不能逃避困难。

如果你总是给出疑问外形包裹的结论，那就是一次又一次从海滩上溜走的波浪。年轻的作家撒娇任性是具有创造力的，但是总撒娇任性就很没劲，因为不能一直玩弄把语言、句子、情节动辄推至虚无的游戏。如果一直如此，自然要回答这样的疑问，既然世界是虚无的，作为“人事”的写作，我们撒娇给谁看呢？必须承认，解构和戏谑别人是有快感的，但很快会殃及自己，聪明的人立刻补刀斩断自己的优越感（以幽默的形式），但重复难免成为一种虚荣和表演，并且顾影自怜，或者是言辞的游戏，所推崇的真诚也就浮在唇齿之间。就像是卡尔维诺说我推崇轻绝对不是嘲弄重，相反他非常尊重“重”。布罗茨基《在但丁的阴影下》一文中说援引了蒙塔莱是一种诱惑，的确如此，因为他说，文字艺术“属于一个再也不能相信任何东西的世代，这对于任何深信这种虚无的终极高贵性或深信这种虚无需要某种神秘性的人来说，也许是一件值得骄傲的事，但它不可以成为任何人的这样一个借口，也即仅仅为了使自己有一种风格而把这种虚无转变成对生命的似是而非的肯定”。

于一爽的撒手锏是祭出了“天真”和真诚的大旗。小说中“很多人在上世纪90年代叱咤风云，随着新千年的到来，某种程度上说，已经被抛弃了。当然，如果不想被抛弃也很容易，但是因为太聪明自我意识太强，所以把自己放置在了生活的边缘，觉得随时会被甩出去，有很强的宿命感。于是生活对他们来说成了一场接一场的饭局，总觉得人生不能是水的人生，铁打的饭局流水的姑娘，但愿长醉不愿醒，对自己感到了深深的失望。于是对世界整体瞧不起，偶尔也幻想自身的改变，但是已经没有了改变的能力。当然对比那些顺势而为的成功者，他们反而呈现出一种天真”（《头等舱》）。而说到自己为什么写作，于一爽是这样回答的，“我觉得总体来说我对生活也是颇为严肃的。怕死，总想留下点什么。 还有，我觉得我要对我的生活真诚”。 在对作家固守的城池感到窘迫狼狈、心生焦虑的时候，作家站出来揭底，宣称自己的真诚，也曾把那一代人的“天真”奉为至尊。真诚、天真这些经历了先锋派写作之后名誉不保的词，其实有一个非常漫长的历史演变历史。曾经这个世界是不能问真假的，但真诚被当作一个重要的事件需要自己宣称时，一定是到了某种时刻，因为真诚在某些时刻当然具有巨大的原创力。

特里林在谈到“诚与真”时说，为了获得真实，某种文化或某种文化之部分的协同努力生成了自己的陈规、自己的一般性、自己的陈词滥调、自己的格言警句，萨特从海德格尔那里借了一个词，就是饶舌。于一爽的小说中隐藏了很多警句，装扮成其他方式借用小说人物的口说出来，毛姆《刀锋》中的句子“难道人逃避欲望的方式不应该是先满足欲望吗”， 赫拉克利特的“下降的路与上升的路是一回事”，本书的标题马克思的话“一切坚固的都烟消云散”，还有各种自我圆解的语句和那些同义反复的程式，可能都是一个饶舌的过程。而饶舌也不是一个贬义词，因为现代社会需要那提醒我们身处堕落状态的文字，需要那些说明我们何以会对自己的生活感到羞耻的文字，那些想满足这种需要的人，也在为“饶舌”做出贡献。瓦莱里说，文学不是别的，而只是对语言某些内在品质的拓展和运用。于一爽在《头等舱》的创作谈里也说，她目前比较倾向于语气。语气对于一个作品的重要性，她愿意相信最表面的最深刻，就像人和人之间的皮肤其实是最远的距离。词语和声音比意念和信念更重要，愿语言延伸她的路。

（载《上海文化》2015年第3期）

从一个任性的“我”中走出来

——关于蒋峰《白色流淌一片》

金赫楠

一

2015年的夏天，打开“80后”小说家蒋峰的长篇新作《白色流淌一片》，我被唤起十年前关于他的阅读记忆。2005年，那是关于“80后”写作异常热闹、喧嚣的时代：“韩白”之争，各种商业炒作与出版喧嚣，青春写作与主流文坛之间的傲慢与偏见，各种小集体命名……也是在那一年，作为他们的同龄人，我集中阅读了包括韩寒、郭敬明、张悦然、李傻傻、孙睿等等“80后”的作品。其中包括蒋峰的长篇处女作《维以不永伤》，小说的第三部收在马原编选的一本名为《80后实力派五虎将精品集》中，蒋峰与李傻傻、小饭、张佳玮、胡坚并称为“80后实力派五虎将”，对应着韩寒、郭敬明、张悦然等人的“偶像派”。按照当时流行的说法，在商业包装和媒体焦点之外，“实力派”更有文学追求，在青春和叛逆的姿态之外“实力派”的作品水平更高。使用这种娱乐化概念进行的作家分类和写作命名，很嫌荒诞搞笑，足以呈现当时文坛与市场对“80后”写作认知上的轻率与不经心；却也粗疏地标示出了这一代际写作群体的大致两种风格，甚至预言了他们今后的文学道路和职业选择。

清楚地记得，读完《维以不永伤》，蒋峰带给我的惊艳和震撼。《维以不永伤.》，题目来自《诗经·周南·卷耳》，原意是那些行军在外的男人只有依靠饮酒来摆脱对亲人的思念，蒋峰由此展开的却是一个“把这件事情写出来才不至于永远伤怀”的现代叙事。小说从一桩清晨发现的谋杀案写起，案子的侦破过程当中充满了各种戏剧性因素：官员贪腐、少女未婚先孕、继母的阴谋、始乱终弃的爱情辜负，加上接二连三的死亡与命案的抽丝剥茧，完全具备一部悬疑推理畅销书的各种元素，写起来似乎难逃类型化的窠臼。而蒋峰通过交错时空、变换叙事人和叙事视角、拼贴文本、复调等等西方现代小说技术的使用，重构了这个稍嫌狗血俗套的悬疑故事，赋予文本很强的实验性和文学性。文本结构上，整部长篇被肢解成四个不同文体和不同叙事视角的独立中篇，单独阅读就是一篇自足的小说，放在一起又串起来几个家庭、十几个人物跨度三十余年的命运和人生。——用作者自己的话来说“这样写可以由您所好来选择翻开此书先读哪一部”。

在这部长篇中，蒋峰所展示的才华是多方面多层次的。为研究者所称道的大都集中在小说中炫技般使用的各种西方现代小说技巧，特别是叙事的自觉与用心——要知道，开始写作《维以不永伤》时候的蒋峰不过20岁。这些自然也让我欣赏和叹服，但还不是最打动和吸引我的。据说蒋峰写作这部长篇时就已有上千本西方小说的阅读背景，而且常常把小说拆开来看，研究作者怎样讲故事、怎样推进叙事。在这样的阅读背景和用心下，技术上的兴奋和娴熟应该不是最难的事情。在我看来，写作这部长篇时，蒋峰所面对的最大困难和挑战大概是：他疏离于同龄人所津津乐道的校园、青春等最切身的经验经历，将写作兴奋点指向一个包含有伦理、情欲、命运、灵魂撕扯与人格分裂等等人性内涵如此丰富复杂的故事，彼时年轻的生命体验和认知力、情感力，要如何有效地完成炫目技术上的深刻精神加载？蒋峰至少部分地实现了这种加载，他对人物有一种深深的悲悯，表现出一种“深刻地理解他人的真理”的沉静与宽厚。小说的核心情节围绕两个杀死女儿的父亲而展开，两场极具伦理震撼的谋杀案，蒋峰在审视、审判他们的同时，努力探寻人物行为背后的隐痛，他设置出一个“罪与罚”的隐形文本结构，打开了一种灵魂的张力来处理人物之间关系。

这部小说，在我当时目光之所及的“80后”写作中，艺术性最强、文学追求最自觉和最明确。《维以不永伤》的写作和出版，开启了蒋峰真正意义上的文学议程。他对世界的眼光和思虑，他对文学的理解和表达，他的审美偏好与题材兴奋点，在这部长篇处女作中释放得淋漓尽致，且一直贯穿在后面的一系列写作当中。巨大的文学野心和庞大的西方现代小说阅读背景下，《维以不永伤》的写作对蒋峰来说，是一次阶段性的个体经验整理，更是一次个人化的小说理念实践和叙事技巧实验，如他自己坦陈："一本大杂烩的小说，魔幻现实、侦探故事、诉讼小说、拼贴元素、罗曼斯情节，充满一二三人称的叙述，四部里悬念由小到大，不过还是一个事儿。"我从中依稀看见作者本人的生活印记，更感受到了福克纳、马尔克斯、胡里奥包括余华等对他的影响。在一片"为赋新词强说愁"青春期感伤的小腔调中，对外在世界和内在心灵的凛冽直面和不懈探究，文本中对现代小说技巧的尝试与历练，使得蒋峰在当时的"80后"写作群体中呈现出一种高辨识度，尤显不群。

自此，蒋峰也成为我最期待的同龄写作者。

二

2015年蒋峰出版了长篇新作《白色流淌一片》。和《维以不永伤》相似的文本结构，整部小说由六个章节组成，每个章节都可以独立成为一个中篇小说。从2011年开始，前五章作为独立的中篇小说陆续在《人民文学》等刊物发表。六个自足独立又相互联系的篇章，题为《遗腹子》《花园酒店》《六十号信箱》《手语者》《我的私人林宝儿》《和许家明的六次星巴克》，分别从希望、告别、成长、信仰、占有欲和爱情这些主题叙述了主人公许家明28年人生中不同的生命阶段和人生片段，从20世纪80年代写到现在，时间跨越三十年，三代人的爱恨情仇，一个人短暂的、充满戏剧性和悲剧意味的命运起伏。整部小说延续了蒋峰的一贯风格：对侦破推理的题材热衷，结构的精心设计、情节节奏的有效控制、叙事人称的反复转换，以及草蛇灰线的各种情节铺陈与悬念设置。

第一章节"遗腹子"，按照单双小节形成两条线分别来描绘着两个怀孕的女人，章节的末尾处交集在一个名为许家明的男人身上，他是一个孕妇的丈夫和另一个孕妇的儿子。小说开篇就完成了主人公许家明的出生和死亡，这里是他的开始也是他的结束，是生命的孕育诞生也是命运的了断终结。蒋峰在小说的开始，就亮出了故事的底牌和人物的结局，悬置了从开始到结束的漫长而跌宕的过程，更埋下了多个伏笔、挖了各种“坑”。这是蒋峰一贯信奉的小说策略：“永远不要从故事的开头写，我相信悬念是吸引人读下去的东西。”

而“花园酒店”和“手语者”则是全书中最打动我的部分。尤其是“花园酒店”，这大概是全书中行文最为朴素沉静的一章，章节内基本采取的是线性结构，蒋峰以一种娓娓道来的笔调，以姥爷的视角来书写许家明和姥爷的相依为命的童年生活。这个章节的阅读，让我始终沉浸在一种疼痛里。姥爷和许家明夜里攀爬花园酒店的场面和对话，让人疼痛而感动；继父于勒和许家明之间深沉的父子之情，那一句淡淡的“我如果和你妈妈离婚了，你就不是我儿子了”，波澜不惊中带给读者的情感冲击力却异常强烈。蒋峰很擅长描写与男性长辈之间的亲伦之爱，情绪的渲染呈现一种恰到好处的克制而到位。这一点和余华有共通之处，他们都有一副自觉的、着力的冷峻先锋笔墨，但一旦写到最具传统意义的父子亲伦，笔调就朴素沉静下来。

蒋峰小说的语言方式实现了一种文本上的自在张力。当他近乎不加节制地渲染死亡的同时，语调却极具温情。他对自己小说中的各色人物都有一种含情脉脉的注视，无论是主人公还是边缘角色，无论是成功者还是失意者，甚至杀人犯，蒋峰都倾向于为他们基于自己的立场去寻找一种合理性，字里行间流露出对人物的心疼和体恤。而同时，蒋峰又在行文中表达出一种对生命和命运的无力感，眼睁睁地看着人物遭遇命运的无端突袭，眼睁睁地看着许家明熬过贫弱的童年、孤独的少年、刚刚找到了最爱的姑娘、刚刚打起精神来想要好好经营自己的事业和人生，死亡突然降临，无可奈何又无能为力。《白色流淌一片》中，开篇就是植物人父亲和遗腹子的死亡，然后是姥爷心力交瘁被癌症夺去生命、哑巴继父手上的数条人命，直至主人公许家明“像蟑螂一样”死于近乎荒诞的意外、年轻打工情侣的杀戮……死亡的降临总是那么突兀而荒唐，蒋峰在小说中借李小天发出这样的感慨“命运是个无耻的恶徒，又一次拿我们的生命去做恶作剧”。“回头想想，超级玛丽的死其实挺残忍的，没有提醒，只有告知，说不上哀伤，只是咯噔一下子知道自己完了，已经被这个完美世界抹掉了。”蒋峰在小说中写到死亡、分别和失败的时候，笔墨总是克制、平静又感伤、低沉的，而那种克制，恰使得小说在情节的关键处，获得了一种爆发前的充盈感。

“白色流淌一片”是小说的题目，也是贯穿在每一个故事里的意象，在每一章都有出现，分别对应着云、雪水、精液、面膜和奶精。作者自己显然很得意这个意象的选取和设置，书中每章当中出现这一行字的时候都用黑体字特别标示。但我在阅读中的感觉却是，这个意象在各章节中的分布和呈现，太过刻意和牵强。又或者说，我根本对这部小说的结构方式就是有疑问的。每一个章节的内部结构上都是一个自足完整的中篇，各章之间有间隔感，那么当它们连缀成一个长篇的时候，因为语感和节奏的不统一，整部小说的整体性是受到损害的。这种自《维以不永伤》当中开始使用的结构手法，当它的实验性和新鲜感已经没有时候，结构上的去魅反而会产生同质化和自我重复的嫌疑。

三

2005年至2015年，十年之间，“80后”写作群体发生了巨大的变化。青春文学不再是“80后”唯一的标签，市场和商业主导的种种喧嚣逐渐退去，已经进入而立之年的这个写作群体从青春期倾诉中走出来后，逐渐呈现出一种分化的趋势：除韩寒、郭敬明成为瞩目的文化明星，一些人成为职业类型化作家、网络写手，而另一部分则坚持着纯文学的创作，并逐渐进入传统主流文坛的视野，进入文学批评甚至文学史研究的范畴。而蒋峰对于创作的坚持和坚守，已经成为他的文学标签，他自己也在多个场合不惮于正面直抒自己的文学理想和写作野心：“我不相信文学会死，我不相信我的梦是一个死胡同。”“我会一直写作，以等待荣光的出现”，“立志要写出最好的华语小说”。

今天我们仍可以说，在“80后”一代青年的写作者中，蒋峰在形式实践和意义探索上都是“80后”写作中走得比较远的一个，也是个人才华最突出的一个。其传奇性的个人经历，以及对西方现代小说的迷恋，成就了蒋峰独特的文本魅力和艺术个性。十余年的时间，一路写下来，对文学的坚持和坚守之中，蒋峰确已形成自己高识别度的艺术风格与文学气质，对谋杀案、侦破推理题材的热衷，对叙事人称和视角的反复转换、文本拼贴、复调、重构等等现代小说技巧的迷恋，从《维以不永伤》《恋爱宝典》到这部《白色流淌一片》，一以贯之。读蒋峰的小说确实能够获得一种文字和叙事上的满足感。

而从前面的分析中可以看出，《维以不永伤》和《白色流淌一片》在文本结构、行文气质以及小说技术上的相似之处还是很明显的。从《维以不永伤》开始，死亡成为蒋峰惯用的叙事起点，对死亡的追索也成为他塑造人物、设置情节和推进叙事的有效方式。但当他太过习惯甚至依赖这种情节设置和情结渲染，纵容着死亡在小说叙事中无节制地反复，小说的合理性、真实感以及情感的冲击力会被大大地削弱。而对某种文本形式、某种情节与情结的过度依赖，往往显得作品的同质化和自我重复。一个出手甚高的青年作家，多年的阅读与写作、阅历与经验之下，他于新作中所呈现的新的、更深厚宽广的东西似乎稍嫌不够。

阅读“80后”作品的时候，一个最突出的印象就是，很多作家的作品，单篇或单部读起来，都足够惊艳，才华充盈才情饱满；而一旦结集阅读，往往很容易发现他们在题材、主题、话语方式和情感方式上的同质化与自我重复、单薄，缺乏对于历史与现实的整体性认识和文本穿透力。“80后”小说创作中普遍存在一种显而易见的缺失：与传统、历史和社会生活的错位，不能有效地完成自我、小我与外在社会历史的对接。“80后”一代人的写作起点，很明显是从书写自我、直面青春开始的——即使蒋峰这种一出手就貌似成熟的写作者，其实细想《维以不永伤》中眼花缭乱叙事技巧的使用，连作者自己后来都承认“用力过猛”，这本身也是青春倾诉的一种文学表达。当然，新文学以来每一代写作者都是从这个起点来进入文学现场的，随便举几个例子，巴金《家》《春》《秋》，现代文学中的“革命加恋爱”小说，《组织部来了个年轻人》、北岛《回答》、朦胧诗的崛起，铁凝《哦，香雪》、徐则臣的《跑步穿过中关村》等等，都是正值青春发生的写作，不同的是，他们对于公共空间和历史记忆有一种与生俱来的固执迷恋。他们呈现自我与青春的方式或路径，都在试图从大历史、大时代中去寻找一个支点来同自我与青春合辙——或者公共记忆或者历史事件或者集体概念。而“80后”的叙事从一开始就没有，也不要这个支点，一上来就很任性地从“我”开始诉说“我”，他们的文本出发点和叙事目的地始终围绕着私己经验远兜近转。我经常会想，为什么？大概因为，出生于20世纪80年代，民族独立和现代国家架构这些庞大的事件已经基本实现确立，没有经历过大历史对自己直接的、短期内显而易见的影响，个人命运的节点没有同时代、历史直接发生关系。所以很容易会认为，对自己影响巨大的是隔壁班的那个男孩、是一只手袋的价格与品牌、是办公室倾轧的小得失。而当他们的写作想要进入社会历史层面的时候，那个与私人经验契合的点很难准确找到。

而当我们说起“80后”的时候，如果他们的创作在叙事谱系上是有价值的，如果谈论他们在文学尺度上是有意义的，其实终究要落到：这一代人的写作，为当代文学，进而为当代文化和当代精神提供了什么重要的新的因素？他们受制于自己的时代，又得益于时代的独特眼光、思想力和审美力在哪里？对一个写作者来说，时代生活固然制约着他的视野和认知世界的宽广度，同时也一定会成全其特定的打量和呈现世界的眼光。大概是因为一直很喜欢、很期待，我对蒋峰的写作也因此显得有些挑剔和苛刻，希望以他的才情禀赋与执着虔诚，让“80后”写作的面孔在当代文学的谱系上愈加地清晰明朗起来，以实现代际的文学担当。

（载《文艺报·文学评论》2015年7月13日）

“80后”批评家群体展示的方法与意义

——论周明全《“80后”批评家的枪和玫瑰》及其他

陈进武

一

如今，讨论与挖掘不同代际的批评家及其批评理念的研究，并不是一个新鲜的话题。比如，1994年，陈思和与王晓明策划主编的“火凤凰新批评文丛”（学林出版社）轰动一时，在“人文精神大讨论”的背景下，推出了张新颖、郜元宝、王彬彬、罗岗、薛毅、胡河清、蔡翔等一批当时的青年批评家。2004年，吴义勤主编了“e批评丛书”（山东文艺出版社），这套丛书的“第一辑”包括十位批评家的十本批评著作，即《天堂的哀歌》（张清华）、《一嘘三叹论文学》（王彬彬）、《灌水时代》（王干）、《新新中国的形象》（张颐武）、《媒体制造》（黄发有）、《真实的尺度》（贺仲明）、《唯美的叙述》（张学昕）、《打开我们的文学理解》（张新颖）、《无限的增长》（杨扬）、《必要的反对》（李建军）等。2012年，谭五昌与昆仑出版社主编出版了“中国新锐批评家文丛”，这套丛书包括陈旭光、谢有顺、张光芒、谭五昌、何言宏、刘复生、路文斌、敬文东、夏可君、庄伟杰等十位文艺评论家，涵盖了小说、诗歌、影视与美术等文艺领域。可以说，这种由著名学者与有影响力的出版社联合主编丛书是推介批评家以及呈现与展示批评家最新研究成果的常见方式。在这里，每本批评著作都是各位评论家从不同视角或层面切入当下的文学创作，再现了20世纪90年代以来文学的本真状态和精神走向。

批评家“集体亮相”的另一种方式是学术期刊的集束式展示。以“人文理想、前沿批评”为办刊宗旨的《南方文坛》早在1998年就设立了“今日批评家”栏目，采用专辑形式，十多年来不断推介与聚焦充满思想活力的批评家，截至 2015年第5期，这一栏目共刊发了95位新锐批评家的专辑。[①]这些批评家中既包括“50后”的南帆、陈晓明，“60后”的张清华、王兆胜、贺仲明、李美皆和“70后”的贺桂梅、李云雷、李遇春、霍俊明，又包括“80后”的杨庆祥、金理、丛治辰、李德南、何同彬等等，他们中的大多数现今已经活跃在文学批评第一线。2011年，《南方文坛》第1期以整期的篇幅推出“青年专号——70以后批评家”，集中推介了包括“70后”的周立民、张念、刘志荣、李丹梦、刘复生、李静、刘春、杨俊蕾、聂伟、郭艳和“80后”的黄平、李一、管笑笑、陈思、汪雨萌，甚至还有1990年的李梦馨等30余位青年批评家。其他学术期刊如《当代作家评论》等也曾推荐过“70后”或“80后”批评家；《创作与评论》则开辟了“新锐批评家”，主要推介“70后”和“80后”批评家；《边疆文学·文艺评论》自2015年开始，开设“青年批评家”专栏，专门推介“70后”批评家。不难发现，一来，这类栏目不仅在很大程度上提升了刊物品位与影响，而且通过关注批评家，有力推动了当代文学批评的发展；二来，对于不同代际批评家的聚焦，既是对于一个时代文学批评成就的总结与展鉴，又充分体现了不同代际批评家的批评力量与锐气。

事实上，不论是批评家丛书，还是学术期刊的批评家栏目，都是在文学批评的“现场”中深度耕耘，发掘出了一批又一批新锐的批评家，并由此碰撞出了活跃与灵动的思想火花，同时还描绘了一幅幅精彩纷呈的文学批评景观。然而，不得不承认，要突破批评家们形成的既定结论以及文学批评研究方法，无疑如同行之于蜀山。然而，周明全以“跨界”与“在场”的方式做出了新的努力。他的批评新著《“80后”批评家的枪和玫瑰》[②]与其说是重返了批评“现场”，不如说是重构了“现场”。一方面，有针对性与有选择性地开掘了在文坛活跃的“80后”批评家；另一方面，另辟蹊径地勾勒出了正在崛起的一代批评家的文学批评的图景。周明

①黄发有：《“今日批评家”的特色与意义》，载《扬子江评论》2015年第5期。

②周明全：《“80后”批评家的枪和玫瑰》，北京时代华文书局2015年版。

全在“80后”批评家的开掘与推介中，引入了文学史与批评史的维度，进一步在“绝境突围”的判断中构造出了“80后”批评家群体“枪”与“玫瑰”并置的主要特征，其中隐含的方法论意义，更加值得关注与重视。

二

吴义勤在“e批评丛书”总序中如是说：“真相也许是这样的：一代人走了，又一代人来了，但是对上一代人怀旧、挽留、痴情甚至有些怨艾的目光，模糊了我们的双眼，使我们对新一代人的成长与奋斗视而不见。”[①]不过，1980年出生的周明全并没有因怀旧、挽留“上一代”而“模糊双眼”，而是积极从上一代批评家那汲取营养的同时，也将目光投向正在“成长与奋斗”的“新一代”。2013年，周明全策划主持了“‘80后’批评家文丛”（云南人民出版社），并邀请陈思和担任丛书主编。这套批评丛书包括杨庆祥的《现场的角力》、周明全的《隐藏的锋芒》、金理的《一眼集》、黄平的《贾平凹小说论稿》、刘涛的《“通三统”——一种文学实验》、何同彬的《浮游的守夜人》、徐刚的《后革命时代的焦虑》、傅逸尘的《叙事的嬗变——新世纪军旅小说的写作伦理》等。2015年，“‘80后’批评家文丛”（第二辑）又出版了李德南的《途中之境》、项静的《我们这个时代的表情》、康凌的《读后》等三本批评著作。十一本书，十一位“80后”批评家，尽管从当前的批评家阵容上说确实算不上最豪华的，但他们是现今文坛正在崛起、开拓新路的青年批评家。他们的集体登场，标志着“80后”批评家的集体崛起，展现了批评界的新生力量，不得不对当代文学批评的未来充满期待。

从《隐藏的锋芒》[②]到《“80后”批评家年选（2014）》[③]再到《“80后”批评家的枪和玫瑰》，周明全着重关注与评述了杨庆祥、金理、黄平、何同彬、徐刚、刘涛、李德南、傅逸尘、项静、康凌、陈思、丛治

①吴义勤：《告别虚伪的形式》，山东文艺出版社2004年版。

②周明全：《隐藏的锋芒》，云南人民出版社2013年版。

③金理、周明全：《“80后”批评家年选（2014）》，云南人民出版社2015年版。

辰、岳雯、刘芳坤、方岩、王晴飞、李振、王敏、杨晓帆、颜炼军等“80后”批评家及其批评理念。这一套套丛书的出版，这一本本年选的编选，这一长串的陌生却又熟悉的名字，以及个案分析与群体呈现的构建，并不是源自有关批评家的预设或后设评价，而是紧紧扣住“80后”批评家群体自身发生、生长与合成的思维逻辑，由此确定了全书的“批评理念+批评家访谈+创作年谱”的整体思考框架。不过，周明全的思辨性定位却相对单纯，亦即集体展示新一代的“80后”批评家。

这种“80后”批评家集体登场的方式特别重要，首先，这种方式是反抗炒作与遮蔽，从而彰显当下文学批评独立精神的一种有效方式。20世纪90年代以来，在文学的商业化进程中，文学批评不可避免地受到商业利益的侵蚀，甚至也出现了一些批评家放弃独立性的寄生现象。在这样的境遇下，文学批评不仅被边缘化与妖魔化，更重要的是它将如何坚守又如何发展也变得模糊不清。周明全让“80后”批评家集中的、连续的展示，无疑是当下文学批评的一次正面建构与集中的正面展示。这种方式既有助于激发“80后”青年批评家的自信与自立，也在一定程度上为“80后”批评家和不同代际的批评家之间的互动与对话提供了可能。可以说，这大概如同徐俊西为1994年出版的“火凤凰新批评文丛”写的序言中所言，“在滔滔的商海之上”，建立起一片当代文学批评的“绿洲”。

其次，“80后”批评家集体登场在很大程度上促进了青年批评群体的成长与壮大。如贺绍俊所言，因批评家的识见，周明全“在编辑工作中敏锐地发现了‘80后’批评家在当代文学中的特殊意义，以‘80后’批评家文丛的方式将分散的、潜在生长中的‘80后’批评家迅速集结起来，放大了这个年轻群体的声音”。不可否认，这种“群体的声音”的“放大”有效促进了“80后”批评家的崛起。在当前的批评界，批评名家并不缺乏传播声音的平台，但对于正处于正在崛起、开拓新路状态的“80后”批评家来说，他们具有挑战性且充满锋芒的文学批评也难免碰壁。面对市场化汹涌潮流，“80后”批评家更加显得无所适从甚至无奈无助。“80后”批评家杨庆祥在《80后，怎么办？》一书中更是用“失败的实感”来描述“80后”这一代人的“如此强烈，如此有切肤之痛”生存状况。从这一意义来说，周明全对“80后”批评家的集体推介正当其时，可谓雪中送炭。

再次，不同风格的“80后”批评家的“集体”出场，也是当前时代青年批评家批评个性与精神气质的一种展示。在文化同质化态势日趋加强的当今时代，文学批评文体也逐渐失去了丰富性与多样性，僵化的学术规范很大程度上抑制了文学批评文体的内在活力。不过，作为“80后”批评家和编辑家的周明全，具备批评家的识见与编辑家的眼光，尤其是他从绘画“跨界”文学，他身上少了学院批评的束缚，而能有效而又精准地找寻到关注的“80后”批评家的批评个性与精神气质。应该说，这样立体呈现“80后”批评家的批评个性的尝试，展现出了富有代际差异性的多样性的批评经验，共同构成了当代文学批评的版图。

三

其实，这样一场“80后”批评家的集体展示，不免在一定程度上需要方法或视角等一系列新变。这些也意在改变固定的批评方式，新的开掘无疑也在相当程度上延续了传统并赋予了一些新的质素。诸如在对于以往的批评家展示与研究的方法中注入新的活力。在不同批评家的互相激荡中，“深描”不失为一种较为新颖且又相对妥帖的方式。当然，所谓的“深描”原本是人类学研究领域的专有术语，指的是人类学家不能简单记录人的行为，更应该深度阐释这些行为背后的背景知识以及其他不能从表面上看出来的内容。美国人类学家克利福德·格尔兹在《深描：迈向文化的阐释理论》一文中更强调是“符号活动的想象宇宙”[①]，也就是某件事或某种文化的背景知识。进而言之，因为人类行为发生在复杂的交互网络之中，研究者并不能只是单纯外在或抽象地考察，而是必须深入批评群落生活世界的“稠密”之处，把握并理清其间的各种关系，从而有确证的解读。

事实上，周明全对“80后”批评家的发掘及动态的、立体的呈现，同

①〔美〕克利福德·格尔兹：《深描：迈向文化的阐释理论》，见《文化的解释》，纳日碧力戈、罗红光译，上海人民出版社1999年版。

样是聚合在这种“稠密”交往之中。对于《“80后”批评家的枪和玫瑰》的基本论述方式，不难体会到：一方面，贴近特定的批评家个体的言论、实践与主体的状态，具体是以杨庆祥、徐刚、黄平、金理、李德南、刘涛、周明全、项静、傅逸尘、康凌等为“80后”批评家线索，每个批评家独立成章，并深入一组组文学实践与批评场域的动态关系之中，并在两者或多维关系的交互中体察批评家的心态与洞察批评家的处境；另一方面，在批评场域的观察与判断中，更是“深描”批评家的成长体验与批评理路。为彰显与挖掘每个批评家的个性与气质，周明全采取的方式是，尽可能占有更多材料与厘清背景知识，从文学史与批评史等多维角度，考察批评家对时代的回应以及批评策略的调整，由此观察批评家的“在场感”，以及个体选择背后的问题意识、知识谱系、思想渊源与发展趋向。比如，周明全从现实状态、精神状态、文学状态与个人状态四个层面剖析了杨庆祥“以文学批评重构历史现场”的批评实践；他又找寻到刘涛从思想史与文学史的视角出发，以古观今并“以批评介入当下社会”的理念；他也察觉到了黄平“在个体与共同体之间徘徊”的状态，以及“安静”做文学批评的努力；他还观察到了徐刚有着强烈的问题意识，并能潜入文本内部“挖掘”，试图“重建知识谱系与建构批评精神”；等等。当然，透过每个批评家的创作年谱，我们能清晰见到他们的批评轨迹以及趋向，而在“个案分析”与“批评家访谈”中又能洞察到这批“80后”学院派批评家在理论资源上多倚重尼采、叔本华、本雅明、布斯、福柯、阿尔都塞、黑格尔、杰姆逊、萨义德、雷蒙·威廉斯、阿多诺、埃斯卡皮等等。

不过，周明全对西方各种理论始终保持高度警惕。在他看来，“评论界总喜欢动辄就西方，甚至俄罗斯，这样那样的理论术语，一般的读者，甚至稍微专业的读者，对他们所操持的理论术语都不是太清楚，其实，我认为，我们现在满嘴的‘西学’不少也是别人老祖宗的东西，对别人老祖宗的东西熟乱于心，却对中国自己的传统不知道、不熟悉，这是很可悲的。我近年把大量时间花费在传统里，就是想从传统中找到一些有益于当下的东西来。”[①]在从事文学批评时，周明全将目光投向了“中国自己的传统”，他所借鉴的理论资源主要来自中国古典传统文论，如孔子的“兴观群怨”说、庄子的“言意”说、孟子的“知人论世”说、王昌龄的“意境”说等。恰是如此，也正如贺绍俊所说，周明全不仅更容易接近文学批评的内核，而且在面对这批有浓厚学院派色彩的“80后”批评家时，他能在很大程度上摆脱这样色彩的炫惑，并找寻到每个批评家不同的观念、方法与趣味。可以探讨的是，在细读文学文本或探讨文学现象时，对于如今的批评家而言，不少人早已谙熟社会、文化等理论，以求纵横跨界，抵达应有的理论高度。但这种“高度”在涵盖一切或表征一切的同时，却不一定能抵达“深描”的最本真之处，也不一定带来最有效的现场体悟。这一提醒并不新鲜，却又很有必要。

四

作为“80后”批评家的代表，杨庆祥、刘涛、周明全、金理、黄平、何同彬、李德南、徐刚等青年批评家有着各自不同的一套批评笔墨，或深刻，或犀利，或严谨，或精警，或放达，但其表达又集中诉说的是他们作为青年批评家的良知、职责与担当。也可以这样说，新世纪以来的文坛风云，当代文坛重要的作家作品及文学批评实践的收获等，无不在这些青年批评家的批评著作中得到一定程度的评说。然而，常常也听到这样的批评：相较于学术前辈，年轻一代的“80后”批评家绝大多数是典型的学院派，他们从本科到硕士再到博士沿着既定的轨道一路走下来，在一定程度上缺乏历史参与的真切经验，而与他们所研究的对象更多只是知识性关联。无疑，有着参与历史的经验的确是伸张内在主体性并以此抵达原创性思想高度的有效路径，但这毕竟也只能是其中的一个重要的方面。

然而，从另一层面来说，真正的难题并不在于“革命”本身，而是在于“革命后的第二天”，但根本并不仅仅是摧毁旧秩序，更重要的是建立

①李德南、周明全：《“80 后”批评家：开拓新路，正在崛起》，载《滇池》2014年第9期。

一种新的秩序。对于“80后”批评家来说，他们并不需要忧虑学院经验潜在影响了自我的思考方式与感受方式，而是更需要形成一种具有独立个性的、充满强烈现场感的思考路径，从而有效地将学院化的知识谱系转化为批评实践。不可否认，“80后”批评家在精耕细作与空间拓殖的基础上形成了自己的批评个性与气质。不论是金理的“做同代人的批评家”和何同彬的“抵御世故的批评”，或是李德南的“倡导一种写作的批评”与傅逸尘的“重构文学批评‘单纯’能力”，还是项静的“用批评达成真实”和康凌的“做‘自觉’的批评家”，以及周明全自己所倡导的“做人的批评”，都不仅展现了“80后”批评家不拘一格的文体及批评实践，也有助于促进当下文学批评的多彩多样，同时也显现出了学术的力量与批评的力量。

恰如刘勰在《文心雕龙·时序》中所言的“时运交移，质文代变”。文学是时代的产物，一个时代有一个时代之文学，不同时代的文学无疑是不可重复的。

显然，每一个时代的文学，有一代的作家，必然也有一代的批评家。在周明全看来，“80后”这一代年轻的批评家有着属于自己的“枪和玫瑰”。这样的“枪”和“玫瑰”并不是对立之物，或如廖令鹏所说的是，从文本出发，注重（时代）在场的经验，坚持批评的立场，以自己的内心来审视文学及文学批评，同时兼具批评的情怀及责任感，甚至批评的野心。[①]也如周明全自己所阐述的，“枪”代表了客观、公正，“80后”批评家大多不掩饰自己的“武器”，而是敢于“亮剑”；而“玫瑰”则是指一种“寻美的批评”。这两个意象的互洽，也正表明了“文学批评中的客观公正和寻美是可以相得益彰的同时存在的”[②]。在这一意义上来说，这不仅仅是周明全对自己的要求，同时也是他对“80后”批评家的期许，更为重要的是，这大体也正是“80后”批评家相异于上几代批评家的独特之处。

①廖令鹏：《“80后”文学批评家的枪和玫瑰》，载《南方都市报》2014年1月19日。

②周明全：《“80后”批评家的枪和玫瑰》，北京时代华文书局2015年版。

“瞧，他们走来了！”吴义勤在推介“e批评丛书”时如是说，“历史不是由自己书写的，‘e批评丛书’同样也不是一个历史的‘定本’，它也许证明不了任何东西，但它是一个‘平台’，它让这代批评家拥有了交由历史审判与选择的机会。他们就这样走来了，历史也许将会由此被改写”[①]。现今，我们也可以这样自信地呼喊——瞧，那群“80后”批评家走来了！而这一次年轻一代的“80后”批评家的集体亮相无疑是周明全促成的。然而，在“历史”期待“被改写”的同时应该不忘陈思和的提醒：“对于‘80后’批评家的前景，似乎已经不用操什么心，很快会引起各方的关注和热捧，名利对于他们来说，不过是一步之遥；但是从一个人文知识分子真正所要追求的目标来说，可能还是任重而道远。”[②]不过，我们也有理由充分相信正在成长的“80后”这一代年轻批评家能够有勇气直面问题、真诚表达、敢于担当，并在现实文化的语境下践行自己的文学与批评理想。

（载《名作欣赏》上旬刊2015年第12期）

①吴义勤：《告别虚伪的形式》，山东文艺出版社2004年版。

②周明全：《隐藏的锋芒》，云南人民出版社2013年版。

心　　路

回首光芒，驻足深渊

——嗅嗅身上粘带的20世纪80年代灰烬

颜炼军

一

纳博科夫曾毫不避讳地说，自己不相信弗洛伊德的学说。但有意思的是，在著名的小说《洛丽塔》中，他却设计了一个充满了弗洛伊德气息的情节。变态的男主人公亨伯特年少时与一位美丽少女的初恋："就在一刹那，我们疯狂地、笨拙地、毫无羞怯、痛苦难忍地相爱了。"但就在这对青涩的少男少女热恋之际，女孩突患伤寒夭亡。从此，亨伯特留下了严重的心理创伤。一种深度的自我怀疑一直纠缠着他："我一次又一次翻看我这些悲伤的记忆，不住自问，是否在那个遥远夏天的光辉中，我生命的罅隙就已经开始：或者对那孩子的过度欲望只是我与生俱来的奇癖的首次显示？""阿娜贝尔的死引起的惊骇，更顽固了那个梦魔般的夏天的挫折，成为我整个冰冷的青春岁月里任何其他浪漫韵事的永恒障碍。"初恋女友夭亡给亨伯特投下的阴影，一直笼罩心头——"直到，二十四年以后，我将她化身在另一个人身上，才破除了她的魔力。"①这个"她"就是少女洛丽塔。

勉强写下这些思虑散佚文字之时，我已到了但丁说的"迷途于黑森林"的年纪。仔细想来，在人生的歧路上，我之所以成为一个文学写作与研究的痴迷者，而没有成为其他职业的套中人，正如亨伯特没有按一般的生活逻辑，与另外某个女人结婚过日子一样，肯定也有一些创伤式的转

①〔美〕世纪纳博科夫：《洛丽塔》，于晓丹译，译林出版社2000年版，第6－8页。

折，暗中制止了我生活的其他可能转向。如今，当我像亨伯特在狱中忏悔一般，在中年的虚无和惨白中自恋地回顾往昔，这样的转折还是清晰可见的。

对我而言，离开故乡是一个明显的创伤式转折。作为一个生长于少数民族乡村的孩子，我1999年考入中央民族大学中文系，意味着自己一下从一处西南边陲少数民族聚居的县城中学，远游至京城，从此一直漂泊异乡。一个背井离乡的少数民族乡村青年，闯入了京味儿普通话的字正腔圆。他得在举目无亲、大得苦海无边的城市恢复语言和心灵的失重感。最便捷的方式，是自求诸身，在一种单纯的求知中确认自己。这个时候，20世纪80年代形成的那种文学和文化氛围，已经在一次次波澜的荡涤下，杳然无迹；消费社会的枯燥与刺激，已经通过种种事物在大学校园里显示自己所向披靡的魔力。当然，在许多大学老师身上，我们还能够嗅到某种残存的气息。许多课堂上，已成往昔的20世纪80年代幻化为一个个美丽的形象，一如亨伯特眼中的定格美少女，诱惑着我在那里寻找青春的慰藉。以它作为镜像，我开始默默清理自己以往的文学阅读史：在我中小学阶段，海子的诗还没有进我用的语文教材。教材里有贾平凹的散文；许多现代作家的作品，也开始出现在教材的某个角落。这些，大概也与80年代开始对五四文学的重新排序和确认有关。虽然我已记不得其中细节，但也许是它们冥冥之中把我的人生之路赶往文学的田地。上大学不久，我就从洪子诚先生的《中国当代文学史》里，看到了刚刚进入文学史的80年代文学，在钱理群等先生合著的《中国现代文学三十年》里看到了80年代重新辨认出的现代文学图谱。事实上，在我上大学前后这些年，所有文学史乃至文化史，都正在被80年代开启的新思维大面积地重写。

课本里的80年代，对我们这一年龄段的文科生来说，像放在冰箱里保鲜的冷冻食品，它巴望着走进更深入的阅读厨艺；而老师课堂上充满触须的教诲，把我们引向近邻的国家图书馆和大大小小的旧书店。在当时大学里还依然兴盛的周末旧书摊和附近的旧书店里，80年代零星地露出了自身残损的面目。先锋作家的作品集，“第三代”诗人的诗集，80年代翻译的种种文学作品和人文社科学术作品，在一个人文学科已经开始走下坡路的时期，以便宜的价格躺在旧书丛中。当然，其中比较扎眼的，常常是盗版的余秋雨散文集、金庸小说或劳伦斯《查泰莱夫人的情人》；而教人如何赚钱、如何改变职业的书籍，比如《穷爸爸　富爸爸》《世界上最伟大的推销员》等等，则早已摆在最显眼的位置。

每逢“十一”“五一”两大书市，从没见过这么多书的我们，便疯狂地把各种书籍运回宿舍，从曾国藩家书、西方哲学到现代小说……似乎知识的海洋已怀抱胸前。当然，大多数书籍不可避免的命运，是在毕业季的旧书摊上一再更换主人；少许留下的部分，则担负着秘密的阅读快意，继续磨砺着谋生的行程。古人虽云：“若能常保数百卷书，千载终不为小人。”[①]但大学生就业的压力开始迅速增加，读书无用论不久后尘嚣再起。

二

我的大学生活一开始就被迫遵循一种严重失调的韵律。一方面，20世纪90年代末期开始的“高等教育产业化”和大学扩招运动，让我这辈人不能再享受此前公费上大学的福利。大面积蔓延的消费社会与父母提供的微薄生活费之间，拉扯着我们残酷而冷漠的生存。我迫切地想通过行动改变自己的生活，我进行了各种勤工俭学的尝试。激动、失落、挫折……大致上是甘苦参半的、具体地四面碰触的生活。更严重的一方面是，我感到生活此前引我向前的那种盼头成了强弩之末，茫然、孤独、虚无和自卑合体的多头怪，一寸寸地啮食着我的生活，它们逼迫我寻求自救和反抗之道。

事实上，从大一下学期开始，我已经是一个秘密的写作者。不记得有多少个周末或夜晚，我躲在图书馆或教室的某个角落，在笔记簿上写下各种文体的文字。我隐约记得到三年级的时候，我已经写完好几个厚厚的本子，至少有几十万字，纯粹地为写而写。我早已忘记其中的具体内容，但那里肯定是一个初离故乡的青年内心分裂，并祈求慢慢弥合的情状。如今想来，我也许是幸运的。正是羞涩而秘密的写作，像神给奥德修斯用来装风的口袋那

①《颜氏家训·勉学篇八》。

样，不那么严实地替我装着青春这场晦暗的风暴。我相信，许多人在生命的这个阶段，往往因为没有一个合适的口袋而被迷踪的风暴卷走。之所以谈及上述这些私人性记忆，是因为正是那样一个我，恰如其时地遭遇、认同了尚在大学校园依稀飘零的20世纪80年代的灰烬。我那时坚信，它们可以作为我重建个人内心秩序的材料。

在我的书架上，至今还珍藏着几本大学时代买的小书。如果一定要在我与20世纪80年代之间，找到某个藕断丝连的隐秘接点，它们首先就在这些书中。

一下子映入眼前的，是那本薄薄的《我与你》。作者是德国犹太哲学家马丁·布伯。这本书由生活·读书·新知三联书店1986年初版，2002年再版，译者是陈维钢先生。我之所以在大学期间最终内在地决定以人文学科为志业，可以说，是这本书使然。书中迷人的言辞，钻石般总结了我此前难以说出的困境：异乡世界如何从冰冷陌生的“他”，变成亲切的“你”。我至今依然记得，我第一次在一家小书店的书架里抽下这本书翻阅，瞬间就被迷住的情景。那种内心被文字震颤的痉挛之感，让我获得一种彻骨的释然和幸福。我隐隐感到身上某种莫名的欲求在苏醒，它们命令我的手和笔临虚涂抹，让恍惚而困惑的生存，在词语的灵光中获取温暖之名。于是，有了我的文学处女作《幼稚的叹息》，我的班主任、恩师敬文东先生为鼓励我，推荐发表于年祝勇先生主编的《布老虎散文》（2002夏之卷）上。一遭结下因缘，便难解难分。多年后，诗人张枣先生成了我的老师。有一次，我们在紫竹院林中散步，无意中聊起读书经历，我跟他讲了这本书对我的转折式影响。他很高兴地告诉我，这本书亦是他所爱，他跟译者陈维钢先生相识。此书之所以被翻译为汉语，似乎与他还有些缘分。这次让我深刻铭记的交谈，使我相信，我们之间的师生缘分早就在这本书中埋伏。我更相信，张枣先生的诗歌写作和诗学系统中毕生追寻和建构的“对话诗学”，与他对这本书的喜欢有关。我这里并不想说老掉牙的“影响”活半吊子的“焦虑”，我想说的是，每个人所心系的困惑乃至欣喜，都会在他喜欢的书籍中“无中生有”。2010年，张枣先生遽然病逝。就在此前不久，我们还讨论了我博士论文的题目，他帮我取题目叫“象征的漂移”，这似乎预言了我随即而至的“漂移”生活。2011年夏天，突如其来的恋爱成了我漂移的由头，我临时决定南迁，定居杭州，并结婚成家。有一次帮年事已高的岳父整理藏书，在书架深处，居然埋着这本小书！我岳父是杭州大学中文系1960年的毕业生，曾师从夏承焘等老一辈学人。他毕业前本已定下留校教古典文学，但因为“只专不红”而被下放乡村中学二十多年，20世纪80年代后期被调回大学搞语文教学法方面的教学与研究。在他关于“语文教学对话”的相关论述和注释中，可以清晰地看到《我与你》这本书的影子。可以说，这本书悄悄地隐身于我成年之后的每个阶段。我甚至相信，它还在孕育新的机缘。

还是关于书的记忆。许多人知道徐迟先生，是因为他写《哥德巴赫猜想》。说实话，这部作品我至今都读不下去。我之所以记得他，是因为大学期间我曾在旧书摊上买了他译的《瓦尔登湖》，此书译于1949年，我买到的是1982年上海译文出版社的修订再版本。这本书呼应了我的漂泊之痛，催促我在纸上重绘故乡的情形。在后来的岁月里，梭罗的许多作品的汉译本我都买过，英文原版亦买得数种，但时过境迁，最初的光晕都已经不能复现。这就像纳博科夫笔下的亨伯特，在初恋女友死去之后许多年里，他对少女一直有种奇怪的癖好，甚至去妓馆，都要找有少女气息的女子，但那最初的幻觉始终没有出现过，但这幻觉始终挥之不去，成为心目中完美的异性形象。

我还在旧书摊上买到了20世纪80年代出版的《蒙田随笔选》，梁宗岱先生的译笔。蒙田笔下那些令人惊异的古希腊和古罗马典故，那种迷人的散文说理逻辑，散文部件的编码方式，让我第一次真正领略到散文的书卷气和智性风格。还有梁先生翻译的里尔克的《罗丹论》，其中关于喷泉雕塑的那种杰出的描绘，凿通了我的观看之道。2001年，我选的学年论文题目是格非的小说中的记忆结构。那时格非先生已从华东师大调入清华，我跑去听他的小说课，我疯狂地爱上了他课上推介加缪青年时的散文集《反与正》，加缪对孤独感的卓异表达，让我的许多隐秘经验得到了复活和重构。

心底的郁结早已开始寻找岩浆的出口，但似乎需要一次契机，一个更具体的美学模范的诱惑。大概是2002年底，恩师敬文东先生有一组散文叫《城市的名词》刚刚发表出来。有一天晚上，我们在民大后街的一个酒馆聚会，微醺之际，我跟敬老师讲，我回头和他一篇《农村的名词》。日子以一个个词为刻度快速滚进，很快文章就被我写出来。2004年初，我本科毕业后数月，这组作品被敬老师推荐发表在《十月》上。冥冥之中，这似乎成了一篇与故乡的诀别辞。此时，我已经从内心里决定，不返回家乡工作而继续在北京漂移。多年来，我始终没明白，为何固执地滞留他乡？问号至今依然墓碑般立于心头。不久前，我对照《圣经》重读安德烈·纪德的小说《浪子归家》（卞之琳译），偶然看到一位外国评论家谈这篇小说的一段话，顿时往事翻涌，心有戚戚："《浪子归家》是一篇讲浪费的小说。它是关于一个人。他漠视俨然存在面前的真理，踏上多灾难的旅程。在追求一个奇迹中把他的财产花光。"这段话没有解开我的疑问，却让我更加坚信：如果生活能简化为一部小说，其主题一定不是真理、财富、奇迹或灾难的旅程，而是浪费。无缘由的浪费之流中，也许才能萃取出安慰我们的美感。

三

20世纪80年代的鲜活气息首先由恩师敬文东先生密集地带到了我面前。1999年8月，北京酷暑正炽。我孤身从大理乡下辗转至昆明，再到北京，一路北上，终于找到了地图上袖珍卡片般大小的中央民族大学。在一位师姐的带领下，我大汗淋漓地到了中文系的旌旗飘飘的招生点。我是班里第一个报到的学生，而接待我的老师中，就有暑假刚受聘到中央民族大学任教的敬文东先生。

敬老师为人性格不羁，心地善良而有侠气。他有川籍学人身上常见的那种雄辩和讥讽的天才，而在真学问面前却是一个真正的谦谦君子。我们相识相知的特殊过程，与他这些特质亦有关。多年之后，敬老师给我泄露了一个属于我们的小秘密。我刚上大学时，银行刷卡转账服务还很少，缴学费还需用现金。当时，他作为班主任参加新生学费收缴工作。因一时疏忽，不小心多收了我五十元钱。后来的日子里总想找机会还给我，但一直没有机会碰到（大学里寻呼机、手机的使用和普及，要等到两三年后）。时间久了，就觉得还与不还都不好意思。他便暗下善心，对我格外地关心和照顾。此后的日子里，敬老师只要来学校，差不多都会邀我一起吃饭。从食堂转战到学校周边的大小餐馆，有时为了节省时间，节省钱（刚参加工作的他其实也不宽裕），就两碗面条加两瓶燕京啤酒。第一年春节我不回家，还到他家过除夕，吃完师母精心烹制的年夜饭不看电视，却依川俗打麻将过年。规则是我输了不用出，赢了可以拿走（我水平差，根本不可能赢）。当晚未归校，而在他家书房打地铺。关于我与敬老师十多年来的师生情谊，万千细节淤积心底，以后有机会当另文记述。我在此只想说，从认识敬老师开始，我迅速地被一种心开目明的快意灌满。

敬老师身上有一种在他同辈学人中都很少见的杂学癖，他问学之勤，亦少见相匹者。他的行文亦因此自有一种捭阖古今中外的磅礴魅力。他曾就读的四川大学、山东师范大学和华东师范大学，都是20世纪八九十年代人文英豪辈出之地，文学风流荟萃之所，加之敬老师早年就开始写诗，又有本科学生物的理科背景，他的阅读和思考方式，在中文系的老师中，亦属棱角鲜明的异类。我抓住一切机会上他的课，更抓住一切机会在课后赖上他喝酒聊天。下课出校途中，常常会一起去校门口的旧书店，他还时常买书赠我。我们晚上也常在学校附近的小酒馆喝酒，兴起聊至深夜，找不到厕所，一起放肆地在寂静无人的大街上撒尿。真是疏狂图一醉，谈吐灰飞烟灭。我清晰地记得，他如何填鸭般把80年代以来面世的许多人文经典绘声绘色地注入我兴奋的神经中，让我在书店、图书馆的知识丛林中决眦寻找它们的身影。如今我远离京城，因远离他的鞭策和模范，学问早已辜负恩师寄望；但身上压抑不住的杂学癖还在，实在是老师言传身教的结果。

大三时，敬老师先后介绍我认识了小说家格非先生、诗人西渡先生。我在清华大学听了格非先生差不多一年的课，有幸直接聆听这位当代先锋小说的重要参与者讲小说，受益匪浅。如今还记得格非先生课后给我密授的写作箴言：解放你的想象力。他推荐的许多作品和小说理论的书，我后来都陆续找来读过。他推荐的蒂里希《存在的勇气》，当时读得云里雾里，但的确读了好几遍。他课上讲过废名的小说，也讲过加缪、马拉默德、辛格、海明威、麦尔维尔和霍桑等作家的小说，内行的讲解，让我从此爱上了许多“高难度”的作品。此后，格非老师出的所有书，我几乎都读过，到近年他出的《隐身衣》和《雪隐鹭鸶》为止，堪称close reading。我后来研究生期间主要做诗歌方面的研究，但对小说的喜爱和思考至今没有断过，甚至曾尝试写过不少。虽然没写好，这要感谢格非先生正当其时的启蒙和激发。到了大四上学期，在西渡老师的帮助下，我就到了他供职的出版社毕业实习。从此，我才真正与诗歌结缘。西渡老师是个少言寡语的人，他一身正气，做事勤勉敬业，无论人品、学问和趣味都堪称一流。他的办公室和家里的藏书都质量非常高，实习期间他也没给我安排太多的事，许多时候就在办公室看书。从2003年“非典”期间开始，他家也成了我常去的地方，许多当代诗人的作品、民刊我都是第一次在他那里读到。直到现在，我的不少藏书都来自西渡老师的书架。在北京的很长一段时间里，我几乎成了西渡老师家的一员，我们常常一起登山、郊游和散步，我甚至在他家两处房子里都住过。这期间，无论在生活和学习上，西渡老师都事无巨细地耐心引导和慷慨帮助。比如，我毕业时考研没考上，在敬老师、刘淑玲师和他的帮助下，两年后我有机会在中央民族大学中文系师从敬老师继续读研。在我的写作生涯中，敬老师和西渡老师都非常细致地帮我改过许多文章。我初习写作时各种毛病很多，西渡老师甚至建议我去读《古文观止》，学习文章组织结构之法。他跟我讲过的一句话，至今仍然萦绕耳边：思想尽可以复杂，语言尽可能简单。长期受这位优秀诗人的耳提面命和无声浸染，我对许多诗歌的体悟方式，我的诗歌阅读趣味和眼界，获得了大幅度的改善。西渡老师关于海子诗歌的见地，他对汉语古今诗歌的判断，他喜欢的西方诗人和诗歌，至今仍影响着我对诗歌的基本理解。他为锻炼我，还让我参与了好几套基础人文读物的编写工作，我们因此有机会在一起选择和研习古今中外文学作品，有时，甚至在他办公室工作至深夜。这些黄金般纯粹的日子，如今都成了我最美的记忆。由于扩招和研究生学位授予权的泛滥，我们这个年龄段的人无论读本科、读研还是读博，已经不容易在学术上与老师之间具有真正的师承。但西渡老师和敬老师身上，依然保留了充满古风的师者风范，而我成了最大的受益者和少数的幸运者之一。我不知道，他们身上的这些品格，是不是80年代精神追求的一部分？如果是，那么我的残损的青春已经在它的光照下获得了无上的温暖。有他们多年的教导和影响，等我硕士毕业前与诗人张枣先生结下师生之缘时，我已经是一个相对成熟的学徒了。

在三年多短暂的师生岁月里，张枣先生把他80年代养成的、经过在欧洲二十多年磨砺和锻炼的诗学观念系统，简洁而鲜活地摆在我的面前。对我来说，这是一场无尽幻美的诗学盛宴，我已有能力消化其中一部分。他对《野草》的解读，对西方现代诗传统精细的把握能力，对古今汉语诗歌的卓越的辨析和判断能力，对日常生活细节的感悟和描述方式，都深深地吸引着我。我第一次听到一个老师同时用德文、英文和汉语给我们讲里尔克、保罗·策兰；第一次真正感到自己在英文里读懂了一些此前早已“熟知”的诗歌；从张枣先生那里，我见识了这样一种批评解读的方式：不依赖任何知识系统地进入一个作品；我知道了文学史可以从“趣味”的维度来重建……像那些一知半解却自以为是的雅典人向苏格拉底发射各种挑衅的问题，我也喋喋不休地向张枣先生提出各种幼稚而奇怪的提问。我们亲密而专注的谈话，像一台理想中的永动机，在魏公村、紫竹院一带的杂乱而幽暗的小巷里缠绕不止，而源源不断的灵感，都落为言筌，镶砌进我博士论文的肌理和骨骼。然而，乐极生悲，极端的诗意里潜伏着绝境。肺癌如一个不可抵挡的反讽，已经开始在诗人的呼吸里迅速蔓延，催促他丢下诗歌，离开这个娑婆世界。那是2010年3月8日，我博士论文写作的中途，北京的高楼大厦之间，雪意初消，春天还来不及更多地吐露花朵。

四

往事还没来得及发酵出陈年佳酿，时间之矢就催促我们沉湎于追忆。面对因怀旧的颜色而变得温暖的它们，甚至可以说，这不是我们与那个时代的关系，而是我们与那些书、那些人之间的记忆。历史剧烈变幻，作为背景的时代迅速地被抽走，只留下一些抽象得可有可无的符号，而害怕遗忘和迷失的我们，便着手重新替它拼图；好在，就像宇宙之大靠微茫的星辰点点打开，每一个时代的形象，还能够以无数个体情境点染成形。英国诗人丁尼生在《尤利西斯》中曾写道：I am a part of all that I have met。的确，我们前行的光照，来自对个人史的不断重构。

但让人不安的是，20世纪80年代如今已经成了那一代弄潮儿纷纷重构的神话，甚至我们也是其中的一部分。进入中年的我们，已经从这神话四射的光芒中醒来，感到了一种来自深渊的瞑目无见。沉浸和笼罩之后的厌恶，梦魇般钳制着我们的行动。它们一方面曾经作为我们这一代知识人得以自立的养料，但另一方面，也设定了我们的困境：当我们学习上一辈人的姿势，渐渐接近幻象的山顶，四面依然是悬崖，脚下照例是先行者的枯骨。

那时开始萌芽的迷惑与困境，早已从疙子膨胀为罗锅，面面俱到地占领和压迫着我们生活。像狱中忏悔认罪的亨伯特不得不与所有的洛丽塔分手，我们也得像此前一切高级的写者一样吐故纳新，在具体的天真、伤害、屈辱、绝望与凌厉而抽象的永恒之间，搭建纤韧的词语天梯；为我们赖以生存的世界，为盲目的观念和失色的思想擦拭厚积的尘埃。

（载《扬子江评论》2015年第3期）